2017年11月深圳谋智事务所揭牌

2017年受聘担任深圳无锡商会法律顾问

2018年出席江苏省残联会议

2018年5月受聘担任南京师范大学客座教授

首届无锡市优秀律师

2011-2013年无锡市优秀律师

2018年南师大客座教授受聘证书

2018年宜兴市人民政府法律顾问受聘证书

江苏谋盛律师事务所质量管理体系认证证书

让天平指向公正

——企业家涉法实战录

RANG TIANPING
ZHIXIANG GONGZHENG

储云南　著

南京大学出版社

序　言

　　20 世纪末的储云南，呈现在人们面前的是一个理想奋进、热情昂扬的有为青年形象。论思想、谈法律、钻业务、说前程，抱负信心洋溢。他曾直接上书司法部部长，为残疾人争取全国"律考"通行证，并成为全国第一个持证上岗的执业律师，那就是特定时代赋予他的特定荣耀，这一举动曾经轰动无锡，引发全国关注。

　　《让天平指向公正——企业家涉法实战录》充分回望了储云南在律政界的奋斗历程和足迹，充分展现了一段又一段激情燃烧的岁月。全力以赴，永不言弃，掌握着春华秋实的今天，将现代化管理制度融入律所管理，求正民商事疑难案件研究会运营有年、国内首家残疾人法律服务基地名闻遐迩、连续多年荣膺先进称号、年办理民商事案件逾 500 件，标的人民币 10 亿之巨……我以为，作者以此铭记光荣只是前缀序章、昭示将来，而为自己和他的团队乃至他钟爱的律政事业永续动力源泉，才是力透全书的要旨和愿望。

　　通览全书，我以为看点有三。

　　一看奋斗精神历久弥新　"牢记宗旨，忠于法律，爱国奉献，砥砺前行"一直是储云南的特质特色。不忘初心，弘扬奋斗精神，一脉相承二十余年，无论是服务偏僻乡镇，或投身企业破产重组，来自故乡的支持关爱、叮咛重托一直如影随形；志向南方盛业大湾，不断创新、创造、创业，他是叫得响、拉得出、能打硬仗的律政战士，也是当仁不让、建功立业的弄潮儿。二十年厚积薄发，储云南之所以为社会奉献多多专业法知识，根本就在于始终保有着那么的一股精气神。

二看奋斗精神传承有序 21世纪以来，创新发展成为主题，同时也成了律政界的共同诉求。然而面对地区和律所间发展不平衡、不充分的差异，身处华东一隅的储云南，始终胸怀广阔、栉风沐雨、筚路蓝缕、踏石留印、抓铁有痕地向地处改革开放前沿的"南风窗"看齐，并且玉汝于成、终有建树地将其"谋"字号品牌推广到了广东深圳。储云南情怀依然，内心始终与律政建设休戚与共。所有这些历历在目，让人铭记难忘。

三看奋斗精神新时代下新发展 三十年历程阳光铺地，三十年征程任重道远，储云南永远在路上。残疾生涯与律袍加身在书中虽是不同的展现，艰难岁月与成功经验尽管不能同日而语，然而将自己的亲身经历、真情实感付诸笔端的心血凝聚，再加上现时你我在阅读中加入的融会贯通思考，则使得这本《让天平指向公正——企业家涉法实战录》更添时代靓色。

登高方知天地阔，凌空始信海浪平。二十多年风雨有幸我们曾记录，三十多年艰辛我们亦曾分享。作为这期间的挚友、这本书的第一读者，欣喜储云南从无缺席亦没缺位，真可谓律心可鉴。相信在今后的日子里，他和他的团队还将始终保持着最美的奋斗精神和姿态，为圆"中国梦"，携手法律齐步向前，与新时代同行。

是为序。

深圳律师协会会长　林昌炽

目　录

五、法律解读

一、合同法

个人之间转让承兑汇票属无效行为

新建镇吕先生问：储云南律师，最近，我们新建镇因为承兑汇票的事，被宜兴市公安局经侦大队逮捕了几个人，我发现身边还有人在用承兑汇票私下里进行交易，我想了解一下，他们这种行为到底违法在哪里？

储云南律师答：银行承兑汇票是指由在承兑银行开立存款账户的存款人签发，向开户银行申请并经银行审查同意承兑的，保证在指定日期无条件支付确定的金额给收款人或持票人的远期汇票。银行承兑汇票是有价凭证、无因凭证，可以基于给付对价原则进行背书转让，从而实现银行承兑汇票支付功能、结算功能。例如，甲公司持有一张 200 万未到期银行承兑汇票，因甲公司向乙公司购买了价值 200 万的商品，如双方同意以银行承兑汇票方式结算，那么甲公司就可以将其持有的那张 200 万银行承兑汇票背书给乙公司，完成交易付款。

银行承兑汇票背书转让无需经票据债务人同意。在票据背书转让时，行为人无需向票据债务人发出通知或经其承诺。只要持票人完成背书行为，就构成有效的票据权利转让。

银行承兑汇票是远期汇票，收款人或持票人在银行承兑汇票到期日之前想提前使用汇票上记载金额，可以向开户银行申请贴现。在贴付一定贴息后，即可使用银行承兑汇票上的金额（贴现时，银行会直接扣除贴息后将贴现余额打入贴现申请人对公账户）。银行承兑汇票贴息随银行承兑汇票贴现率的调整而变化。

银行承兑汇票作为我国票据市场的重要组成部分，对促进经济发展起到了十分重要的作用。但由于票据市场工具品种单一,加上商业银行管理中的一些漏洞,银行承兑汇票在实际运作过程中,引发了不少违法犯罪行为。尤其是在管理中存在的问题和漏洞,已使该领域成为不法分子实施金融诈骗罪的首选领域。由于最近国家银根收紧,资金企业融资困难,民间资本逐渐活跃,承兑汇票在个人之间流通的情况非常严重。

而我市新建镇涉及承兑汇票案的发生,是由于有人利用银行承兑汇票进行欺诈,这使我市的一些企业和个人遭受了重大损失。一些企业在经商过程中,收取了银行承兑汇票后,无法再进行支付,贴现又存在困难。于是,他们违法把承兑汇票出售给了个人,由个人按一定比率将现金给企业。这导致了个别犯罪嫌疑人利用时间差将承兑汇票骗到手后,先进行贴现,然后再进行挥霍。等债权人发现后,已经造成了数额不小的资金"黑洞"。

虽然公安机关已将犯罪嫌疑人抓获,也尽最大努力追赃。但是,给一些企业和个人造成的巨大损失依然是不可挽回的。

我国相关法律规定,在银行开立存款账户的法人以及其他组织之间,必须具有真实的交易关系或债权债务关系,才能使用银行承兑汇票。银行承兑汇票不能背书转让给个人,因此,承兑汇票交给个人进行贴现以及个人之间进行流转是为我国法律所禁止的。

此外,一些个人专收承兑汇票再转手进行高利借贷,牟取暴利。其实,这样的行为对于任何一方来讲,风险都非常大。很多在个人流转过程中的银行承兑汇票已被别人挂失或被法院作出了除权判决,本来价值数百万元的承兑汇票变成了一张废纸。因此,企业收到承兑汇票之后,应当通过正常的渠道进行贴现和支付,绝不可以交给个人进行贴现,否则最后必然会带来损失。

在市公安局的这次行动中,还破获了一批涉嫌非法集资和非法经营方面的犯罪。吸收他人资金再进行高利放贷的行为,情节严重的,也构成犯罪。

而在这次承兑汇票的风波中,一些企业在追赃没有希望的情况下,恶意地在法院申请公示催告,声称票据遗失,请求除权判决,这样的做法不仅违法,而且得不偿失。

根据中国《民事诉讼法》第193条第一款规定,公示催告程序仅适用于可以背书转让的票据被盗、遗失或者灭失的案件以及法律规定可以申请公示催告的其他事项。不能背书转让的票据被盗、遗失或者灭失的案件以及不属于法律规定申请公示催告的事项,都不能适用公示催告程序。一些企业虽然启动了公示催告,一旦有人申报,公示催告程序立即终结,只能通过其他途径解决。即使没有人申报权利,法院发现票据并未遗失,而是当事人恶意利用公示催告程序达到非法目的,法院也不会做出除权判决。

因此,目前存在的大量个人之间持有承兑汇票在市场上进行流通交易均是无效行为,极易产生纠纷和造成重大损失,持有承兑汇票的企业和单位应当按照正规渠道在支付对价后进行背书转让。

(本文刊于 2011 年 7 月 27 日《宜兴日报》)

企业买卖合同签订履行中注意事项及风险防范（之一）

杨巷镇居民史女士问：签订合同应注意什么问题。

储云南律师答：买卖合同是出卖人转移标的物的所有权于买受人，同时买受人支付价款的合同。事先约定较为完善的合同，能使自己在具有法律保障的合同条款中，处在比较主动地位，并降低相关的风险。虽然不能认为有了完善的合同条款就能"高枕无忧"，毕竟一项商业交易能否成功，除了法律风险，还有市场风险等因素的存在，但是，一个具有法律保障和较低法律风险的合同条款，却是交易成功的重要前提。

那么一份完善的合同应具备哪些条款呢？一般来说，一份完善的合同应包括：当事人的名称或姓名和住所、标的、数量、质量、价款或报酬、履行期限、地点、方式、违约责任、解决争议的方法。缺少其中任何一项，都不能算是一份完善的合同。另外，还可以根据不同情况约定包装方式、检验标准和方法、结算方式、合同使用的文字、法律及其效力等条款，当然条款的具体内容要根据实际情况具体约定。

下面，我按照合同订立的过程，结合上述合同内容条款以及我国法律的有关规定，简要说一下签订合同时应注意的一些问题。

1. 签订合同前认真审核对方的主体资格、资信情况、履约能力。

合同主体包括自然人、法人和其他组织，对于自然人一般应系年满十八周岁的公民。对于法人和其他组织应做到三要，即一要对方提供法定代表人身份证明、营业执照及必要时的经营许可证或资质等级证明书等，委托代理人签订合同的，要求对方出具法定代表人授权委托书

（授权范围、授权期限、所出具介绍信的真实性）、代理人的身份证明等，避免凭关系或熟人的介绍等草签合同的情况；二要通过各种方式对对方的资料信息情况进行调查；三要掌握对方的履约能力（近期的经营业绩、商业信誉等）。做好以上三点，我们才能对对方订立合同的主体资格、公司性质、经营范围、是否合法存在、有无实际履行能力等情况有了充足的掌握和了解，以防止假借合同行骗事情的发生。对于一些重大或者专业性较强的合同签订最好让律师等法律专业人员提供帮助。

此外，对于非法定代表人的高级管理人员，如副总经理、副董事长等签订合同时，也应了解其是否有代表权，必要时亦应让其出具授权委托书。实践中经常见到公司某些业务员个人以公司的名义骗签合同，既没有公司在合同上签章，也没有授权书之类的东西，签订合同的人逃之夭夭后，合同最终无法全面履行，也很难追究该公司的责任。这也要求我们注意，下列材料顶多是一种参考信息，不能作为主体资格和履约能力的证明：名片；各类广告、宣传资料、厂家介绍、产品介绍；各类电话等通信工具号码以及未经与原件核对的复印资料等。

2. 防止无权代理。

在买卖合同中，经常有代理人以被代理人的名义签订合同的情况，在被代理人授权范围内，代理人所签订合同的权利义务应由被代理人承受，上面也提到委托代理人签订合同时的注意事项，实践中很多纠纷也是因此而起的，主要是防范无权代理的两种情况。

（1）行为人没有代理权、超越代理权或者代理权终止后以被代理人名义订立的合同，未经被代理人追认，对被代理人不发生效力，由行为人承担责任。一旦发生上述无权代理的情形，无疑会对履行义务的一方造成损失。

（2）表见代理

表见代理本来属于无权代理，即没有代理权、超越代理权或者代理权终止后仍然以被代理人的名义进行。但是表见代理与狭义的无权代理不同的是，相对人有充分的理由认为代理人是有权代理，从而与之订立合同。出于对善意相对人的合法权益保护，法律特别规定表见代理有效，它不需要经过被代理人追认就产生效力，被代理人不得拒绝履行代理行为对自己产生的法律后果。如，法院判决合同有效，被代理公司应支付相应货款等。由此可见，表见代理与一般的无权代理有截然不同的法律后果。这实际上加重了被代理人的责任，让他更加谨慎地对待自己的授权。

3. 防止买卖合同的内容中出现漏洞导致权利得不到保护。

买卖合同中经常出现因为对业务不熟悉或者谈判经验不足而在合同内容中出现漏洞，常见漏洞有：a. 质量约定不明确；b. 履行地点不明确；c. 付款期限不明确；d. 违约责任不明确；e. 付款方式不明确；f. 履行方式不明确；g. 计量方法不明确；h. 检验标准不明确等。以上漏洞多出现在合同主文内容缺少或者约定不明、使用字眼双方有争议等情况。因此，应严格审查合同的内容，使权利义务对等，使上述条款约定明确、清楚，不致产生歧义或含糊不清，以利于履行，也有利于防止对方利用条款设计骗局、留下隐患。

（1）买卖的标的物

买卖的标的物，是买卖双方权利义务围绕的焦点，所以是非常重要的。双方一定要明确约定买卖产品的名称、品牌、规格、型号、等级、生产厂家、使用说明、数量等详细内容。

（2）标的物瑕疵担保条款

权利瑕疵担保是出卖人的义务，出卖人应当保证自己对出卖的物品享有完全合法的处分权，且保证交付给买受人的货物不会被第三人主张任何物权，如不能被第三人主张抵押权、质押权、知识产权等。第三人主张权利导致买受人无法享有完全权利的，如被他人主张知识产权而被查封，甚至被他人追索，出卖人就应当承担违约责任。

　　品质瑕疵担保也是出卖人的义务,即出卖人在货物风险转移时,应确保出卖的标的物价值、效用或品质完全符合合同的约定。这主要涉及质量标准、包装、检验标准与方法的合同条款,也是买卖合同中比较重要的内容,很多买卖合同的纠纷就发生在这个问题上。(待续)

　　(本文刊于 2015 年 6 月 25 日《宜兴日报》)

企业买卖合同签订履行中注意事项及风险防范(之二)

新建镇居民刘先生问:对买卖标的物执行的质量标准及相关包装应注意什么?

储云南律师答:(接前文)双方一般应当在合同中明确约定买卖标的物执行的质量标准,合同法尊重当事人的自由约定,约定明确的质量标准,就可以作为判断是否存在质量问题的根据。如果双方没有约定,则会按有关国家标准、行业标准、通常标准或者符合合同目的的特定标准的次序确定。

如果标的物涉及包装的问题,双方也应当对包装作出约定。如果没有约定或者约定不明确,应当按通用方式包装,如果没有通用包装方式,则应当采取足以保护标的物的包装方式。

质量标准和包装方式的约定都是为了明确以后卖方交货的质量是否符合约定,这往往又和检验条款联系在一起。

检验条款是非常重要的,但是我们接触到的不少客户却经常忽视这一点。设计完善的检验条款,对避免质量纠纷具有重要作用。

《合同法》**对于检验的规定**:对于双方约定的检验期间,没有约定的,则应当及时检验。作为买方,应当在约定的检验期内将标的物的数量或者质量不符合约定的情形通知出卖人。买受人怠于通知的,视为标的物数量或者质量符合约定。所以,应当及时进行检验并向出卖人通知交货不符约定的具体情况。

《合同法》**对检验异议问题还有一个规定**:就是没有约定检验期间的,买受人在发现或者应当发现标的物的数量或者质量不符合约定的合理期间或者在收到标的物 2 年内,还可以提出异议。如果标的物有质量保证期的,则适用质量保证期,也就有可能超过 2 年。

所以,特别是作为卖方,一定要在合同中约定明确的检验期间,并且要求买方在检验期间内提出书面的质量异议,没有在约定期间内提出书面异议的,则视为出卖的产品数量和质量完全符合合同约定的要求。这样也就可以避免对方在交付货物几年后还提出质量索赔的情形。若作为买方,则应尽量延长该期限。

③ 风险的转移

货物的风险是买卖过程中,由于不可归因于双方当事人的事由而致使标的物遭受毁损、灭失的情形。如水灾、地震等不可抗力或者第三人损坏等原因,货物的损失是由买方还是卖方承担?除双方特别约定外,《合同法》规定的是以"交付"为风险转移的分界点。以卖方为例,在买方提货之后,或者将货物送到约定地点交付给买方后,卖方就不再承担风险,如果是代办托运,则卖方将货物交付给第一承运人后就不再承担风险。这是一般情况,在国际贸易合同中风险转移的划分更加精细,如国际贸易术语 FOB 和 CIF 就是以承运人货船的船舷作为货物风险转移的分界点。在转移风险后,即使发生货物的毁损、灭失情形,买方的付款责任也不能免除。所以,风险转移的约定也是比较重要的,因为谁都不愿承担更多的难以预测的风险,对买方而言,卖方送货的交货方式使自己承担最小的风险,对卖方而言,则是买方自提最好。

④ 价款的结算

价款的结算主要是数额、付款的方式、期限,这些都应当非常明确的约定,因为这是最主要的合同目的。如果出售产品,先行收取全部价款再行交货当然是最好的;如果分期付款,则应当明确约定各期付款期限,特别是可以约定买方延期付款的,可以要求按逾期时间计付迟延履行违约金,延期达一定期限后,就可以立即解除合同。

付款方式可以现金、汇款、票据等方式,但对于未经银行承兑的远期汇票,则应当特别注意对方的信用,因为很可能因为账户余额不足被拒绝承兑。另外,虚开支票也是一种较为常见的诈骗行为,即开具不实面额的支票(空头支票),利用兑付时间差套取货物。

⑤ 所有权保留条款

所有权保留条款是对卖方特别有利的条款。《合同法》第134条规定:当事人可以在买卖合同中约定买受人未履行支付价款或者其他义务的,标的物所有权属于出卖人。卖方保留所有权,可以在未收到对价时,最大限度保护自己权益,只要标的物没有被善意的第三人通过交易方式有偿取得,即使因为买方的债务问题被法院查封,出卖人仍然可以提出自己是所有权人的异议,请求法院予以解封。

⑥ 违约责任

违约责任是违反有效合同约定所应承担的不利法律后果。因为合同是具有法律拘束力的,任何一方不严格履行,都应当承担相应的法律责任。

违约责任的形式主要为:继续履行、采取补救措施、赔偿损失、支付违约金、定金责任等。

在一方违约不按合同履行义务的,对方可以要求对方继续实际履行,除非合同在法律上或者事实上已经不能履行或者不适于强制履行或者履行费用过高,或者在合理期限内没有要求对方履行,只能寻求其他救济方式。

采取的补救措施一般包括修理、更换、重作、退货等,补救履行可达到符合约定的状态。

赔偿损失是违约责任最为普遍的方式,因为一方的违约行为而遭受的实际损失有权要求对方赔偿全部的损失。当然,求偿方必须提供证据证明自己所遭受的实际损失是多少。例如,因为卖方交付的货物质量不符合约定的,卖方不仅需要赔付货物本身的损失,对于买方因为使用质量不合格的产品造成的其他财产损失、人身损害也应当予以赔偿;又如安装的某些零部件质量不合格,导致整个机器的损坏,卖方对整部机器的损坏都应当承担赔偿责任。(待续)

(本文刊于 2015 年 7 月 15 日《宜兴日报》)

企业买卖合同签订履行中注意事项及风险防范（之三）

万石镇居民王女士问：违约金和定金分别是如何计算的？

储云南律师答：（接前文）违约金是当事人事先约定的一方违约时应当向守约方支付的一定数额金钱。赔偿损失和违约金的数额或者计算方法，当事人都可以在合同中事先作出约定。但是因为民事责任属于补偿性的性质，所以，支付的数额与遭受的实际损失应相当，即不是合同约定多少就可以获得多少赔偿。如果违约金过分高于实际损失的，违约方也可以请求予以减少；低于造成的损失的，则被违约方可以请求予以增加。

定金则是具有担保作用和惩罚性的责任方式，当事人实际支付定金后，如果履行合同的，定金就抵作价款或者收回。如果给付定金一方违约的，无权要求返还定金；如果收取定金的一方违约的，应当双倍返还定金，这就是所谓的"定金罚则"。这里的"定金"的定字是一定的"定"，而不是订立合同的"订"，如果是订金，只是预付款的性质，不能适用"定金罚则"予以没收或者双倍返还。一字之差，法律后果却远不相同。

对同一合同既有违约金又有定金的，《合同法》规定不能同时适用，当事人只能选择其一，一般就是选择对自己有利的责任方式。

考虑到当违约金约定超过实际损失的 30％时，法院有权认定违约金约定过分高于造成的损失而裁决适当减少，守约方在提出维权主张时，可以考虑在不同种类的违约责任约定和实际损失情形下，提出最有利自身的维权主张：

不同种类的责任约定及损失情形	守约方最有利的维权主张
$(DL+IL)\times30\%>P>D$	违约金
$P>(DL+IL)\times30\%>D$	违约金（有可能会被要求减少）
$P>D>(DL+IL)\times30\%$	定金
$D>(DL+IL)\times30\%>P$	定金
$D>P>(DL+IL)\times30\%$	定金
$(DL+IL)\times30\%>D>P$	定金

＊表中 DL 为对方违约造成的本方直接损失，IL 为违约事件发生给本方带来的预期利息损失，P 为约定违约金金额，D 为约定定金金额。

⑦ 合同解除权

合同解除权是非常重要的权利，在合同终止前，出于法定或约定的事由，当事人可以提前予以终止，不再履行。解除权的行使，可以终止双方的合作关系。对于某些不能容忍的违约行为，在合同中事先加以约定，在对方出现约定的违约情形时，守约方可结合违约责任条款的约定，使自己处在非常主动的位置。守约方行使合同解除权不但可以提前终止合同，而且可以要求对方承担违约责任。因为解除合同只是终止合同的一种方式，但合同的解除并不影响要求对方承担违约责任的权利。

合同解除权分为约定和法定解除权。

A 法定解除权：《合同法》第九十四条规定，有下列情形之一的，当事人可以解除合同：

1）因不可抗力致使不能实现合同目的的；

2）在履行期限届满之前，当事人一方明确表示或者以自己的行为表明不履行主要债务；

3）当事人一方迟延履行主要债务，经催告后在合理期限内仍未履行；

4）当事人一方迟延履行债务或者有其他违约行为致使不能实现合同目的的；

5）法律规定的其他情形。

B 约定解除权：当事人自由约定合同解除情形，约定的条件出现时，就可行使该权利。如约定一方延期交货或逾期付款达到一定期限，就可以解除合同。

C 合同解除权的行使和法律后果

合同解除权的行使具有一定的期限，因此在发生可以解除合同的情形后，应当及时做出是否解除的决定，法律规定的解除权行使期限是约定期间或者经对方催告后的合理期间，未在上述期限内解除合同或逾期发出解除合同通知的，则丧失解除合同的权利。

在合法解除合同以后，产生法律后果是：合同尚未履行的，终止履行；已经履行的，根据履行情况和合同性质，当事人可以要求恢复原状、采取其他补救措施，并有权要求赔偿损失。

4. 合同无效的五种情形。

当事人达成一致的协议后，能否产生法律上的约束力，当事人的预定的目的法律上能否实现，取决于合同的内容是否符合法律的规定。《合同法》第五十二条规定了合同无效的 5 种情形：

1）一方以欺诈、胁迫的手段订立合同，损害国家利益的；

2）恶意串通，损害国家、集体或者第三人利益；

3）以合法形式掩盖非法目的；

4）损害社会公共利益；

5）违反法律、行政法规的强制性规定。

合同无效的法律后果是：合同自始没有法律约束力。因为合同而取得的财产，应当予以返还，不能返还或者没有必要返还的，应当折价赔偿。有过错的一方应当赔偿对方因此所遭受的损失，如果双方都有过错的，应当各自承担相应的责任。在签订合同时，还应注意法律的有关强制性规定，如买卖物品在法律上有无限制、禁止买卖的规定，避免合同被认定无效。

西渚镇居民张女士问：收货、送货应注意什么问题？

储云南律师答：货物的交付即所谓的收货、送货，是买卖合同中至为重要内容，其涉及货物风险的承担、所有权的转移等诸多问题，所以，在买卖合同中对交货方式（运输的方式是铁路、公路、海运还是多式联运；是送货、自行提货、委托提货还是代为运输）、地点、时间、运输费用的承担等事项应当事先约定明确。

交付货物地点没有约定明确的，应当在履行义务一方所在地履行，即在卖方所在地交货，由买方提货，这对卖方是有利的。

在实践中，与交货相关的一个重要问题就是签收，这对卖方而言非常重要。很多公司交货后，送货单经常是由对方的业务员或者经理等人员进行签收，并没有加盖公章，这就产生了卖方是否完全履行交货义务的证明问题。因为是个人签收，对方如果否认签收人是该公司职员，并且不予承认公司已经收取了货物，会使卖方举证产生很大困难，除非签收人同时是该公司登记的法定代表人。避免这个问题的最好方法就是每次交货时都由对方加盖公章，或者每次加盖公章在实际中不可行时，可以在合同中就事先约定买方指定人员签收即为有效，卖方交货时只能直接交由该指定人员签收，这时对买方也同样有效。

在买方委托代理人代为提货时，卖方应当在合同中约定买方提货时应当提交的资料（授权委托书、身份证明等）。

（本文刊于 2015 年 8 月 25 日《宜兴日报》）

合同纠纷中"违约金过高"的认定标准

　　合同纠纷案件中,诉讼双方针对违约金条款的争议一般比较突出。合同纠纷中"违约金过高"的认定标准是什么? 举证责任如何分配? 对于过高的违约金,法院、仲裁庭如何调整? 这一系列针对违约金条款的问题,牵扯到诉讼各方的切身利益。**宜兴市政府法律顾问、宜兴市残联副理事长、江苏谋盛律师事务所主任、宜兴市求正民商事疑难案件研究会会长储云南律师就此作了讲解。**

　　一、违约金数额适当减少的比照基准

　　《中华人民共和国合同法》(以下简称《合同法》)第一百一十四条第二款关于"约定的违约金过分高于造成的损失的,当事人可以请求人民法院或者仲裁机构予以适当减少"。"过分高于"还是"一般高于"的判断标准,《合同法司法解释(二)》第九条规定,当事人约定的违约金超过损失的 30% 的,一般可以认定为"过分高于造成的损失"。

　　二、违约金数额适当减少的裁定权

　　《合同法司法解释(二)》第二十九条第一款规定,人民法院或者仲裁机构在裁量是否准予适当减少违约金数额时,并非完全自由,而是"应当以实际损失为基础,兼顾合同的履行情况、当事人的过错程度以及预期利益等综合因素,根据诚实信用和公平原则予以衡量,并作出裁决"。

　　三、举证责任及其分配

　　对于违约方给守约方造成的实际损失,应当由请求减少违约金数额的违约方举证。

　　如在以金钱为标的物的案件中,违约方举证按同期银行贷款利率计算所得之数额,将之与违约金数额相比较,得出违约金数额超出了按同期银行贷款利率计算所得数额 30％的结果,就算完成了违约金数额过高的举证责任。守约方若不同意,须举证自己因违约所受损失的金额高于按同期银行贷款利率计算所得金额。

四、法律依据

1.《合同法》

第一百一十四条:当事人可以约定一方违约时应当根据违约情况向对方支付一定数额的违约金,也可以约定因违约产生的损失赔偿额的计算方法。

约定的违约金低于造成的损失的,当事人可以请求人民法院或者仲裁机构予以增加;约定的违约金过分高于造成的损失的,当事人可以请求人民法院或者仲裁机构予以适当减少。

当事人就迟延履行约定违约金的,违约方支付违约金后,还应当履行债务。

2.《合同法司法解释(二)》

第二十九条:当事人主张约定的违约金过高请求予以适当减少的,人民法院应当以实际损失为基础,兼顾合同的履行情况、当事人的过错程度以及预期利息等综合因素,根据公平原则和诚实信用原则予以衡量,并作出裁决。

当事人约定的违约金超过造成损失的百分之三十的,一般可以认定为《合同法》第一百一十四条第二款规定的"过分高于造成的损失"。

3.《最高人民法院关于民事诉讼证据的若干规定》

第二条:当事人对自己提出的诉讼请求所依据的事实或者反驳对方诉讼请求所依据的事实,有责任提供证据加以证明。

没有证据或者证据不足以证明当事人的事实主张的,由负有举证责任的当事人承担不利后果。

(本文刊于 2017 年 10 月 13 日《宜兴日报》)

已出卖但未过户的房子被法院查封，买受人的权益该如何维护？

新街街道王先生问：我与张三在 2011 年 2 月签订一份房屋买卖合同，并约定由张三协助我办理房屋过户手续，可是在 2011 年 5 月，张三因与他人之间的债权债务纠纷，该套房产被债权人申请了财产保全，由此被管辖法院查封，此时房屋过户手续尚未完成。请问储云南律师，这种情况下我的权益该如何维护？

储云南律师答：你说的这种情况在日常生活中也经常发生，签了购房合同之后，在办理过户手续过程中，房子被法院查封了。遇到这种情况买受人也不用太慌张，从法律的角度分析，你的合法权益依然可能得到维护。

根据《中华人民共和国城市房地产管理法》的有关规定，我国对房屋所有权实行登记发证制度，当事人应当依法办理权属登记。且我国的不动产登记制度采取登记生效主义，实行设权性登记，不动产受让人自所有权过户登记办理完毕之际，才能取得不动产的所有权。因此，针对你描述的情况，法院在查封房子时，房屋的所有权人仍然是张三，而不是你。但这并不是说法院一定有权查封该房屋，或者法院查封之后，买受人就真的无计可施。具体情况具体分析，也可以有不同的应对措施。

首先，根据《合同法》第九十四条关于合同法定解除的情形规定，你可以以客观上无法办理过户手续，合同无法继续履行为由，要求与张三解除房屋买卖合同，如果你已经支付了部分或全部的房款，可同时要求其退还房款；如果约定了定金条款，并可以要求其双倍返还定金，并支付差价损失。

其次，既然张三的房子被查封是因为张三与他人发生了债权债务纠纷，其债权人对其房产申请了财产保全。那么，你可以与张三、张三的债权人协商，由你对张三的债务进行清偿，让张三的债权人向查封法院申请解除对房子的财产保全，然后你便可以要求张三继续履行协助你办理过户手续的义务，此时，你的权益就得到了实际的维护。

第三种情况，如果你已经支付了全部房款，且张三已将该房屋交付你使用。那么，根据《最高人民法院关于人民法院民事执行中查封、扣押、冻结财产的规定》第十七条规定："被执行人将其所有的需要办理过户登记的财产出卖给第三人，第三人已经支付部分或者全部价款并实际占有该财产，但尚未办理产权过户登记手续的，人民法院可以查封、扣押、冻结；第三人已经支付全部价款并实际占有，但未办理过户登记手续的，如果第三人对此没有过错，人民法院不得查封、扣押、冻结。"如此，在你善意购得该房子的情况下，可以向查封法院主张解除查封。

由此看来，不同的情况采取不同的应对策略，所面临的风险及胜算也不相同。遇到类似问题，当事人应当理性分析，权衡利弊，作出最切实可行、对自己利益保护最大的选择。

（本文刊于 2012 年 12 月 26 日《宜兴日报》）

建设工程施工合同纠纷常见法律问题

当前建筑施工企业承接业务的方式多种多样,如总承包、联合承包、转包、违法分包、挂靠等,因而施工企业在诉讼中对于如何确认诉讼主体、诉讼标的、合同效力和裁判执行等存在一定难度。

一、诉前准备

企业应选择起诉的最佳时机,最佳时机包括如下几个条件。

1. 涉案工程已验收并交付使用;

2. 双方已经结算并签字和盖章。

二、诉讼主体的确定

1. 一般而言,建设工程合同纠纷的当事人指发包人与承包人。企业可按合同约定确定相应的对方当事人。但企业自身的组织结构又较为复杂,一般内设有子公司、分公司、工程处、项目部等下设机构。其中子公司具备独立法人资格,有权成为民事诉讼的原告或被告。分公司若领有工商部门营业执照的,属于民事诉讼法规定的"其他组织",也享有民事诉讼主体资格。而工程处是否能成为民诉主体,要看是否经工商部门登记。而项目部不具法人资格,也非独立核算的内部机构,无权以自己的名义起诉与被诉。

2. 工程转包的诉讼主体确认

(1)转包后发生拖欠工程款纠纷的处理:

① 转包时,经发包人同意的,属于合同法规定的合同转让,起诉时应将实际施工人列为原告,发包人列为被告,合同承包人不列为当

事人。

② 转包时,未经发包人同意的,实际施工人是原告,承包人是被告,发包人一般不列为当事人。

(2)承包人将其承包的建设工程合同转包给实际施工人后,发生工程质量纠纷的处理:

发包人是原告,承包人、实际施工人是共同被告,共同承担工程质量方面的连带责任。

3. 工程挂靠的诉讼主体确认

(1)工程欠款纠纷

应当以实际施工人、被挂靠单位为共同原告。若被挂靠单位不愿起诉的,实际施工人可单独起诉。

(2)工程质量纠纷

应当以实际施工人、被挂靠单位为共同被告,两单位对工程质量责任承担连带责任。

4. 联合承包的诉讼主体确认

两个以上的承包人联合承包工程,由其中一方与发包人签订建设工程合同而发生纠纷,则其他联合方应列为本案共同原被告。

5. 合作建设,合作开发的诉讼主体确认

若合作方对合作标的享有共同权益的,且合作一方与承包人签订承包合同纠纷而诉讼的,其他合作建设方为共同原被告。

6. 涉及分包的主体确认

因分包单位原因致使建设单位发生损失的,建设单位以总包单位为被告,直接向总包单位索赔。而总包单位承担责任后,可以以有责任的分包单位为对方当事人,另行提起诉讼。

7. 产品质量侵权的主体确定

工程质量不合格造成第三人财产人身损害的,受害人为原告,确认对方当事人时应区分涉案工程是否已交付。在工程交付前,以承包人为被告；在工程交付后，以发包人为被告。

8. 施工人侵权的主体确认

施工期间因承包人过错致人损害，如在公共场所，道旁或地上挖坑，安装地下设施，未设明显标志和未采取安全措施致第三人损害的，以承包人为被告，发包人不应被列为被告。

三、诉讼请求的确立

1. 诉讼请求确立的基础是合同价款，而约定不同的价款方式导致最终的诉讼请求不同。合同价款方式有固定价格、可调整价格、成本加酬金三种。

2. 基于施工企业被动交易地位，现行立法对施工企业权益保护有所加强。《合同法》第二百八十六条规定：建设工程承包人享有工程折价拍卖后的优先受偿权。2002 年 6 月最高院作出了关于建设工程价款优先受偿的批复。根据该批复，施工企业行使优先受偿权期限，从工程竣工之日或合同约定竣工日起算只有 6 个月，而施工企业可诉至法院主张该权利。因而施工企业在提出诉请时，应特别加补一条"请求判令原告享有对涉案工程的优先受偿权"。

四、合同效力确定

1. 常见无效情形：

（1）合同主体不具建筑工程经营主体资格；

（2）违反国家规定程序与国家批准计划；

（3）全部工程予以转包；

（4）全部工程以分包名义转包给第三人；

（5）总承包人私自将部分工程分包；

（6）分包单位再分包或分包单位无相应资质。

2. 看似无效，实则有效情形：

（1）签约时未取得土地使用权证、规划许可证、报建手续时，去补办手续前无效;在审理期间补办应有效。

（2）签约时未取得土地证,但已审查被批准用地,为有效。

（3）超过《规划许可证》范围的合同是否无效,看是否违反法律、行政法规的强制性规定。

（4）超越资质缔约,在满足以下条件为有效:属于《资质等级标准》规定的上浮到建设项目要求相符的等级条件;质量验收合格;结算价款按原约定等级结算时合同有效。

（5）跨地区承揽,未办外来企业承包许可证的,手续不全,但不违反建筑法强行规定,仍有效。

（6）应招标未招标工程,发包人直接发包,承包人有相应资质,且已履行的,应认定有效。

3. 无效条款:

（1）建筑合同中约定存在较大争议的垫资条款。部分法院认为垫资不违反建筑法强行规定,且垫资是国际惯例,应认定有效;还有部分法院仍认为垫资条款无效,但发包人应支付垫资利息。

（2）国家投资建设的重大工程,且由国家对工程款依法结算的。若承包人与发包人自行约定结算条款无效。

（3）分包人与总包人约定:"总包人应付分包人的工程款,待发包人支付给总包人后再予以支付。"这样的约定势必增加社会三角债情况。法院一般不认为该条款为附期限的法律行为,而应直接认定无效。

五、民事责任施工合同归责原则为严格责任,只要一方有违约行为,不论是否存在主观过失或故意,都应承担民事责任。具体有如下几种。

1. 发包人未及时拨付进度款时:

（1）承包人应向发包人发出书面催告函,发包人在催告函主张的合理期限内未付清的,承包人可以顺延工期,并可要求赔偿停工损失。

（2）但承包人虽提出口头异议但仍继续施工的,发生纠纷后承包人要求发包人承担此违约责任时,因承包人举证不充分故而难以得到法院支持。

2. 中途停工:谁引起停工由谁承担。

3. 隐蔽工程:隐蔽工程经双方验收后,承包人继续施工而发现隐蔽工程存在质量问题造成损失的,发包人应承担相应过错责任;若设计单位、监理单位有过错的,应按过错大小各自承担相应责任。

4. 三无工程被责令停工的,承包人仍按发包人要求继续施工,其损失主要部分由发包人承担,次要部分由承包人承担。

5. 固定造价合同。当遇到建材涨价时,如涨价属正常市场风险的,涨价部分由承包人自理;如涨价超过正常市场风险的,承包人可要求增加工程价款。但是实务中很难认定,涨价风险是否属正常市场风险,因而一旦签订固定造价合同后,不太可能让承包人追加工程价款。

6. 逾期交付,承包人应承担违约责任。发包人可按合同约定要求承包人支付约定违约金。倘若发包人损失超过违约金的,发包人可要求对方赔偿。但违约金具有补偿性质,其惩罚性不强。故发包人要求赔偿金额不得超过双方缔约时可预见的损失金额。

7. 提前使用问题。工程未经验收,发包人提前使用,擅自使用所造成的质量等问题由发包人承担责任。若承包人原因造成的,由承包人负责。但需明确的是,即使是发包人擅自使用,也不免除承包人在合理期间内对工程结构、基础工程的质量保证责任。

8. 竣工验收合格后,承包人应将工程及资料交付发包人。实际工作中,常发生承包人因发包人未付清工程款而拒交工程的情况。发包人无法行使占有、处分权利的损失,由承包人承担。但值得一提的是,在发包人未付清工程款之前,承包人拒交工程的,对承包人还是有好处的。按照最高院关于建设工程价款优先受偿的批复,同一工程有优先权、抵押权的,优先权优于抵押权。建设工程的价款可就该工程拍卖款、变卖款优先受偿,而进行变卖的前提,承包人仍占有、支配工程。

9. 拒绝验收问题：工程竣工后，约定验收期满，发包人拒绝验收，承包人可单方与有关部门组织验收，验收费用平均分摊。若因发包人拒绝提供验收资料、文件，致使无法验收的，视为发包人对工程已验收合格。

10. 拖欠工程款：应从验收后或约定付款期满之次日起算滞纳金。发包人拒绝、拖延验收的，应从约定验收期满次日起算滞纳金。未约定验收期的，以工程竣工日，或施工人要求发包人验收期满次日起算滞纳金。

（本文刊于 2016 年 1 月 8 日《宜兴日报》）

建设工程施工合同纠纷中
"实际施工人"的界定

在我国法律现行的法律规范中尚没有"实际施工人"这一法律概念,"实际施工人"这一概念第一次出现是在《最高人民法院关于审理建设工程施工合同纠纷案件适用法律问题的解释》(以下简称《解释》)中,该《解释》共有两个条文涉及实际施工人,分别为:第二十五条,"因建设工程质量发生争议的,发包人可以以总承包人、分包人和实际施工人为共同被告提起诉讼";第二十六条,"实际施工人以转包人、违法分包人为被告起诉的,人民法院应当依法受理。实际施工人以发包人为被告主张权利的,人民法院可以追加转包人或者违法分包人为本案当事人。发包人只在欠付工程价款范围内对实际施工人承担责任"。

其实,建设工程施工合同对于合同中的主体都有明确的名称,至于"实际施工人"这一概念的产生也是有一定历史背景的。建筑市场中有很多施工企业资质等级低甚至根本没有资质,而是由包工头带领一帮农民工组成的临时施工队,通过承包方转包和违法分包的方式承揽建设工程,但由于转包和违法分包行为的违法性,这些临时队伍往往难以追回工程款,造成的农民工工资拖欠问题非常严重;另外,因为没有接受过专业训练,这些临时队伍的施工水平非常有限,很有可能导致建筑工程质量存在缺陷,直接影响发包人的利益,甚至危及公共安全。基于此,法律明确禁止转包和违法分包,但是由于实际生活中转包和违法分包还是屡禁不止,如果单纯否定转包和违法分包合同的效力反而会增加农民工讨要工资的难度,因而"实际施工人"的概念应运而生。

回到《最高人民法院关于审理建设工程施工合同纠纷案件适用法律问题的解释》涉及实际施工人的规定,实际施工人的认定有两个重要的条件。

1. 实际施工人认定需要以无效的施工合同为前提

根据最高人民法院出台的《审理建设工程施工合同纠纷案件适用法律问题的解释》规定,目前公认的一种观点是:实际施工人主要有无效建设工程施工合同的承包人、包括转承包人、违法分包合同的承包人、借用资质的承包人、挂靠施工人。实际施工人的限制条件为其涉及的建筑工程施工合同必须无效,即若建筑工程施工合同本身就是合法的,承包方本身就具有合法的施工资质,也就没有非法转包等违法行为,那么就不存在实际施工人这个主体问题。最高人民法院之所以赋予实际施工人在一定范围内向发包人主张工程款,主要是为了保护实际施工人中农民工的权益,这种特定范围的请求权一定程度上突破了合同的相对性。而这种特殊的请求权对于合法的施工人来说是多余的,合法的施工人完全可以通过合同的相对性向另一方当事人(即发包方、承包人等)主张请求权。因此,实际施工人应当是和发包人、承包人、分包人并列的,而不是包含或被包含的关系。

2. 实际履行了施工合同义务是实际施工人认定的重要条件

《最高人民法院建设工程施工合同司法解释的理解与适用》意见对实际施工人再次做出了条件限制,实际施工人应与发包人全面实际地履行了发包人与承包人之间的合同,并形成了事实上的权利义务关系,在这种情形下,实际施工人实际充当了合法承包人的次承包方角色,事实上履行了相应的承包义务。没有实际履行合同义务的,只是在非法转包分包过程中充当了中介角色的,不能认定为实际施工人。只有充分履行了建设工程合同义务,实际施工人才能向发包人要求支付工程款,但是应当注意的是,实际施工人能够主张的工程款以发包人未支付的工程款为限。(本材料均由江苏谋盛律师事务所提供)

(本文刊于 2016 年 6 月 21 日《宜兴日报》)

拆迁房可以买卖吗？

宜城街道张女士问：储云南律师您好，因为工作原因我想在城里买套房，可是如今的房价节节攀升，让我觉得很有压力，听一位同事介绍购买城边的拆迁安置房的话房价会便宜很多，可是也有人告诉我拆迁安置房不能买卖。我想请问拆迁房到底能不能买卖呢？

储云南律师答：随着城市化进程加快，城市拆迁速度的加快，拆迁安置房也就有了市场，但毕竟拆迁安置房和一般的商品房不同，且拆迁安置房买卖大多不能一次性将一切手续办理完毕，其后续手续通常要出售方配合办理，若其不予配合，易留下纠纷隐患。因此如何购置拆迁安置房，怎样有效维护交易双方的利益，就成了大家关注的问题。

所谓拆迁安置房是指因城市规划、土地开发等原因进行拆迁，安置给被拆迁人或承租人居住使用的房屋。因为其安置对象是特定的动迁安置户，该类房屋的买卖出售法律、法规的规范之外，还受到地方政策的约束，所以和一般商品房交易有很大不同。根据相关法规及政策规定，拆迁安置房屋一般分为两大类。一类是因重大市政工程动迁居民而建造的配套商品房或配套的中低价商品房。如黄浦江两岸进行的世博动迁。按照有关规定，被安置人获得这种配套商品房的，房屋产权归属个人，但在取得所有权的五年之内不能上市交易。另一类是因房屋开发等因素而拆迁，拆迁公司通过其他途径安置或代为安置购买的中低价位商品房（与市场价比较而言）。该类商品房和一般的商品房相比没有什么区别，属于被安置人的私有财产，没有转让期限的限制，可以自由上市交易。

　　因此购置拆迁安置房首先要查明安置房的性质,一般来说已经竣工的安置房可以查询其"五证",或到房地产交易中心查询房屋的产权资料等。不同类型的拆迁安置房,交易双方承担的交易风险有所不同。第一类拆迁安置房,由于交易时间长,受市场因素的影响,往往买家需要承担极大的法律风险。具体风险主要体现在房价上涨后卖方极易反悔,找合同的漏洞逃避法律责任,追求己方利益,或为合同的履行设置障碍。

　　如果是购买还未纳入建设用地规划的安置房风险就更大,买卖双方虽然可以知道房屋大致的坐落位置,但无法确定建好后安置房的具体结构、朝向、小区环境等,办理过户等手续的时间也会更长。因此在购买此类房产时,签订一份有效的具有可操作性的买卖合同就显得至关重要。买卖合同除了要具备一般买卖合同的主要条款外,还需要对房屋的增购费等费用的支付方式以及迟延交房等情形都作出明确的约定。一般来说购置该类房屋可以根据《民法通则》及《合同法》的相关规定,签订附条件的合同来控制买卖合同的生效时间,并对具体情形作出明确约定以防合同相对方反悔。针对买卖合同的具体条款进行谈判时,最好由专业房产律师进行指导。相对于第一类安置房而言,第二类的拆迁安置房则和一般的商品交易一样,风险相对较小。

　　目前,许多农村集体土地上的房屋被拆迁改造成安置小区,被拆迁户通过拆迁一般能得到两套甚至更多的房屋,除自用房屋外他们通常会选择出售多余的房屋,而拆迁安置房相对低廉的价格也吸引了一部分购房者。因此在民间形成了事实上的安置房买卖市场。

　　我国《物权法》第九条规定:"不动产物权的设立、变更、转让和消灭,经依法登记,发生效力,未经登记,不发生效力,但法律另有规定的除外。"因此,拆迁安置房到底能不能买卖主要看它能不能在房产管理部门办理产权登记,具体分以下几种情况。

　　1. 虽是拆迁安置房但已经领取房屋权属证书。这种房屋当然可以进行买卖,其效力相当于普通的商品房买卖。

2. 拆迁安置房在未领取权属证书前发生的买卖。根据我国《城市房地产管理法》第三十七条第六款规定:"未依法登记领取权属证书的房地产不得转让。"据此,如果双方发生争议,诉讼至法院时争议房屋上不具备领取房屋权属证书的条件,人民法院一般会因争议房屋不具备权属证书而认定房屋买卖合同无效,这就是你朋友所称的安置房不能买卖的缘由。但鉴于拆迁安置房必须要经过一段时间才能领到房屋权属证书,房价在此期间会有波动,因而违约方应承担主要责任,需要赔偿守约方自房屋买卖合同签约时起至该合同被认定无效时止因房价上涨或下跌而产生的损失。

3. 买卖双方签订合同时房屋不具备权属证书,但发生争议时该房屋已经领取了权属证书(包括可以领取而卖房人故意不去领取)的情形,一般也视为买卖行为有效,可以通过法院诉讼,要求强制过户。

当然在实践中还存在一种特殊情况,如购房者已经装修并且入住多年,即使房屋买卖合同被认定为无效,法院一般不做返还处理。

鉴于以上种种情形,建议在购买拆迁安置房时要审查房屋的权属登记情况,根据不同的情况仔细考虑,慎重购买。

(本文刊于 2011 年 4 月 11 日《宜兴日报》)

房价上涨了，卖方反悔怎么办？

宜城街道王先生问：我在 2 月的时候看中一套 120 平方米左右的房子，付了 3 万元定金。没想到过了一段时间，卖方打电话来说不卖了，说是妻子不同意出卖该房屋。可是当天签协议时，他妻子也签了字，怎么现在就反悔了？我想根本原因是房价上涨的缘故。请问律师，房价上涨，卖家毁约，我们该怎么办？

储云南律师答：近年来由于房价上涨，导致卖家违约的案件呈上升趋势。卖房人认为自己的房屋卖得便宜了，违约成本远比房价上涨所得利益要小，所以这些人往往宁愿毁约承担违约责任，也不愿意再履行协议交付房屋，从而导致多起纠纷的产生。

根据王先生你所述的情况，在当时签协议的时候，他妻子是在场的，并且也在协议上签了名，并不存在强迫等违反其真实意愿的情况，所以这份协议是合法有效的，卖方说由于他的妻子不同意，这个理由是不能成立的。根据我国《合同法》规定，合同签订后当事人应当按照约定全面履行自己的义务。你们签订合同后，钱也交了 3 万元的定金，对方应当履行交付房屋的义务。如果对方拒绝履行合同义务，根据我国法律规定，你可以有两个选择。一是要求卖方继续履行合同，交付房屋办理过户手续；如果逾期履行，可以要求他承担违约责任。二是同意解除合同，但要求卖方承担违约责任或者要求双倍返还定金。根据我国《合同法》规定，当事人既约定违约金，又约定定金的，一方违约时，对方可以选择适用违约金或者定金条款，违约金或定金低于损失的，可增加请求。损失可以这样计算：购买同地段、同面积、同楼层的房屋的总额与现在这套房屋之间的差额。

在楼市行情持续波动的情形下，在此给广大买房者几点建议，以尽量减少风险。首先要订立书面合同，且条款齐全，避免漏洞。二手房还要约定室内其他物品的价值以及税费怎么承担等问题。其次，购房者在买房时要充分了解房屋的真实情况，就出现质量问题等如何承担责任做好约定。再次，购房者在签订合同时，应让卖方提供确保其有权处分所售房屋的证明，如果是共有财产的，比如夫妻共有的财产，应让其他共有人在协议书上签字，以确定所有共有人都同意房屋转让，避免以后产生不必要的纠纷。最后还要约定违约责任中承担损失的赔偿方式。不要为了逃税而约定低于实际成交价的协议，这样既不合法又有风险。如果具备过户条件，一定要尽早办理过户手续，以减少购房风险。

（本文刊于 2010 年 6 月 1 日《宜兴日报》）

转租店铺无效　租房不成反受诉累

核心提示：在从事经营活动中，租赁房屋有时并不是从房屋产权人（也就是俗称的房东）处直接租赁，而是从其他处转租。这种情况下，一定要注意审核原租赁合同中对双方权利义务的约定，避免转租合同约定的内容超出了原租赁合同的约定。以下案例就是，租赁期限已满，承租人又将房屋转租给他人导致的纠纷。

案情回放：2010 年 4 月 1 日，承租人王某与出租人李某签订一份房屋租赁合同，王某向李某租赁店铺一间，期限为 1 年，到期日为 2011 年 3 月 31 日。2011 年 3 月，王某又将店铺转租给张谋。合同到期后，出租人李谋前往收房时发现承租人王谋转租的事实。李某对王某的转租行为不予认可，要求收回房屋。由于张某是承接整个店铺，并将店铺的转让费用支付给了王某，不同意退租。无奈之下，李某向法院起诉要求确认王某与张某签订的转租协议无效，并要求张某退房并支付房屋占用期间的使用费。法院审理后支持了李某的诉求判决认定转租协议无效，张某交还房屋给李显，同时张某和王某连带支付占用房屋期间的费用。该判决生效后，张某是出了钱但什么也没有得到。于是只能也向法院起诉要求王某返还支付的店铺转让费。由于法院认为张某对转租协议无效也有过错，没有支持店铺转让费的利息，只判决王某向张某返还店铺转让费。

储云南律师点评：转租行为在租赁市场中占有较大的比重。有经验的承租人会通过转租房屋赚取租金差价来实现收益。由于转租行为牵涉三方主体即出租人、承租人和次承租人以及租赁合同、转租合同两个合同关系,使得合同关系复杂化。转租合同的特殊性在于其内容及履行必须以租赁合同中承租人享有的权利以及承担的义务为基础和前提。如果转租合同内容超出了租赁合同的约定,往往不能得到认可。同时,出租人基于租赁合同的约定以及对房屋的产权,使得其有权对次承租人使用房屋的情况进行监督,并对违反租赁合同约定或者侵害房屋产权的行为进行干涉和制止。对于超出租赁合同约定的转租行为,如果出租人不予认可,转租合同将属于无效合同或可变更、可撤销合同。[①] 一旦出现这种情况,次承租人往往非常被动,由于不能实际使用房屋,必然会造成一定损失,次承租人最终只能向承租人追偿。在追偿时,由于次承租人容易被认定为对订立转租合同存在过错,次承租人将会因此承担部分不利后果,所以即使次承租人能够向承租人追偿也无法全额弥补其损失。从上面的案例也可以看出,在租赁房屋时如相关房屋涉及转租情形,一定要仔细审核出租人与承租人签订的租赁合同的内容,在符合租赁合同约定的前提下签订转租协议,避免不必要的损失。

读者李某:我姑妈去年将一处门面房租给别人,租期为 2 年,租金每月 1000 元。合同履行 1 年后,租房子的人向我姑妈提出能否将店面转租给另外一个人,我姑妈当时表示同意。随后第一个租房子的人与第二个租房子的人达成租期 1 年、月租金 1200 元的租房协议。但是,第二个租房子的人接手后,擅自拆除了门面房隔墙,我姑妈知道之后准备收回了店面房。我想问下,我姑妈店面损坏的损失能要求赔偿吗?向哪个租房子的人主张呢?

储云南律师:你姑妈可以要求赔偿,可以依据租房合同及《合同法》

---

① 除非承租人对次承租人存在欺诈或者与次承租人合谋损害出租人利益,承租人的这类转租行为仅仅是无权处分行为,只能认定为是可变更、可撤销的合同。出租人不同意承租人转租的,有权解除租赁合同。

向第一个租房的人主张恢复房屋的原状或赔偿损失。①

　　根据《合同法》第二百二十二条规定："承租人应当妥善保管租赁物,因保管不善造成租赁物毁损、灭失的,应当承担损害赔偿责任。"第二百二十三条规定："承租人经出租人同意,可以对租赁物进行改善或者增设他物。承租人未经出租人同意,对租赁物进行改善或者增设他物的,出租人可以要求承租人恢复原状或者赔偿损失。"第二百二十四条的规定："承租人经出租人同意,可以将租赁物转租给第三人。承租人转租的,承租人与出租人之间的租赁合同继续有效,第三人对租赁物造成损失的,承租人应当赔偿损失。承租人未经出租人同意转租的,出租人可以解除合同。"第二百二十五条规定："在租赁期间因占有、使用租赁物获得的收益,归承租人所有,但当事人另有约定的除外。"

　　读者张某:我是外地人,毕业后就在宜兴暂时租房居住,去年7月,我委托中介公司帮我找房子,找到后我与房屋中介公司签订一份房屋租赁合同,签订合同当日我按照中介公司的规定以"付三押一"的方式缴纳了房租。国庆节的时候,我接到中介公司的电话,向我催收房租,但是还要我付什么滞纳金,我跑到中介公司理论,中介公司向我出示双方签订的《补充协议》,该"补充协议"第2条上写着:"乙方在入住前必须以'付三押一'的支付形式交予甲方作为房屋租金。以后按季付。"可第4条上又写着:"乙方必须提前30天到甲方营业部的财务科交纳房租。延缓交款,每日加收滞纳金100元,如3日后仍不交纳,甲方视为合同终止和乙方放弃房屋内所留物品所有权,甲方有权开启房门,接纳新住户入住。所造成的后果,由乙方负担。"我这次是吃亏了,所以我想请教下租房子有什么要注意的地方?

---

　　①　从法理角度分析,也可以适用《物权法》要求次承租人承担侵权损害赔偿责任。

储云南律师：我想提醒大家的是，与中介公司签合同时，一定要细心推敲合同条款，对于合同上的不合理规定可以拒签。一旦发生纠纷，要及时向有关部门投诉，力争把损失降到最小。根据《合同法》的规定，对格式条款存在两种以上解释的，应当作出不利于提供格式条款一方的解释。对于《补充协议》第 4 条"延缓交款，每日加收滞纳金 100 元"的约定，你可以请求人民法院或者仲裁机构予以适当减少。

目前，房屋买卖租赁业务中的失信、违规等问题时有发生。当事人在合法权益遭受侵害时，大多选择忍气吞声，真正进入司法程序的为数尚少。

究其原因，一方面是打官司时间成本偏高导致部分当事人无暇与中介公司周旋；另一方面是房屋中介公司内部自律、行业监管有待进一步加强。鉴于此，当事人无论买房还是租房，一要亲力亲为，不要完全依赖中介公司，对于买卖、租赁应当办理的手续都要有所了解，对中介公司要求签署的文件要详细阅读，及时提出修正意见，避免因疏忽大意造成麻烦；二要注重细节，在签署合同时尽量明确合同条款，对双方权利义务及履行方式要明确约定，减少因合同约定不明确导致的争议。

读者贾某：我在官林开厂，但是厂房是租别人的，租期 5 年，租金是一年一付的，最近我发现出租给我厂房的公司发生了严重的变故，我去房产交易中心、土地局查看，发现他租给我的厂房、土地都被法院查封了，我能否单方面解除租赁合同？

储云南律师：在出现租赁房屋被司法机关或者行政机关依法查封、权属有争议等情形，或者具有违反法律、行政法规（主要包括但不限于《建筑法》《消防法》等）关于房屋使用条件强制性规定的任何一种情形时，承租人的合同解除权并非可以任意行使，还须具备一个必要前提，即该情形的出现导致"租赁房屋无法使用"。所谓"无法使用"是指无法按照租赁房屋的约定用途使用，或者无法按照租赁房屋的性质使用。

司法机关对房屋的查封,实务中有"活封"和"死封"之分,其中"死封"是指房屋被查封后不仅其处分权受到限制,而且丧失了使用、管理权,权利人只有妥善保管的义务;而"活封"则相反,房屋被查封后,权利人仍享有对房屋的使用、管理和收益权,仅处分权受限。实践中,租赁房屋被查封,如果是由于出租人的原因,承租人在要求解除合同的同时,也可要求出租人赔偿损失。

读者陆某:我经常听说"买卖不破租赁"原则,但是一直不知道是什么意思,您能给我讲解下吗?

储云南律师:《合同法》第二百二十九条规定,租赁物在租赁期间发生所有权变动的,不影响租赁合同的效力,即所谓的"买卖不破租赁"原则,若无法定或约定的除外情形,该原则即应被适用。

抵押期间,抵押人将抵押物出租,此时在同一标的物上抵押权与租赁权并存,抵押权更注重标的物的交换价值,而租赁权则更注重标的物的使用价值,二者并不冲突。但由于抵押权设定在先,因而具有优先效力,此后成立的租赁权不得损害抵押权,抵押权实现发生所有权的变动后,受让人不受租赁合同的约束,即先抵押后出租不适用"买卖不破租赁"原则。但先出租后抵押的房屋发生所有权变动的,仍应适用"买卖不破租赁"原则。(抵押和租赁同等效力,按时间顺序)

涉及法院依法查封的场合下,若查封在先,租赁在后,则法院强制拍卖时不适用"买卖不破租赁";若租赁在先,查封在后,可以适用该原则。(查封和租赁同等效力,按时间顺序区分)

(本文刊于 2014 年 1 月 28 日《宜兴日报》)

二、公司法

公司法定代表人相关问题解答

读者蒋某：宜兴有非常多的企业，每一个公司都必须设立法定代表人，但法定代表人作为专有的法律名词，即使是对于大部分设立了法定代表人的公司，可能也是一知半解。请储云南律师给我们解答一下担任公司法定代表人需要符合什么要求？

储云南律师：法定代表人是按照法律或者是公司的章程规定产生，代表公司行使职权的负责人。法定代表人对内处于公司管理核心的地位，对外代表公司，享有非常大的权力。法定代表人是经过工商登记的，行使职权不需要法人授权，在公司的经营范围内，在职权范围内签署的合同即使没有加盖公章也是有效的。法定代表人以公司的名义对外实施行为的，视为公司的行为，法律后果由公司承担。法定代表人超越职权擅自订立的合同，一般也是有效的，除非相对人明知其超越权限。根据《合同法》第五十条明确规定："法人或者其他组织的法定代表人、负责人超越权限订立的合同，除相对人知道或者应当知道其超越权限的以外，该代表行为有效。"《最高人民法院关于适用〈中华人民共和国合同法〉若干问题的解释（一）》第十条规定："当事人超越经营范围订立合同，人民法院不因此认定合同无效。但违反国家限制经营、特许经营以及法律、行政法规禁止经营规定的除外。"可知，除非合同相对方明知法定代表人超越权限，否则合同有效。

读者夏某：法定代表人必须具备什么资格才能担任呢？

储云南律师：依照《公司法》相关规定，法定代表人只能在董事长、执行董事或者经理中，按公司章程规定一般由股东或董事会决定选出一人担任。并且要符合下列法定条件：具有完全民事行为能力的公民，年满 18 周岁，且精神智力状况完全正常。在学历、职称、工作年限、国籍等方面都没有要求，外国人也可以担任内资公司的法定代表人。

除了要符合以上要求，法律也规定了不得担任法定代表人的情形：（一）无民事行为能力或者限制民事行为能力的；（二）正在被执行刑罚或者正在被执行刑事强制措施的；（三）正在被公安机关或者国家安全机关通缉的；（四）因犯有贪污贿赂罪、侵犯财产罪或者破坏社会主义市场经济秩序罪，被判处刑罚，执行期满未逾三年的；或者因犯罪被判处剥夺政治权利，执行期满未逾五年的；（五）担任因经营不善破产清算的企业的法定代表人或者董事、经理，并对该企业的破产负有个人责任，自该企业破产清算完结之日起未逾三年的；（六）担任因违法被吊销营业执照的企业的法定代表人，并对该企业违法行为负有个人责任，自该企业被吊销营业执照之日起未逾三年的；（七）个人负债数额较大，到期未清偿的；（八）有法律和国务院规定不得担任法定代表人的其他情形的。

读者陆某：公务员是否可以当企业的法定代表人呢？

储云南律师：公务员只能担任与自己单位和职务相关的法定代表人，并且不能领取任何报酬。根据《公务员法》第五十三条："公务员必须遵守纪律，不得有下列行为：……（十四）从事或者参与营利性活动，在企业或者其他营利性组织中兼任职务……"第四十二条："公务员因工作需要在机关外兼职，应当经有关机关批准，并不得领取兼职报酬。"可知，公务员不能兼任公司的法定代表人。

读者李某：储云南律师，我们注意到法定代表人在公司管理中享有非常大的权力，法定代表人的行为会直接对公司产生后果，那么法定代表人是否也要受到一定的约束呢?

储云南律师:法定代表人必须要受到约束,才能防止其滥用权力。通常在公司章程中对法定代表人的代表权作出限制。公司应当充分利用章程的自治权明确规定法定代表人权限范围。另外,也可以通过董事会或股东会对法定代表人的行为进行约束。

我国《民法通则》第四十九条明确规定:"企业法人有下列情形之一的,除法人承担责任外,对法定代表人可以给予行政处分、罚款,构成犯罪的,依法追究刑事责任:(一)超出登记机关核准登记的经营范围从事非法经营的;(二)向登记机关、税务机关隐瞒真实情况、弄虚作假的;(三)抽逃资金、隐匿财产逃避债务的;(四)解散、被撤销、被宣告破产后,擅自处理财产的;(五)变更、终止时不及时申请办理登记和公告,使利害关系人遭受重大损失的;(六)从事法律禁止的其他活动,损害国家利益或者社会公共利益的。"

法定代表人违反章程或法律,给公司或股东造成损失,要承担赔偿责任。由于法定代表人同时也是公司的董事或经理,依照《公司法》第一百五十条:"董事、监事、高级管理人员执行公司职务时违反法律、行政法规或者公司章程的规定,给公司造成损失的,应当承担赔偿责任。"第一百五十三条:"董事、高级管理人员违反法律、行政法规或者公司章程的规定,损害股东利益的,股东可以向人民法院提起诉讼。"因此,公司及股东均可向法院起诉要求法定代表人做出相应赔偿。

即使是挂名的法定代表人,公司从事了法律所禁止的行为,也要承担相应的责任。在刑事责任方面,如果挂名法定代表人不是单位主管人员和直接责任人,不对其处以刑罚。法定代表人不能随意担任,要具备承担公司风险的心理预期与经济能力,若担任法定代表人就必须要尽忠职守。

读者贾某:储云南律师,法定代表人是否可以变更? 变更时如果他不同意怎么办呢？

储云南律师：对于不能履行好职责的法定代表人，是可以变更的，且不需要征得原法定代表人同意。由公司股东会或董事会形成决议决定变更法定代表人，具体是股东会还是董事会有权变更，由公司章程决定。原法定代表人也可以自行辞去法定代表人一职，原法定代表人向股东会或董事会提出，经批准，然后再选举出新的法定代表人。法定代表人可做变更，才能保证法定代表人积极履行职责，不断符合公司运营、管理的条件。并且法定代表人死亡后，法定代表人身份不能继承，原法定代表人死亡后，公司应当按照程序选举产生新的法定代表人。

若变更法定代表人，公司必须到工商部门办理变更登记。公司自作出变更法定代表人决议之日起 30 日内须办理变更登记，应当申请办理而未办理的，由企业登记机关责令限期办理；逾期未办理的，处 1 万元以上 10 万元以下的罚款；情节严重的，撤销企业登记，吊销企业法人营业执照。企业法人申请办理法定代表人变更登记，应当向原企业登记机关提交下列文件：（一）对企业原法定代表人的免职文件；（二）对企业新任法定代表人的任职文件；（三）由原法定代表人或者拟任法定代表人签署的变更登记申请书。

（本文刊于 2014 年 7 月 28 日《宜兴日报》）

股东是否会再为虚假出资或抽逃出资担责？

宜兴市绿园新村蒋先生问：您好储云南律师！据我所知，我国公司法修改后对新注册成立的公司不再要求验资，对股东出资的要求也放宽了很多。请问以后公司股东是否不再受虚假出资或抽逃出资的困扰？

储云南律师答：你好！我国新修改的公司法自 2014 年 3 月 1 日起已施行，根据修改后的公司法，股东出资实行认缴制，股东认缴的出资数额由股东在公司章程中约定，出资时间也由股东在公司章程中约定，不再要求有限责任公司和股份有限公司的股东在公司设立后两年内缴足，投资公司在五年内缴足。有限责任公司的股东以其认缴的出资额为限对公司承担责任；股份有限公司的股东以其认购的股份为限对公司承担责任。公司是企业法人，有独立的法人财产，享有法人财产权，公司以其全部财产对公司的债务承担责任。

这意味着股东对公司的出资是公司的财产来源之一，一旦认缴完成，就成为公司的财产。在股东实际出资到位之前，股东认缴的出资成为公司对股东享有的债权。

公司法修改后，尽管不需要验资，但是股东的出资责任并未免除；虽然不再有最低出资数额要求，也不再强制要求股东在法定时间内必须履行完毕出资义务，但是股东仍然需要在公司章程中明确公司的出资数额、缴纳认缴出资的时间等。股东在实际缴付出资之前，对公司负有的债务仍然需要履行。如果股东没有按照承诺期限履行出资义务，或者出资没有到位之前，公司债权人可以根据合同法关于代位权的有关规定①要求公司股东在认缴出资的范围内对公司债务承担补充赔偿责任。

如果认为公司法修改后不再限制股东的出资时间,因此无论认缴的注册资本数额有多高,反正不用缴纳,就随便认缴,可能会产生严重后果,导致在公司不能按期偿付其债务时,股东对公司债务承担补充赔偿责任。如果股东未按照公司章程约定的时间足额缴纳认缴的出资,仍构成虚假出资,在此情况下仍应承担虚假出资的法律责任。② 同理,如果股东在缴纳出资后又非法将其缴纳的出资全部或部分抽回的,仍构成抽逃出资,承担抽逃出资的法律责任。

因此,此次公司法的修改虽然为股东注册公司提供了便利,但股东仍需要按照公司章程规定的认缴数额实际缴纳注册资本,在未缴纳出资、虚假出资或抽逃出资的情况下,需要在认缴出资的范围内对公司债务承担补充赔偿责任。同样,在相关刑事法律条款修改前,如果股东虚假出资或抽逃出资数额巨大或者造成严重后果,也需要承担相应的刑事责任。

（本文刊于 2014 年 11 月 24 日《宜兴日报》）

---

① 《公司法司法解释三》第十三条第二款。

② 根据修改后的《公司法》第 26 条,法律、行政法规及国务院决定对有限责任公司注册资本实缴和注册资本最低限额有规定的,要按照其规定。如果法律、行政法规及国务院决定有实缴出资的规定,但公司并未实缴,公司才可能构成虚假出资。

利用法制思维　规范公司管理（一）

　　2013 年 7 月 28 日,江苏谋盛律师事务所主任储云南律师应共青团宜兴市委、宜兴市青年商会的邀请,为北京大学宜兴市青年企业家经营与管理高级研修班上课。储云南律师在此次授课中,将自己多年的实践经验,结合《公司法》《合同法》等法律法规,作了精辟讲解。为此,本专栏将分期刊出有关储云南律师的讲课材料,以飨读者。

　　近年来,随着市场经济的发展,各项改革的深入,促使企业内部管理体制也在不断改变。不断学习新的法律知识来管理企业是我们企业家至关重要的理念转变。今天我讲课的内容就围绕公司管理这个话题,从公司架构、股东责任及公司合同签订中应注意的问题等几个方面展开。

　　1. "一股独大"问题突出,这已经成为我国公司治理结构完善的主要障碍之一。

　　现在我们的一些企业在成立及发展过程中大多都是靠董事长或大股东个人的智慧和力量推动。公司决策完全由一人决定,不按程序操作。哪怕董事长再认真负责,再深入基层,也不能保证每次决策的正确性。如按照资本多数决原则做决策,股东(大)会上中小股东的意志往往难以抗衡控股股东的意志,无法发挥股东(大)会的真正作用。

2. 公司中"三会"大多是虚设的，缺乏必要的作用和功能。董事会完全是股东的代言人，缺乏独立的经营权和决策权。

公司中的"三会"是指股东（大）会、董事会、监事会。我国公司法中对这"三会"的组成和职能都有着明确规定。股东（大）会是由全体股东组成（有限责任公司股东人数不应超过五十人），是公司的最高权力机构，公司的重大事项均应召开股东（大）会进行决议。董事会是公司的经营决策机构，由股东会选举产生，但是有职工代表的，职工代表必须通过职工代表大会、职工大会或其他民主选举程序产生。股东较少、规模较小的有限责任公司，可以只设立一个执行董事。监事会是公司内部的监督机构，由股东代表和公司职工组成。从以上规定可见，我国的公司治理结构总体框架已经具备，形成了"三会并存""三权分立"的格局。

"三权分立"最大的优点就是不犯致命的错误，让不同立场的机构参与决策程序，从而保持公司的持久稳定发展。但是我们一些公司的"三会"不同程度地存在虚设情况，"三会"的作用没有发挥出来，一些企业工商档案中有关的会议记录也都是临时制作的虚假记录。

不合理的治理框架对公司产生的危害性是极其严重的。公司的决策靠个人决定，如果决策正确，公司可以欣欣向荣、蓬勃发展，但是一旦个人决策错误或者实际控制人心存不轨，整个公司发展状况就会急转直下，公司财产急剧减少，给员工及债权人的利益带来不利影响，甚至有可能给公司造成致命打击。因此，保证公司治理框架的合法及合理性，才能更好地进行公司治理，如果失去了这个前提，一切的理念都是空谈。

（本文刊于 2013 年 9 月 3 日《宜兴日报》）

利用法制思维　规范公司管理（二）

　　之前我们谈的都是公司架构问题，强调了公司架构对公司整个运行和治理的重要性。在现实中我们还遇到一类诉讼，就是股东资格确认纠纷。这类纠纷的发生有以下几种情形：（1）公司登记时股权登记错误，股东要求确认改正的；（2）自然人股东死亡，继承人要求继承其股权份额的；（3）存在冒名股东、挂名股东情形的；（4）名义股东与实际出资人之间发生争议，隐名股东要求显名的。

　　下面我们结合一个案例来分析一下：

　　　　赵亮与朱丰双方约定，赵亮以朱丰的名义投资 200 万元，与另两位朋友成立一家线缆公司，公司注册资本为 1000 万元，赵亮每年给朱丰"冠名费"5000 元，朱丰则保证在股东会或者董事会上按赵亮的指示为意思表示。公司由于管理良好，回报甚丰，朱丰提出由其给付赵亮 200 万元出资款，以求事实上取得股东权。赵亮则请求法院确认其在公司的合法股东资格。

　　这个案例就是典型的隐名股东要求确认其股东资格的。根据我国《公司法》司法解释（三）（下称"公司法司法解释三"）第二十五条第一款的规定："有限责任公司的实际出资人与名义出资人订立合同，约定由实际出资人出资并享有投资权益，以名义出资人为名义股东，实际出资人与名义股东对该合同效力发生争议的，如无《合同法》第五十二条规定的情形，人民法院应当认定该合同有效。"因此该案件中赵亮如果提供了双方之间的协议，法院应当确认其股东地位。

如果隐名股东与显名股东因投资权益的归属发生争议，隐名股东可以通过诉讼向显名股东主张股东权利。根据"公司法司法解释三"第二十五条第二款规定：实际出资人与名义股东因投资权益的归属发生争议，实际出资人以其实际履行了出资义务为由向名义股东主张权利的，人民法院应予支持。名义股东以公司股东名册记载、公司登记机关登记为由否认实际出资人权利的，人民法院不予支持。

在座的各位如果想作为实际投资人即隐名股东进行投资的，应当注意以下几点，以确保自己权利的实现。第一，要与显名股东即名义股东签订书面的合同，如果该名义股东有配偶及成年子女的，也应要求一并签字确认，以免日后发生纠纷。第二，在资金的投入中应能反映出是由实际投资人投入的，如保留打款的凭证和相关的收条等。第三，要注意"公司法司法解释三"第二十五条第三款的规定，如果隐名股东要求公司变更股东、签发出资证明书、记载于股东名册、记载于公司章程并办理公司登记机关登记的，必须经过公司其他股东半数以上的同意，否则法院不予支持。即隐名股东想要显名，必须经过公司其他股东半数以上的同意。

除了以上变更登记的困难，以他人名义出资的隐名投资还存在其他的风险。如果显名股东擅自将登记于其名下的股权转让、质押或者以其他方式处分的，将参照物权法善意取得制度处理。虽然以他人名义出资的隐名投资受法律保护，但是显名股东在取得形式上的股权后，随时有可能将登记于其名下的股权转让或质押给他人。显明股东通过转让方式处分相关股权时，只要受让人是善意取得的，隐名股东就无法追回股权了。如显明股东将相关股权质押给第三人，隐名股东的受益权将受限；在质权人行使质权后，隐名股东将因质权人或其他第三方的善意取得而丧失对相关股权的追回权。此时，隐名股东只能请求显名股东承担赔偿责任。从这一点来说，隐名投资的风险性还是比较大的。

（本文刊于 2013 年 9 月 17 日《宜兴日报》）

三、 工伤与劳动纠纷

单位与员工订立劳动合同
需注意哪些问题？

无锡市曙光电缆有限公司的贺先生问：又是一年新春，企业也增加了不少新员工。以往很多企业都碰到过关于劳动合同的纠纷，我们公司也有过几次，不仅浪费了人力、物力、财力，还影响了公司与员工之间的感情。请问律师：在订立《劳动合同》时，应特别注意哪些问题，从而能更大程度地避免公司与员工之间的劳动纠纷呢？

储云南律师答：随着宜兴经济的快速发展，企业的人才需求越来越大，随之而来的问题也越来越多，特别是近年来关于劳动合同纠纷的案件有增无减。因此，对于贺先生您的提问，依照现行的《劳动合同法》与《劳动法》等法律法规，我讲以下几点意见，供您参考。

一、企业所有员工（除非全日制用工外）均须签订书面劳动合同，建立职工名册，并纳入社会保障体系。

劳动合同分固定期限、无固定期限和以完成一定工作任务为期限的劳动合同。订立无固定期限的劳动合同除双方协商一致订立外，有以下情形的，也需订立无固定期限的劳动合同：（一）劳动者在该用人单位连续工作满十年；（二）用人单位初次实行劳动合同制度或者国有企业改制重新订立劳动合同时，劳动者在该用人单位连续满十年且距法定退休年龄不足十年的；（三）连续订立二次固定期限劳动合同的。用人单位自用工之日起满一年不与劳动者订立书面劳动合同的，视为用人单位与劳动者已订立无固定期限劳动合同。如超过一个月不签订劳动合同，职工有权要求企业支付2倍工资。

二、在工资支付方面还有一些法律规定需要特别注意。

工资分固定工资和加班工资，超过工作时间应支付加班加点工资，节假日、带薪假休假期间上班应支付加班工资，探亲假、婚丧假、晚婚假、生育陪护假、产假、带薪休假、工伤休假应支付基本工资，病假支付80%的基本工资，事假可以不支付工资。基本工资应及时支付，加班加点应在法律法规规定的时间内支付。目前，宜兴地区最低工资为960元/月，最低小时工资为7.8元/小时。

加班加点的工资项目必须在员工的工资单中反映出来。企业需设立专人负责企业员工考勤、劳动纪律和规章制度检查、执行情况登记，每月考勤表应由本人签名，及时制作、送达员工违章违纪处罚通知单，及时公示违章违纪处罚情况。这样可以使企业行使劳动合同解除权时，事实依据充分，程序合法，能够有效避免争议和诉讼。

三、尽早建立企业职工代表大会或工会，及时制定和完善企业劳动纪律和规章制度。

法律规定，凡涉及员工利益的规章制度应经企业全体员工或职工代表大会讨论，或与工会或职工代表平等协商确定。所以企业规章制度等需经职工代表大会表决通过才能有效。

以上几点注意事项仅仅是我们对现行《劳动法》等法律规定的初步看法和理解，对有关条文规定的内容并未一一列明，企业在具体操作时仍应根据法律规定并结合本企业实际情况实施，也希望以上建议能对贵公司有所帮助。

（本文刊于 2010 年 3 月 2 日《宜兴日报》）

当心劳动合同中的文字陷阱

吴某于 2013 年 1 月 20 日到某电缆公司上班,同年 2 月 18 日双方签订了为期一年的合同,合同封面有"劳务合同"字样。期限至 2014 年 2 月 17 日,约定吴某任维修工、月工资 2000 元、劳动安全、该公司的规章制度等内容。双方按该"劳务合同"约定实际履行。吴某在工作期间没有违反某电缆公司规章制度和国家法律法规。

2013 年 12 月 20 日该公司与吴某解除用工关系。吴某认为他与单位建立的是劳动关系,但单位与其签订的却是"劳务合同",应支付其未签订劳动合同二倍工资差额部分,还应支付其解除劳动关系经济补偿金。电缆公司则认为,与吴某签订的是劳务合同,不受《劳动合同法》调整影响,吴某要求支付未签订劳动合同二倍工资差额和解除劳动关系经济补偿金的请求没有法律依据。

劳动合同与劳务合同是极易混淆的两种合同,两者都是以人的劳动为给付标的的合同。劳动合同依照《劳动法》第十六条规定:"劳动者与用人单位确立劳动关系,明确双方权利义务的协议。"而劳务合同通常意义上是指雇佣合同。劳动合同规定的是劳动者作为用人单位的一个成员,承担一定的工种或职务工作,并遵守用人单位的内部劳动规则和其他规章制度;用人单位负责分配工作或工种,按照劳动者劳动的数量和质量支付劳动报酬,并根据劳动法律、法规和双方协议约定提供各种劳动条件、社会保障和福利待遇。根据《劳动法》的规定,劳动合同应当具备以下条款:劳动合同期限、工作内容、劳动保护和劳动条件、劳动报酬、劳动纪律、劳动合同终止条件、违反劳动合同的责任等必备条款。

而劳务合同的内容规定的是一方提供劳务另一方给付报酬,是在意思自治的原则下,当事人在法律规定的范围内约定的,法律未作强制性规定。

劳动争议仲裁委认为,根据《劳动合同法》的有关规定,双方签订的"劳务合同"实质是劳动合同,双方建立的是劳动关系,该公司提出与吴某解除劳动合同,应支付吴某解除劳动合同经济补偿金,驳回吴某要求支付未签订劳动合同二倍工资差额的请求。

劳动关系是指用人单位与劳动者之间依法签订劳动合同,劳动者接受用人单位的管理,从事用人单位安排的工作,成为用人单位的成员,从用人单位定期领取劳动报酬和接受劳动保护所产生的法律关系。

《劳动合同法》第十七条规定:"劳动合同应当具备以下条款:(一)用人单位的名称、住所和法定代表人或者主要负责人;(二)劳动者的姓名、住址和居民身份证或者其他有效身份证件号码;(三)劳动合同期限;(四)工作内容和工作地点;(五)休息和休假;(六)劳动报酬;(七)社会保险;(八)劳动保护、劳动条件和职业危害防护;(九)法律、法规规定应当纳入劳动合同的其他事项。"

《关于确定劳动关系有关事项的通知》(劳社部发[2005]12号)规定:"用人单位招用劳动者未订立书面劳动合同,但同时具备下列情形的,劳动关系成立。(一)用人单位和劳动者符合法律、法规规定的主体资格;(二)用人单位依法制定的各项劳动规章制度适用于劳动者,劳动者受用人单位的劳动管理,从事用人单位安排的有报酬的劳动;(三)劳动者提供的劳动是用人单位业务的组成部分。"而劳务关系则是劳动者向用工者提供一次性的或者定期的劳动服务,用工者依约向劳动者支付劳务报酬的一种有偿服务。

(本文刊于 2015 年 3 月 20 日《宜兴日报》)

用人单位不可随意解除劳动合同

官林镇王先生问:公司老板突然说要开除我,也没有给我一个充分的理由,请问公司是否可以随时辞退我,法律中是否有相关的规定保障像我这种普通劳动者的权益? 我应该怎样维护自己的权利?

储云南律师答:社会经济高速发展,国家的法律制度也随之日益完善,劳动者的合法权益受到法律更加全面的保护。但是实践中仍然有很多用人单位不完全遵守法律,劳动者也缺乏法律意识,从而令自身权益易受侵害。你提到的老板辞退员工也是普遍现象,很多劳动者不知这是否合法,甚至以为这是老板应有的权利。

用人单位与劳动者解除合同需满足一定的条件并经过法定程序。劳动者有下列情形之一的,用人单位才可解除合同:(一)在试用期间被证明不符合录用条件;(二)严重违反用人单位规章制度;(三)严重失职,营私舞弊,给用人单位造成重大损害的;(四)劳动者同时与其他用人单位建立劳动关系,对完成本单位的工作任务造成严重影响,或者经用人单位提出拒不改正的;(五)以欺诈、胁迫的手段或乘人之危,使用人单位在违背真实意思的情况下订立或变更合同致使劳动合同无效的;(六)被依法追究刑事责任的。存在上述情形的,用人单位可单方解除合同。

以下几种情况,用人单位须提前30日以书面形式通知劳动者本人或者额外支付劳动者一个月工资(按照劳动者上一个月工资标准确定)后,方可解除劳动合同:(一)劳动者患病或者非因工负伤,在规定的医疗期满后不能从事原工作,且未能就变更劳动合同与用人单位协商一致的;(二)劳动者不能胜任工作,经过培训或者调整工作岗位后,仍不能胜任工作的;(三)劳动合同订立时所依据的客观情况发生重大变化,致使劳动合同无法履行,经用人单位与劳动者协商,未能就变更劳动合同内容达成协议的。

用人单位遇到法定情形需要裁员 20 人以上或者裁减不足 20 人,但占企业职工总数 10％以上的,需提前 30 日向工会或者全体职工说明情况,听取工会或者职工意见后,裁减人员方案经向劳动行政部门报告可以裁减人员。

劳动者在劳动合同中属于弱势一方,秉持保护弱者权益的原则,劳动合同法中规定了解除合同的消极条件,即在法律规定几种情形下,用人单位不得与劳动者解除劳动合同。具体情形有:(一)从事接触职业病危害作业的劳动者未进行离岗前职业健康检查,或者疑似职业病病人在诊断或者医学观察期间的;(二)在本单位患职业病或者因工负伤并被确认丧失或者部分丧失劳动能力的;(三)患病或者非因工负伤,在规定的医疗期内的;(四)女职工在孕期、产期、哺乳期的;(五)在本单位连续工作满 15 年,且距法定退休年龄不足五年的;(六)法律行政法规规定的其他情形。

如果用人单位未按照以上条件及程序解除劳动合同,则属违法解除劳动合同。此时劳动者可要求继续履行劳动合同的,用人单位应当继续履行;如劳动者不要求继续履行劳动合同或者劳动合同已经不能继续履行的,用人单位应当依照法律规定支付赔偿金。用人单位在解除劳动合同后,应为劳动者提供证明,并办理档案和社会保险关系转移手续。如发生争议,劳动者可以申请调解或劳动仲裁,对劳动仲裁裁决不服的可提起诉讼。

因此,用人单位不得随意与劳动者解除劳动合同,必须按照法律规定的条件和程序完成相关手续,并履行相应的合同义务。用人单位如违法解除合同,劳动者应学会用法律武器保护自己的权益。

(本文刊于 2011 年 10 月 13 日《宜兴日报》)

他可以得到双倍赔偿吗？

宜城街道的刘先生问：今年6月我在上班途中被一辆轿车撞伤，事故认定对方车主负全责，经鉴定为八级伤残。现通过诉讼赔偿款项已全部到位，请问储云南律师，像我这种情况，可以认定为工伤吗？还可以得到赔偿吗？

储云南律师答：这个问题涉及工伤案件中请求权竞合，工伤保险赔偿与民事赔偿能否得到双倍赔偿的问题？

最高人民法院《关于审理人身损害赔偿案件适用法律若干问题的解释》第12条对工伤保险和人身损害赔偿的关系规定如下："依法应当参加工伤保险统筹的用人单位的劳动者，因工伤事故遭受人身伤害，是劳动者或者其近亲属向人民法院起诉，请求用人单位承担民事赔偿责任的，告知其按《工伤保险条例》的规定处理。因用人单位以外的第三人侵权造成劳动者人身伤害，赔偿权利人请求第三人承担民事赔偿责任，人民法院应予支持。"

由此可见，你在上班途中发生车祸，既是工伤又是交通事故，虽然你已经从对方车主处得到了全部赔偿，你仍然可以要求用人单位提供工伤待遇。

根据最高人民法院《关于审理人身损害赔偿案件适用法律若干问题的解释》的规定，受害人因伤致残的，赔偿项目包括医疗费、误工费、护理费、交通费、住宿费、住院伙食补助费、必要的营养费、残疾赔偿金、残疾辅助器具费、被扶养人生活费及因康复护理、继续治疗实际发生的必要的康复费、护理费、后续治疗费。另外，受害人或者死者近亲属遭受精神损害,可以向法院请求赔偿精神损害抚慰金。

根据《工伤保险条例》的规定,职工因工作遭受事故伤害并致残的赔偿项目包括医疗费、住院伙食费补助费、交通食宿费、康复性治疗费、辅助器具费、停工留薪期工资、生活护理费、一次性伤残补助金、一次性工伤医疗补助金、伤残就业补助金等。

具体到本案中,你可以就交通事故产生的费用与工伤事故赔偿额的差额向你的单位主张赔偿,扣除工伤待遇和赔偿款中的相同的项目,比如医疗费、误工费、交通费、住院伙食补助费、残疾辅助器具费、康复性治疗费、伤残赔偿金等不能重复赔偿,其他不重复的项目均可再次得到赔偿。

(本文刊于 2010 年 10 月 13 日《宜兴日报》)

参加单位组织的集体活动中
受伤是否构成工伤

张渚镇某公司职工李某问：今年 5 月 2 日，公司安排车辆组织我等 20 余名中层管理人员赴安徽黄山旅游并附带参观学习。4 日晚 9 点 30 分左右，车辆自黄山返回途中发生单方交通事故，多人受伤，但其他人都是些皮外伤，只有本人 4 根肋骨骨折，伤情最重。之后，本人要求公司申报工伤，但公司告知，当时公司安排中层管理人员去黄山旅游是真，而参观学习只是个幌子，此属集体外出而非因公外出，不属于因工作原因受到伤害，不符合认定为工伤或视同工伤的条件。因此公司现在拒绝为本人申报工伤。请问储云南律师，我这种情形，构成工伤吗？

储云南律师答：单位组织旅游等活动的福利性质与工作性质，应当视具体情况而有所区分。根据《工伤保险条例》的规定，"工作"是认定工伤的最低标准，只有与工作、与履行职责有关造成的伤害才能认定为工伤。与工作有关，并不仅指自己的专职工作。哪些与工作有关，可以从以下几个方面进行判断。一是价值判断。只要是单位以单位利益的实现为目的，为员工安排的与单位或员工利益有关的各种活动，都可视为工作。二是工作业务界限。单位性质的不同，其工作的内涵和外延也是不同的，因此，外出旅游参观是开阔眼界、拓展思维的重要方式，对工作目标的实现至关重要，该类单位组织的外出旅游活动是否与工作相关必须参考其单位性质。三是工作相关性。如果单位组织外出旅游活动的同时，安排了学习任务，则可认定为与工作相关的行为。否则，以纯粹的休闲游玩为目的，则只能视为是单位为员工提供的一种福利。四是活动参与的强制性。如果该活动带有强制性，则可认定为具有工作原因的性质。显然,就您描述的情况而言,当初公司安排您等 20 余人中层管理人员赴安徽黄山,参观学习应是此行的目的之一,这应是一次排除职工个人意志、服从公司安排、不能请假的集体活动,其性质应属"以实现单位利益为目的"的活动,至于后来实际改变了安排,未组织参观学习,因为这种改变不是由您等职工决定的,并不影响这次集体活动的性质。您在外出旅游途中发生交通事故所受的伤害应当认定为工伤。您所在单位现拒绝为您提出工伤认定申请,您可在事故伤害发生之日起 1 年内,直接向宜兴市社会保险行政部门提出工伤认定申请。如果宜兴市社会保险行政部门认为您不具备工伤认定条件而对工伤认定申请不予受理,您可以依法向宜兴市人民政府申请行政复议,也可以依法向宜兴市人民法院提起行政诉讼。

(本文刊于 2012 年 8 月 14 日《宜兴日报》)

超过退休年龄，能否享受工伤待遇？

官林张先生问：我原来在官林某电缆公司上班多年，现已达到退休年龄，且已经在拿退休金了，但原单位要求我继续留在原单位上班，今年6月本人在工作期间，发生了意外事故。请问这种情形属于工伤吗？应该如何获得赔偿？

储云南律师答：根据《国务院关于颁发国家机关工作人员退休、退职、病假期间待遇等暂行办法和计算工作年限暂行规定的命令》（55国秘字245号）、《国务院关于工人退休、退职的暂行办法》（国发［78］104号）、《劳动和社会保障部关于制止和纠正违反国家规定办理企业职工提前退休有关问题的通知》（劳社部发［1999］8号），劳动者达到法定退休年龄，将退出工作岗位。

我国《劳动合同法》第四十四条规定，"劳动者开始依法享受基本养老保险待遇"是劳动合同终止的情形之一。为增强《劳动合同法》第四十四条的可操作性，《劳动合同法实施条例》第二十一条规定："劳动者达到法定退休年龄的，劳动合同终止。"因而，劳动者达到法定退休年龄，重新参加工作后与用人单位所形成的特殊劳动关系，具有雇佣关系的性质，而不属于劳动法意义上的劳动关系。一旦发生伤亡事故，不应适用工伤认定程序，也不由社会工伤保险基金承担伤残保险义务，而应当通过民事诉讼程序，按民事法律的有关规定予以救济，由用人单位作为赔偿义务人承担法律责任。显而易见，退休人员在受聘单位劳动过程中受到的人身伤害属于民事赔偿范畴。

《江苏省高级人民法院关于审理劳动保障监察、工伤认定行政案件若干问题的意见（试行）》（苏高法审委［2005］23 号）第十六条规定："离、退休后仍在从事劳动并取得劳动报酬的人员，不属于《工伤保险条例》工伤认定的对象。"江苏高院的意见也将超过退休年龄而继续工作从而发生事故的这部分人排除在《工伤保险条例》之外，认为其不是《工伤保险条例》的调整对象。

工伤认定分四步，首先确认存在劳动关系，其次进行工伤认定，再次进行劳动能力鉴定，最后是确定工伤待遇。所以，退休受聘人员能否享受工伤待遇，首先取决于退休人员与受聘单位之间的法律关系性质，定性退休受聘人员与用人单位属于何种法律关系，是退休受聘人员能否纳入工伤保险范畴和享受工伤保险待遇的关键。如果定性为劳动关系，则适用劳动法律，退休受聘人员可享受工伤待遇。如果定性为雇佣关系，则适用民事法律，退休受聘人员可请求民事赔偿。

所以，由于双方建立的关系属于雇佣关系，所发生的争议不是劳动争议，退休受聘人员的"工伤"问题只能以民事损害赔偿的形式到人民法院起诉解决。而且，中共中央办公厅、国务院办公厅《关于进一步发挥离退休专业技术人员作用的意见》（中办发［2005］9 号）第四条也规定，离退休专业技术人员受聘工作期间，因工作发生职业伤害与聘用单位发生争议的，可通过民事诉讼处理。退休受聘人员工伤问题一般应按民事法律的有关规定予以救济，由用人单位作为赔偿义务人承担法律责任。

综上所述，超过法定年龄且已经领取退休金的劳动者与用人单位之间成立雇佣关系，而非劳动关系，在此期间所发生的事故适用人身损害赔偿的相关规定，应该通过民事诉讼程序解决，不享受工伤保险待遇。

（本文刊于 2010 年 7 月 13 日《宜兴日报》）

如何理解《工伤保险条例》中的
"视同工伤"情形？

近期，《新快报》的一则报道引发网友热议。深圳一名女员工在公司车间突然晕倒，最终不幸身亡。因送医抢救超过 48 小时，深圳市人社局作出不予以工伤认定的决定，其法律依据为《中华人民共和国工伤保险条例》第十五条。该条规定："职工有下列情形之一的，视同工伤：（一）在工作时间和工作岗位，突发疾病死亡或者在 48 小时之内经抢救无效死亡的；（二）在抢险救灾等维护国家利益、公共利益活动中受到伤害的；（三）职工原在军队服役，因战、因公负伤致残，已取得革命伤残军人证，到用人单位后旧伤复发的。职工有前款第（一）项、第（二）项情形的，按照本条例的有关规定享受工伤保险待遇；职工有前款第（三）项情形的，按照本条例的有关规定享受除一次性伤残补助金以外的工伤保险待遇。"

仅因为抢救超过 48 小时就不认定为工伤，这种规定未免有些不近人情甚至冷血，因而饱受争议。但是，不论如何规定，法条背后都是公平与效率的博弈，是个人权利与社会成本的权衡，看似冰冷实则满含无奈。在司法实践中，因工伤认定而引发的争议也不在少数。"视同工伤"究竟应该如何理解？

1. 在工作时间、工作岗位突发疾病死亡的。

这里所称的"工作时间"，是指法律规定的或者单位要求职工工作的时间，包括加班加点时间。这里所称的"工作岗位"，是指职工日常所在的工作岗位和本单位领导指派所从事工作的岗位。例如，清洁工人负责的清洁区域范围内都属于该工人的工作岗位。这里的"突发疾病",是指上班期间突然发生任何种类的疾病,一般多为心脏病、脑出血、心肌梗死等突发性疾病。

根据该条例规定,职工在工作时间和工作岗位突发疾病当场死亡的,以及职工在工作时间和工作岗位突发疾病后没有当时死亡,但在48小时之内经抢救无效死亡的,应当视同工伤。职工虽然是在工作时间和工作岗位突发疾病,经过48小时抢救之后才死亡的,不属于视同工伤的情形。这一规定与266号文相比,变化较大。根据266号文的规定,应认定为工伤的必须是在生产工作的时间和区域内,由于工作紧张突发疾病造成死亡,或经第一次抢救治疗后全部丧失劳动能力的情形。条例对266号文的规定作了较大调整,主要有以下考虑:一是266号文将突发疾病纳入了工伤范围,如果条例不将其纳入工伤情形,势必缩小职工的现有保障范围,不利于保障职工的合法权益和社会的稳定;二是将突发疾病纳入工伤范围,有利于调动工伤风险较小的单位参加工伤保险的积极性。

2. 在维护国家利益、公共利益活动中受到伤害的。

"维护国家利益",是指为了减少或者避免国家利益遭受损失,职工挺身而出。"维护公共利益",是指为了减少或者避免公共利益遭受损失,职工挺身而出。为了帮助广大职工和劳动保障行政部门更好地理解和把握维护国家利益和维护公共利益,条例列举了抢险救灾这种情形,但凡是与抢险救灾性质类似的行为,都应当认定为属于维护国家利益和维护公共利益的行为。需强调的是,在这种情形下,没有工作时间、工作地点、工作原因等要素要求。例如,某单位职工在过铁路道口时,看到在道口附近有个小孩正牵着一头牛过铁路,这时,前方恰好有一辆满载旅客的列车驶来,该职工赶紧过去将牛牵走并将小孩推出铁道。列车安全地通过了,可该职工却因来不及跑开,被列车撞成重伤。该职工的这种行为,就应属于维护国家利益和公共利益的行为。

3. 职工原在军队服役，因战、因公负伤致残，已取得革命伤残军人证，到用人单位后旧伤复发的。

按照 1988 年国务院颁布的《军人抚恤优待条例》以及 1989 年 4 月民政部颁布的《革命伤残军人评定伤残等级的条件》，"因公负伤致残"，是指在执行公务中致残，经医疗终结，符合评残条件的情形，具体范围包括：一是在从事军事训练、施工、生产等任务和上下班途中，遭到非本人责任和无法抗拒的意外致残的；二是在执行任务中被犯罪分子致残的；三是在维护社会治安，抢救保护人民生命、国家和集体财产，被犯罪分子致伤或遭意外伤害致残的；四是因患职业病致残的；五是因医疗事故致残的。"旧伤复发"，是指职工在军队服役期间，因战、因公负伤致残，并取得了革命伤残军人证，到用人单位后其在军队服役期间因战、因公负伤的伤害部位（伤口）发生变化，需要进行治疗或相关救治的情形。

职工原在军队因公负伤致残，到用人单位后旧伤复发，按照工伤的基本精神，不宜认定为工伤。但是，在这种情况下，职工是为了国家的利益而受到伤害的，其后果不应由职工个人而应由国家来承担。为了保护这部分人的合法权益，条例将其规定为视同工伤的情形。

"视同工伤"这一规定其初衷是从保护劳动者合法权利的角度出发的，但受制于客观条件，其认定困难重重。一旦发生这样的情形，我们不应盲目地指责立法不公，而应理解法条背后的逻辑，查清事实，积极取证。同时，我们也期待着医疗技术的进步，让我们不必再纠结于"抢救时长"或"死亡标准"，让法条不必再当冷酷的"恶人"。

（本文刊于 2016 年 12 月 23 日《宜兴日报》）

超过一年的工伤申请认定，
还能得到相应的赔偿吗？

丁蜀镇的张先生问：储云南律师，我原是某公司的机械操作工，2010年12月20日下午正常工作期间不慎将左手无名指第一节压断，因是无名指第一节断离，对工作和生活没有多大影响，当时只是简单进行了治疗，没有进行断指再植，休息不到一个月就上班了。事后除医疗费由老板全部承担外，另得误工费、营养费等5000元，未做工伤认定。2011年6月30日合同期满后，我离开了原公司。最近有人告诉我，像我这种伤情，已构成工伤10级伤残，应可享受近10万元的工伤待遇，但也有人说因为超过了工伤申请规定的一年时间，已经得不到赔偿了。请问，像我这种情况，还能得到应得的工伤赔偿吗？

储云南律师答：国务院《工伤保险条例》是保障因工作遭受事故伤害或者患职业病的职工获得医疗救治和经济补偿，促进工伤预防和职业康复，分散用人单位工伤风险的专门性法规。按《工伤保险条例》规定，职工因工作遭受事故伤害，享受工伤保险待遇，其中包括：医疗费、住院伙食补助费、交通费、食宿费、护理费、残疾辅助器具费、继续治疗费，停工留薪期内原工资福利待遇不变；如果还构成残疾的，除根据不同残疾等级享受一次性伤残补助金外，还享有其他的工伤保险待遇：一至四级的，分别按月享有本人工资的75％至90％不等的伤残津贴，直至办理退休手续后按照国家有关规定享受基本养老保险待遇；五级、六级伤残并且用人单位难以安排适当工作的，分别按月享有本人工资的60％和70％的伤残津贴；五至十级的，终止劳动关系时还可获得一次性工伤医疗补助金和一次性伤残就业补助金；职工因工死亡,其近亲属可领取丧葬补助金、供养亲属抚恤金和一次性工亡补助金。

但是,职工享受工伤保险待遇的前提是,其所受伤害必须构成工伤,即必须先做工伤认定。社会保险行政部门是进行工伤认定的法定机关。职工发生事故伤害或者按照职业病防治法规定被诊断、鉴定为职业病的,所在单位应当自事故伤害发生之日或者被诊断、鉴定为职业病之日起 30 日内,向用人单位所在地设区的市级社会保险行政部门提出工伤认定申请。用人单位未在规定的时限内提出工伤认定申请的,受伤害职工或者其近亲属、工会组织在事故伤害发生之日或者被诊断、鉴定为职业病之日起 1 年内,可以直接提出工伤认定申请。如果申请人提出的工伤认定申请超过规定时效的,社会保险行政部门则不予受理。社会保险行政部门作出不予受理决定的,申请人享有依法申请行政复议或者提起行政诉讼的权利。因此,职工发生事故伤害至迟应在自事故伤害发生之日起 1 年提出工伤认定申请,这一点应当特别注意。现实生活中,许多劳动者往往并不知悉这一规定,而错失时机。

考虑到劳动者文化素质参差不齐,有的法律意识淡薄,因此对于遭受工伤事故后非因自身原因未进行工伤认定,导致劳动者超过工伤认定申请时效无法认定工伤的特殊案件,允许劳动者或者其近亲属向人民法院直接起诉,要求用人单位赔偿。人民法院经审理后,能够认定劳动者符合工伤构成要件的,则判令用人单位按照《工伤保险条例》规定的工伤保险待遇和标准给予赔偿。当然这只能适用于极个别的例外情形,且劳动者或者其近亲属负有举证责任,即必须举证证明非因自身原因未进行工伤认定:比如用人单位假借进行磋商,恶意拖延时间,使工伤认定申请时效届满等。因为该举证责任比较苛刻,因此实践中劳动者或者其近亲属一般因为举证不能导致败诉。

张先生,就你所述伤情测算,应可享受近 10 万元工伤保险待遇,但因为已超过 1 年的工伤认定申请时效,如果你能够举证证明遭受工伤事故后非因自身原因未申请工伤认定,导致超过工伤认定申请时效的,无疑可直接向人民法院起诉。反之,期望通过仲裁或者诉讼解决的可能性不大,但你可通过人民调解委员会等调解组织出面协调解决。

(本文刊于 2012 年 3 月 31 日《宜兴日报》)

企业不缴社保将面临的法律风险

宜城街道李先生问：请问储云南律师，企业与员工建立劳动关系后，如不缴纳社保将会有哪些风险？

储云南律师答：社会保险具有强制性，为员工购买社保是企业的法定义务，部分企业出于用工成本高、人员流动性大、缴纳保险手续烦琐等因素，不愿意给员工缴纳社会保险，实际上，漏缴社会保险会带来巨大的用工风险甚至引发劳动纠纷。

根据我国《劳动合同法》的规定，企业自用工之日起一个月内应当为职工办理社会保险。我国《社会保险法》规定，企业在法律规定的范围内，为员工购买基本养老保险、基本医疗保险、工伤保险、失业保险、生育保险是其应尽的义务。实践中，企业通过多种方法逃避为员工缴纳社会保险，比如有些企业通过与员工签订劳动合同约定不为员工缴纳社会保险，逃避法定义务，因而该项约定是无效的；又比如有些企业在试用期不给员工缴纳社会保险，而根据《劳动合同法》的相关规定，试用期包括在劳动用工期限内，也应当为员工缴纳社会保险，诸如此类。

如果企业不依法给员工办理社保，其主要有以下几种不良后果。

1. 企业可能会因就劳动者的工伤事故支出高昂的费用。企业一旦与员工建立劳动关系，在员工发生工伤时，员工应该按照《工伤保险条例》享受工伤待遇。如果企业未给员工缴纳工伤保险费，发生工伤事故后，本可以通过社保支付的医疗费用、伤残补贴、就业补贴、医疗补贴等费用，会因为企业未缴纳工伤保险而无法通过社保支付，这将给企业带来更大的经济负担。

2. 劳动者将此作为单方解除劳动合同的理由。根据《劳动合同法》第三十八条、第四十六条的规定,用人单位未依法为劳动者缴纳社会保险费的,劳动者可以解除劳动合同,不用书面通知、不用提前通知,并无须承担违约责任,劳动者还可以因此而要求单位支付经济补偿金,如单位不支付经济补偿金,还可能被要求支付两倍的经济补偿金作为赔偿。

3. 劳动者有权以用人单位未为其办理社会保险手续,且社会保险管理机构不能补办导致其无法享受社会保险待遇为由,要求用人单位赔偿损失。

4. 企业将会面临高额的罚款。企业不办理社保登记或未足额缴纳社会保险费的,根据《社会保险法》第八十四条、第八十五条的规定,社保主管部门可责令限期改正并处以高额的罚款。

另外,还需注意的是,商业保险不能代替社会保险。有些企业以为为员工购买了商业性的工伤保险就万事大吉,这是一个严重的误判。在保险公司购买的商业性保险,不管保险金额多大,都不能代替社会保险,因为社会保险是企业的法定义务,如果企业不按时缴纳将会不可避免地给自身带来风险和损失。

(本文刊于 2014 年 10 月 24 日《宜兴日报》)

怎样防止跳槽员工带走公司客户？

张渚镇某公司总经理唐某问：我公司某供销员跳槽后，吸引走了本公司一些固有客户，已给本公司造成较大损失。请问储云南律师，怎样防止跳槽员工带走公司客户？

储云南律师答：销售人员跳槽后带走公司客户，已不鲜见。跳槽之后，大多数人都是选择继续从事与原先的行业职位相同或者相类似的工作。特别是销售人员，在所属领域工作一段时间，对于所销售的产品的性能、价格、竞争对手、客户群熟悉之后，在原工作单位不能满足其薪金要求时，就会带着客户资源跳槽。由于其熟悉原工作单位产品的性能与报价，原客户的采购需求与交易价格，在离职以后销售人员可以与原工作单位的客户联系，采取一些有针对性的措施和手段，抢走原单位的业务。避免这类情形发生的有效途径是将客户名单作为本单位商业秘密来保护。

客户名单，一般是指客户的名称、地址、联系方式以及交易的习惯、意向、内容等构成的区别于相关公共信息的特殊客户信息，包括汇集众多客户的客户名册以及保持长期稳定交易关系的特定客户名册。客户名单是一种经营信息，该信息具有现实的或潜在的商业价值，不为公众所知悉、能为权利人带来竞争优势。只要与客户有关的信息无法从公开的渠道获得，或者虽然能够获得，但是需要支付对价，那么它就可以作为商业秘密获得法律的保护。那么怎样保护这种"商业秘密"呢？一句法律谚语说得好：法律不保护权利上的睡眠者。如果希望客户名单作为商业秘密获得法律的保护，企业必须采取相应的保密措施。在签订劳动合同时,企业就可与员工在劳动合同中约定保守用人单位的商业秘密,或者单独签订保密协议,或者把保守商业秘密纳入企业的日常管理工作中,另外制定企业的保密制度。

如果企业没有采取任何的保密措施,在员工离职之后,仍然与原工作单位的老客户联系,企业将对此束手无策。根据最高法院《关于审理反不正当竞争案件的司法解释》规定:"客户基于对职工个人的信赖而与职工所在单位进行市场交易,该职工离职后,能够证明客户自愿选择与自己或者其新单位进行市场交易的,应当认定没有采用不正当手段,但职工与原单位另有约定的除外。""但职工与原单位另有约定的除外"的含义也就是原单位可以与职工签订协议,明确约定其离职后不得再与原客户联系业务。这样的约定是具有法律效力的。如果员工违反约定与原客户交易,单位就可依此提起诉讼,追究其违约责任。

在整个市场产能过剩的现状下,客户越来越成为企业的重要资源之一。员工的跳槽对于企业的经营影响也越来越严重,甚至一些销售负责人的跳槽将会决定企业的存亡。因此对于客户信息的保护刻不容缓。虽然在商业秘密被侵犯之后,企业可通过司法手段获得权利救济,但是因被他人侵权所损失的往往远多于事后救济所获得的。所以,企业有必要在员工离职前就采取一系列保密措施。

(本文刊于 2012 年 10 月 22 日《宜兴日报》)

义务铲雪摔伤，为什么要我赔偿？

宜城街道查先生问：储云南律师，您好，最近我遇到了一件非常郁闷的事情，前几天我市普降大雪，隔壁的王阿姨在给自家院子铲雪的时候，顺便也给我家院子铲雪，当时我看到，还赞扬她雷锋精神呢，由于我家院子里铺设的是花岗岩，王阿姨在铲雪的过程中，不慎滑倒，把右手骨折了，伤的还有点严重。住院治疗结束后，花去了医疗费五千多元钱，昨天晚上她丈夫把医疗费发票拿来了，要求我支付，还说其他费用就不要了。我觉得这钱由我出觉得很冤枉，我又没叫她帮我铲雪，是她自己到我家院子里铲雪的，况且我家院子里铲不铲雪都是无所谓的，不铲雪也完全不要紧的，完全是她多事。现在摔伤了，为什么要我承担责任呢？我很想不通，现向你咨询一下，该不该由我赔偿她的医疗费用。

储云南律师答：我国民法中通常所指的义务帮工是指帮工人自愿、无偿、临时的为被帮工人提供劳务、被帮工人接受的社会关系，其具有无偿性，因此区别于雇佣关系。通常帮工人与被帮工人之间具有一定亲属关系、朋友关系或者邻居关系。帮工人在帮工过程中会出现以下三种情况，法律均有明确的规定。

第一种情况帮工人自己受到损害。《最高人民法院关于审理人身损害赔偿案件适用法律若干问题的解释》第十四条规定："帮工人因帮工活动遭受人身损害的，被帮工人应当承担赔偿责任，被帮工人明确拒绝帮工的不承担赔偿责任，但可以在受益范围予以适当补偿。"在本案中，你明知王大妈在帮你铲雪，没有作出拒绝的意思表示，还在一旁表扬她,你的行为是默认她帮你铲雪。而且,你家的花岗岩下雪以后应该容易滑倒,你明知这一点却没有告知她也没有采取防护措施,是造成她滑倒摔伤的主要原因,因此你应该承担赔偿责任。王大妈可能也考虑到是她自己去帮你家铲雪的,所以才只要你承担医疗费用,其他的不要你承担,按照相关法律规定,她在摔伤后产生的误工费、住宿费、伙食补助等其他费用也应该由你承担。在这起案件中,本律师认为,王大妈要你承担支出的医疗费是基于其义务帮工行为。

第二种情况,在义务帮工中,从事帮工人在帮工活动中如果造成了他人损害。这种情况是很多的,譬如帮工人在装卸物品中过程中把其他的人撞伤了,在这种情况下,被帮工人要不要承担责任?

《最高人民法院关于审理人身损害赔偿案件适用法律若干问题的解释》第十三条规定:从事帮工人在帮工活动中,如果造成了他人损害的,也应该由被帮工人承担赔偿责任。由此可见,不仅帮工人受伤了可以得到被帮工人的赔偿,帮工人造成了帮工人以外的第三人的损害还要由被帮工人承担责任。解释同时规定,如果被帮工人明确拒绝帮工,而帮工仍然在帮工造成损害他人的,被帮工人不承担责任。

第三种情况,在帮工过程中受到了他人的损害的情况。这种情况现实生活中还是经常发生的。

《最高人民法院关于审理人身损害赔偿案件适用法律若干问题的解释》第十四条规定:帮工人因帮工活动遭受人身损害的,被帮工人应当承担赔偿责任。被帮工人明确拒绝帮工的不承担赔偿责任,但可以在受益范围内予以适当补偿。

帮工人在帮工过程中,受到第三人伤害的,首先要有第三人承担责任。如果无法确定第三人的情况,应有被帮工人来承担适当补偿责任。第三人虽然确定了,但是第三人没有赔偿能力的,也应该有被帮工人来承担适当补偿责任。被帮工人承担责任后,也可以依法向第三人追偿。

　　最后我要告诉你的是：赔偿项目包括医疗费、护理费、交通费等为治疗和康复支出的合理费用以及因误工减少的收入。造成残疾的，还应当赔偿残疾生活辅助具费和残疾赔偿金，造成死亡的，还应当赔偿丧葬费和死亡赔偿金。

（本文刊于 2011 年 1 月 31 日《宜兴日报》）

四、 刑事案件

暴力收债是否违法？

丁蜀镇王先生问：储云南律师，您好！最近我市民间借贷缕缕暴雷，一些以公司名义和个人名义借款的，所借款项难获清偿。较为极端的债权人就纠集了一帮不法分子采用暴力催收利息和本金，加剧了社会的不稳定因素。他们往往持有债权人的委托书和借条，请问利用这种手段收债的行为是否违法呢？

储云南律师答：民间借贷的良莠不齐必然导致后续的各式各样"讨债"做法。为了获取高额利息，借款人往往采取高杠杆方式大量向个人借款后投资到 P2P 平台、高返平台中，不少 P2P 平台和高返平台暴雷后，大量的高额借款得不到偿还，借款人陆续资金链断裂，已令民间借贷成为社会矛盾集中领域。除了大量的诉讼案件在法院审理和执行的以外，有的债主纠集了一批社会闲散人员进行催收，更有甚者利用社会黑恶势力进行暴力催收，造成债务人伤残等社会影响很坏的恶性刑事案件。

一、所有的讨债公司都是非法的，其收款效果也不好

很多小报上和张贴的小广告上声称是专业合法讨债公司。而这种公司没有一个是合法的。公安部、国家工商总局发文明令禁止开办讨债公司，对打着咨询服务、委托代理等名义从事讨债活动的企业要依法吊销其营业执照，以加大对非法讨债活动的打击力度。因此，所有的讨债公司都是违法的。这些讨债公司采取的讨债方法也往往是非法的，其讨债效果并不理想，更有甚者，凭手中的有效委托书，放弃较大的债权，收到现金后挥霍一空，造成债主的债权彻底落空。

二、采取殴打、恐吓、非法拘禁等暴力手段的收债行为触犯刑法

据统计，自去年9月以来，温州市鹿城法院共受理因暴力讨债引发的非法拘禁、故意伤害等刑事案件75件，抓捕被告人123人，同比分别增长15.3％和17.1％；审结71件，判处罪犯118人，同比分别增长18.3％和11.3％。而通过审理，不难发现此类案件呈现如下特征：从案发原因来看，大部分系因赌债、民间"高利贷"等引发的；从被告人的身份情况来看，被告人大多数为社会上专门从事讨债业务的闲散人员；从行为手段上来看，被告人一般都采用殴打、持械威胁或纠集多人威吓等暴力胁迫手段。由于一些高利贷的利息大大高出法定标准，他们明知提起诉讼不会得到法院支持，就采用非法的手段进行解决，雇佣他人采用殴打、恐吓、非法拘禁等方式甚至去骚扰债务人家人来催收债权。此类因民间借贷而引起的案件近期屡屡发生。

暴力催债的社会危害性极大，暴力收债过程中使用的非法行为，如果情节轻微，没有造成严重后果，属于违反我国违反治安管理处罚的行为，要受到拘留或罚款等处罚。如触犯刑法规定，可能构成非法拘禁罪、故意伤害罪、侮辱罪、寻衅滋事罪、敲诈勒索罪、抢劫罪、故意毁坏公私财物罪以及组织、领导、参加黑社会性质组织罪等，情节恶劣的甚至可能构成故意杀人罪。

在实践中，因借贷纠纷而引发的暴力收债行为可能构成的犯罪有：

1. 非法拘禁罪。非法拘禁罪是指以拘押、禁闭或者其他强制方法，非法剥夺他人人身自由的行为。有的人认为，只要提供对方正常的食宿条件，关一关是不要紧的，但限制他人人身自由的行为也是刑法打击的对象。只要非法限制他人人身自由且达成非法拘禁罪的主客观要件就构成犯罪，并不要求有什么后果。

2. 故意伤害罪。故意伤害罪指故意非法损害他人身体的行为，侵犯的是他人的身体健康权，如拳打脚踢、刀砍枪击、棒打石砸、火烧水烫等。

3. 故意杀人罪。故意杀人罪是指故意地非法剥夺他人生命的行为。行为人明知自己的行为会发生他人死亡的结果,并且希望或者放任这种结果发生。

4. 侮辱罪。侮辱罪是指使用暴力或者以其他方法,公然贬损他人人格,破坏他人名誉,情节严重的行为。

5. 教唆犯。教唆犯是指以劝说、利诱、授意、怂恿、收买、威胁等方法,将自己的犯罪意图灌输给本来没有犯罪意图的人,致使其按教唆人的犯罪意图实施犯罪。《刑法》第二十九条规定:教唆他人犯罪的,应当按照他在共同犯罪中所起的作用处罚。教唆不满十八周岁的人犯罪的,应当从重处罚。

有些债权人认为他本人没有到场,出了事,只要花点钱就可以轻松过关,却不了解按照法律规定,教唆他人犯罪的,也要一并处罚。

三、投资方面不要期望高回报

民间借贷虽然是法律允许的理财方式,但是,有些债务人举债的民间借贷利息远远高出法律规定的利息,甚至有的是一角息、二角息。如此运转必然导致资金的断裂。出现纠纷是必然的,而这些高额的利息又得不到法律的支持。有些债主自作聪明将不合法的利息加在本金一起让对方写借条,殊不知,法院在审理案件过程中,不管当事人同意与否均要审查借款的来源及往来凭证。仅仅只有借条但提供不了其他凭据的,法律一般不会支持借条上的金额。

因此,那些利用民间借贷开展投资理财的投资人,应该理性一点,对于利息过高的,要考虑对方还本付息的可能性,期望过高投资回报的,往往得不偿失。

四、有可能构成集资诈骗罪、非法吸收公众存款罪及非法经营罪

民间借贷指的是利用本人及其家庭的收入和闲钱进行投资。而目前有些人却向社会的人低息借贷,然后再高额放出,从中获取差额,而

这一行为实际已经触犯了法律。常见的犯罪有以下两种。

1. 非法吸收公众存款。指未经中国人民银行批准，向社会不特定对象吸收资金，出具凭证，承诺在一定期限内还本付息的活动。《刑法》第一百七十六条规定："非法吸收公众存款或者变相吸收公众存款，扰乱金融秩序的，处三年以下有期徒刑或者拘役，并处或者单处二万元以上二十万元以下罚金；数额巨大或者有其他严重情节的，处三年以上十年以下有期徒刑，并处五万元以上五十万元以下罚金。"单位犯前款罪的，对单位判处罚金，并对其直接负责的主管人员和其他直接责任人员，依照前款的规定处罚。

2. 非法经营罪。刑法规定："违反国家规定，有下列非法经营行为之一，扰乱市场秩序，情节严重的，处五年以下有期徒刑或者拘役，并处或者单处违法所得一倍以上五倍以下罚金；情节特别严重的，处五年以上有期徒刑，并处违法所得一倍以上五倍以下罚金或者没收财产。"

因此，利用他人的资金进行放贷，赚取借贷利差超过一定金额或造成一定损失的都构成犯罪，均应受到刑法的制裁。

不违反法律强制性规定和禁止性规定的民间借贷本身也是合法债权债务的一种，债务人欠债不还侵害了债权人的利益，对这种债权人的合法债权，不仅要采用合同形式予以确认，也可以通过协商、诉讼、仲裁、调解等多途径解决相关争议。民间借贷成立的只是民事上的债权债务关系，但是如果在收债过程中触犯刑法，则要被追究刑事责任。储云南律师在此提醒大家，讨要债务应当采取正当手段，不能因为讨债难就去求助于讨债公司或采用暴力，这样做不仅达不到目的，一不小心自己也会触犯法律，身陷囹圄。

（本文刊于 2012 年 6 月 27 日《宜兴日报》）

公安机关采取强制措施的种类和期限

张渚的徐先生问：我经常听到身边的人被公安机关抓去了,我想知道公安机关经常采取的强制措施有哪些?

储云南律师答：公安机关是国家政权的重要组成部分,是具有武装性质的治安行政和刑事司法的专责机关。其任务是维护国家安全,维护社会治安秩序,保护公民的人身和财产,制止和惩治违法犯罪活动。公安机关经常采用的强制措施有两种类型。

一、行政强制措施

1. 传唤

《治安管理处罚法》规定,需要传唤违反治安管理行为人接受调查的,警察使用传唤证传唤。对现场发现的违反治安管理行为人,警察经出示工作证件可以口头传唤。传唤也是一种强制措施,对被传唤的违法嫌疑人,询问查证的时间不得超过 8 小时;案情复杂,可能适用行政拘留处罚的,询问的时间不得超过 24 小时。不得以连续传唤的形式,变相拘禁违法嫌疑人。

2. 行政拘留

根据《治安管理处罚法》第十六条,行政拘留期限一般是 15 日以内;有两种以上违反治安管理行为的,分别决定,合并执行,最长不超过 20 日。

3. 强制戒毒

根据《禁毒法》规定,强制戒毒期限两年。

自从入所之日起计算。对强制戒毒期满仍未戒除毒瘾的戒毒人员,强制戒毒所可提出意见报告作出决定的公安机关批准,延长强制戒毒期限,但延长的时间不得超过一年。

4. 收容教育

根据《收容教育所管理办法》及《卖淫嫖娼人员收容教育办法》①,卖淫嫖娼人员入所收容教育期限为六个月至二年。

二、刑事强制措施

1. 盘问留置

根据《警察法》第 9 条,公安机关的人民警察对有违法犯罪嫌疑的人员,可以展开检查,有被指控有犯罪行为、有现场作案嫌疑、作案嫌疑身份不明或携带的物品有可能是赃物的,可以将其带至公安机关,对其继续盘问。对被盘问人的留置时间自带至公安机关之时起不超过 24 小时,在特殊情况下,经县级以上公安机关批准,可延长至 48 小时,并应当留有盘问记录。

2. 拘传

根据《刑事诉讼法》第九十二条、《公安机关办理刑事案件程序规定》第六十二条,拘传持续的时间不得超过 12 小时,不得以连续拘传的形式变相拘禁犯罪嫌疑人。

3. 取保候审

根据《刑事诉讼法》的规定,对取保候审的犯罪嫌疑人,取保候审最长不得超过 12 个月。

4. 监视居住

根据《刑事诉讼法》的规定,对被监视居住的犯罪嫌疑人,监视居住,最长不得超过六个月。

5. 刑事拘留

根据我国刑事诉讼法的规定,对于被拘留的犯罪嫌疑人认为需要

---

① 该办法于 2020 年 3 月 27 日废止。

逮捕的,应当在拘留后的 3 日内提请人民检察院审查批准。在特殊情况下,经县级以上公安机关负责人批准,提请审查批准逮捕的时间,可以延长 1 至 4 日。对于流窜作案、多次作案、结伙作案的重大嫌疑分子,经县级以上公安机关负责人批准,即经审查批准的时间可以延长至 30 日。犯罪嫌疑人身份不明的,在 30 日内不能查清提请批准逮捕的,公安机关负责人批准,拘留期限自查清其身份之日起计算,但不得停止对其犯罪行为的侦察,这种情况可以说是无期限。

6. 逮捕

根据《刑事诉讼法》第一百二十四条,对犯罪嫌疑人逮捕后的侦查羁押期限不得超过两个月,案情复杂的案件经上一级人民检察院批准,延长一个月。因为特殊原因侦查不能终结的,由最高人民检察院报请全国人民代表大会常务委员会批准延期审理。对于(一)交通十分不便的边远地区的重大复杂案件;(二)重大的犯罪集团案件;(三)流窜作案的重大复杂案件;(四)犯罪涉及面广,取证困难的重大复杂案件,可以再延长两个月。对犯罪嫌疑人可能判处十年有期徒刑以上刑罚,在规定期限内仍不能侦查终结的,可以再延长两个月。在侦查期间发现犯罪嫌疑人另有重要罪行的,自发现之日起重新计算侦查羁押期限。

(本文刊于 2010 年 10 月 26 日《宜兴日报》)

骂人也会坐牢吗？

宜城街道王先生问：最近我看到单元门口贴了一张"公告"，上面打印了一段话，还清楚地写着一个女子的名字，由于字体较大，加上其张贴的位置，看上去非常显眼。公告的大致内容是，一个女子欠钱没还，还抢了别人的男朋友，最后几行骂人和诅咒的话让人看后很不舒服。事后得知，这名女子正是我们小区的，而且基本每个单元门口都贴上了。后来听说贴张公告的人被公安机关抓去坐牢了。请问对于这种骂人的行为，也能够追究刑事责任吗？

储云南律师答：骂人如果达到了情节严重的程度，完全可以构成刑事犯罪。但是一般的辱骂行为，情节轻微，不以犯罪论处。但《治安管理处罚法》有规定，对公然侮辱他人，尚不够刑事处罚的，处 15 日以下拘留、500 元以下罚款或者警告。骂人超过了治安管理的范围，便可以追究刑事责任。我国《刑法》第二百四十六条规定："以暴力或者其他方法公然侮辱他人或者捏造事实诽谤他人，情节严重的，处三年以下有期徒刑、拘役、管制或者剥夺政治权利。"因此骂人如果情节严重的话，可以构成以下刑事罪名。

1. 侮辱罪。如果行为人是故意以恶毒刻薄的语言，公然针对特定的人进行嘲笑辱骂，或者采取大字报、图画、漫画、书刊或者其他公开的文字等方式泄漏他人隐私，并且具有诋毁他的人格，破坏他人名誉的目的，达到情节严重程度的，受害人就可以侮辱罪提起自诉。

2. 诽谤罪。如果行为人是故意针对特定的人捏造并散布某种虚构的事实，足以贬损他人人格、名誉，达到情节严重的，只要行为人达到刑事责任年龄且具有刑事责任能力,受害人就可以诽谤罪提起自诉。

以上两种罪名的犯罪主体均是达到刑事责任年龄,且具有刑事责任能力的自然人,侵犯的都是特定人的人格和名誉,必须情节严重的才构成犯罪,并且都是被害人告诉才处理,除了严重危害社会秩序和国家利益的。处罚均是处三年以下有期徒刑、拘役或者剥夺政治权利。所谓告诉才处理是指被害人告诉才处理的案件,被害人自愿不告诉的,刑法不予处理,但因被害人因受强制威吓无法告诉的,人民检察院和被害人的近亲属也可以告诉,由人民检察院和被告人近亲属告诉的案件按刑法规定处罚。

由此可见,骂人也有可能会坐牢的。

如果行为人尚不够追究刑事责任,也不够治安管理处罚,被害者仍然可以通过民事途径追究行为人的民事责任。当然,即使行为人被追究刑事或治安责任,被害人一样可以通过民事途径要求其承担民事责任。随着社会的文明和进步,我们希望骂人的现象越来越少。

（本文刊于 2010 年 11 月 8 日《宜兴日报》）

如何看待温岭虐童女教师被无罪释放

宜兴市宜城街道李老师问：前几天我们几个退休老师在一起议论浙江温岭虐童女教师已被无罪释放一事，大家都有点想不通，储云南律师，你认为，怎样正确看待此事？

储云南律师答：浙江温岭虐童案一出，引起了社会各界的高度关注。此案最终经温州警方深入侦查，认为涉案当事人颜某不构成犯罪，依法撤销了刑事案件，对其作出行政拘留 15 日的处罚，11 月 16 日虐童女教师被无罪释放。这个结果一时间在网上引起热议。本人认为，这一结果在民意之外，却在法理之中。

罪刑法定原则，是我国刑法的一项基本原则。它通俗地说就是，法无明文规定不为罪，法无明文规定不处罚。在《中华人民共和国刑法》中，并没有"虐待儿童罪"只有"虐待罪"。而刑法规定的虐待罪，是指对共同生活的家庭成员以打骂、捆绑、冻饿、限制自由、凌辱人格、不给治病或者强迫过度体力劳动等方法，从肉体上和精神上进行摧残迫害，情节恶劣的行为。显然，幼儿不属于幼儿教师的"家庭成员"，所以这一罪名不能适用。同样，故意伤害罪也不能适用，因为只有受害人的伤势达到轻伤以上的结果，才符合该罪名的立案标准，由于受害儿童没有及时验伤，无法判断。

起初，颜某被公安机关以涉嫌寻衅滋事罪为由拘留。寻衅滋事罪是从原"流氓罪"分拆而来，是著名的"口袋罪"，但是"破坏社会秩序"是认定寻衅滋事罪的前提条件，而此次虐童事件发生在空间私密的幼儿园内，且此案受伤害的仅是个别儿童，很难认定颜某的行为破坏了社会秩序。

因此，目前我国刑法中没有一个罪名可以准确地被用来为颜某的虐童行为定性。根据罪刑法定原则，可以说颜某被无罪释放这一结果是尊重法律的。

对虐童行为，虽然不能适用刑法处罚，但完全可适用民事法律法规予以制裁。

第一，按《未成年人保护法》规定：学校、幼儿园、托儿所的教职员工应当尊重未成年人的人格尊严，不得对未成年人实施体罚、变相体罚或者其他侮辱人格尊严的行为。学校、幼儿园、托儿所侵害未成年人合法权益的，由教育行政部门或者其他有关部门责令改正；情节严重的，对直接负责的主管人员和其他直接责任人员依法给予处分；

第二，根据我国《行政处罚法》，也可以追究涉案女教师的相应责任，依情况而决定对其进行行政拘留、吊销教师资格证、罚款等；

第三，按《中华人民共和国侵权责任法》第三十八条规定："无民事行为能力人在幼儿园、学校或者其他教育机构，学习、生活期间受到人身损害的，幼儿园、学校或者其他教育机构应当承担责任。"

因此，受虐儿童在幼儿园学习、生活期间受到涉案女教师的虐待，造成人身损害的，受虐儿童（监护人）可以要求幼儿园承担侵权赔偿责任，赔偿医疗费、护理费、交通费等为治疗和康复支出的合理费用，造成严重精神损害的，还可以请求精神损害赔偿。

（本文刊于 2013 年 2 月 17 日《宜兴日报》）

如何认定单位受贿罪？

和桥镇吴先生问：听说有个国有事业单位因收受被管理单位的赞助款，单位虽出具了收据给这家企业，但是后来还是被认定为单位受贿罪。不仅单位被判处了罚金，负责人也被判了刑。因为自己也有个公司，所以很想了解一下单位受贿犯罪方面的知识。

储云南律师答：单位受贿罪是指我国《刑法》第三百八十七条规定的，国家机关、国有公司、企业事业单位、人民团体，索取、非法收受他人财物，为他人牟取利益，情节严重，或者在经济往来中，在账外暗中收受各种名义的回扣及手续费的行为。单位受贿罪，对单位判处罚金，并对其直接负责的主管人员和其他直接责任人员，处五年以下有期徒刑或者拘役。

单位受贿罪作为犯罪，在 1985 年 7 月 18 日最高人民法院、最高人民检察院发布的《关于当前办理经济犯罪案件中具体应用法律的若干问题的解答（试行）》的解释中已有规定："对单位为谋取非法利益，收受贿赂数额巨大、情节严重的，除没收全部财物外，对主管人员和直接责任人员应追究受贿罪的刑事责任。"1988 年 1 月 21 日，全国人大常委会颁布的《关于惩治贪污受贿罪的补充规定》，通过立法正式确立了单位受贿罪，并再次规定："全民所有制企业、事业单位、机关团体索取收受他人财物，为他人牟取利益，情节严重的，判处罚金，并对其直接负责的主管人员，和其他直接责任人员，处五年以下有期徒刑或者拘役。"1997 年《刑法》第三百八十七条进一步完善了对单位受贿罪的规定，并正式写进了刑法，确立了单位受贿罪的罪名。

本罪的主体是国家机关、国有公司、企业、事业单位，人民团体。侵害的客体也就是国家机关、国有公司、企业、事业单位人民团体职务行为的廉洁性。

客观方面表现为，一是在行为方式上表现为积极的行为，利用职权为他人牟取利益，索取或者非法收受他人财物。二是在经济往来中，在账外暗中收受各种名义的回扣及手续费。

主观方面表现为，是经单位授权或者同意，由其直接负责的主管人员和其他直接责任人员表现出来的，而不是单位中某个人的意志。

我们有些国家机关，在被管理的个人和企事业单位逢年过节的时候，特别是在经费紧张的时候，采用直接或间接的方法索取财物，以弥补经费不足。并为这些个人或单位牟取利益，谋取的利益包括合法的利益和非法的利益两方面。从表面上看来是正常的行为，而实质上已经触犯了法律。随着社会的发展和民主与法制的进一步完善，有些原来没有和很少有的罪名已频频出现在现实生活中，我们的单位和个人在决策的时候要注意学习法律，遵守法律，避免出现触犯了法律而自己还不知道的情况。

（本文刊于 2010 年 5 月 13 日《宜兴日报》）

是经济纠纷？还是合同诈骗罪？

江苏新大洲电缆有限公司芮先生问：我公司与山东某公司签订一电缆买卖合同，合同标的额为一百万元，约定山东某公司预付 10 万元，剩余的 90 万元在货到山东某公司后 30 日内付清。之后我公司将该批电缆发往该公司，但两个月过去了，该公司并未支付 90 万元，且编造各种理由一拖再拖。经多方查证，该公司在签订合同的时候就没有支付能力。请问该公司的行为是经济纠纷？还是合同诈骗罪？

储云南律师答：合同诈骗罪规定在《刑法》第二百二十四条，指以非法占有为目的，在签订、履行合同过程中，骗取对方当事人财物，数额较大的行为。

合同诈骗罪与经济纠纷的根本区别在于行为人是否具有非法占有的目的。具有非法占有的目的，构成合同诈骗罪，否则属于合同纠纷。非法占有的目的，要在综合考察以下客观情况的基础上加以确定：第一，审查行为人主体资格，即身份是否真实；第二，考察行为人在签订合同时履行的能力；第三，行为人有无履行合同的积极行为；第四，未履行合同的原因；第五，看行为人在违约以后是否愿意承担违约责任。如果以上各种情形对行为人不利，可以认为其具有非法占有的目的，因而是合同诈骗罪，而不是一般的经济纠纷。总而言之，区分两者的关键要看行为人主观上有无非法占有的目的，而这又必须结合客观情形加以判断。

合同诈骗罪在客观方面表现为在签订、履行合同过程中，虚构事实、隐瞒真相，骗取对方当事人财物，数额较大。对于以签订合同方法骗取财物的行为,认定行为人是否虚构事实或隐瞒真相,关键在于行为人有无履行合同的实际能力。行为人明知自己没有履行合同的实际能力,故意制造假象误导与之签订合同的人,"自愿"与行骗人签订合同,从而达到骗取财物的目的,这是合同诈骗罪在客观方面的主要特征。具体包括以下几项内容。

1. 行为人根本不具备履行合同实际能力。认定行为人是否具有履行合同的实际能力,应当以签订合同时行为人的资信和货源情况作依据。比如签订购销合同时,供货方既没有货物储备,也没有货物来源,骗取收货方信任接受合同预付款或定金后,逾期又不履行合同,就可以认定为没有实际履行能力。

2. 采取欺骗手段。欺骗手段表现为行为人虚构事实或隐瞒真相。虚构事实是指行为人捏造不存在的事实,骗取被害人的信任。隐瞒事实真相,是指行为人对被害人掩盖客观存在的基本事实。

3. 使与之签订合同的人产生错误认识。这种错误认识是指对能够引起处分财产的事实情况的错误认识,在合同诈骗犯罪中受骗者的错误认识是由于行骗者的行骗行为所引起的。

本罪主观方面只能是故意的,并且具有非法占有公私财物的目的,行为人主观上没有上述诈骗故意,只是由于种种客观原因,导致合同不能履行或所欠债务无法偿还的,不能以本罪论处。行为人主观上的非法占有目的,不仅包括为自己对非法所得的占有,也包括意图为单位或第三人对非法所得的占有。

本案中,山东某公司在已经资不抵债的情形下,明知自己没有履行合同能力,在签订电缆合同时,欺骗江苏新大洲电缆有限公司,使其产生错误认识。在该合同签订后,山东公司以预付 10 万元作为履行合同的诱饵,骗取全部货物后,在合同约定的货到达山东某公司的两个月后依旧无正当理由拒不支付剩余的 90 万元。根据《最高人民法院关于审理诈骗案件具体应用法律的若干问题的解释》第二条第六款:"合同签订后,以支付部分货款,开始履行合同为诱饵,骗取全部货物后,在合同规定期限内或者双方另行约定的付款期限内,无正当理由拒不支付其余货款的。"应当认定其行为属于以非法占有为目的,利用合同进行诈骗。

根据最高人民检察院、公安部《关于经济犯罪案件追诉标准的规定》第六十九条:"单位直接负责的主管人员和其他直接责任人员以单位名义实施诈骗,诈骗所得归单位所有的,数额在5万元至20万元以上的。以非法占有为目的,在签订、履行合同过程中,骗取对方当事人财物,涉嫌下列情形之一的,应予追诉。"本案中山东某公司符合该追诉标准。

综上所述,我们认为,山东某公司构成合同诈骗罪,你公司可以依法向公安部门报案,请求立案侦查及早挽回损失。

(本文刊于 2010 年 8 月 11 日《宜兴日报》)

未抢到东西还要坐牢吗？

宜城街道张先生问：我有一位朋友在月黑风高的一个晚上，携带匕首准备去拦路抢劫，被联防人员查获，现被刑拘，但并没有抢到东西，这种情况是否要坐牢？直至法院判决，其间需要经过多少环节和时间？

储云南律师答：我国刑法规定，抢劫罪是以非法占有为目的，对财物的所有人或者保管人当场使用暴力、胁迫或其他方法，强行将公私财物抢走的行为。抢劫罪的本质特征，是以非法占有为目的，并当场采取暴力或暴力相威胁手段，就构成抢劫罪，而不论犯罪嫌疑人是否取得财物以及被抢劫财物价值的大小。

从张先生朋友的情况来看，其抢劫行为是在抢劫过程中由于自己意志以外的原因，即公安机关的抓捕行为而停止的，并且已经着手实施了抢劫行为，其行为已经构成抢劫罪，因为意志外的原因中止了抢劫行为，是抢劫未遂。因而，虽然未正式实施抢劫，但一样构成抢劫罪（预备犯）。

刑事拘留是一种临时性强制措施，公安机关对于正在预备犯罪、实行犯罪或者在犯罪后即时被发觉的可以先行拘留。拘留后，除有碍侦查或者无法通知的情形以外，应当把拘留的原因和羁押的处所，在 24 小时以内，通知被拘留人的家属或者他的所在单位。

公安机关对被拘留的人，认为需要逮捕的，应当在拘留后的 3 日以内，提请人民检察院审查批准。在特殊情况下，提请审查批准的时间可以延长 1 日至 4 日。对于流窜作案、多次作案、结伙作案的重大犯罪嫌疑人,提请审查批准的时间可以延长至 30 日。人民检察院应当自接到公安机关提请批准逮捕书后的 7 日以内,作出批准逮捕或者不批准逮捕的决定。人民检察院不批准逮捕的,公安机关应当在接到通知后立即释放,并且将执行情况及时通知人民检察院。简言之,拘留剥夺人身自由的期限,一般为 10 日,特殊情况下为 14 日;对流窜作案、多次作案、结伙作案的重大嫌疑分子,拘留后,羁押时间可长达 37 日。

根据《中华人民共和国刑事诉讼法》的规定,对犯罪嫌疑人逮捕后的侦查,羁押期限不得超过两个月。案情复杂、期限届满不能终结的案件,可以经上一级人民检察院批准延长一个月。因为特殊原因,在较长时间内不宜交付审判的特别重大复杂案件,由最高人民检察院报请全国人民代表大会常务委员会批准延期审理,可以延长二个月。对犯罪嫌疑人可能判处十年有期徒刑以上刑罚,依照本法第一百二十六条规定延长期限届满,仍不能侦查终结的,经省、自治区、直辖市人民检察院批准或者决定,可以再延长二个月。也就是说,侦查羁押期限最长可以达到七个月。张先生朋友的情况并不复杂,侦查羁押期限一般不超过两个月。

人民检察院对于公安机关移送起诉案件,应当在一个月内作出决定,重大、复杂案件,可以延长半个月。人民检察院审查案件,对于需要补充侦查的,可以退回公安机关补充侦查,也可以自行侦查。对于补充侦查案件,应当在一个月以内补充侦查完毕。补充侦查以二次为限,补充侦查完毕,移送人民检察院后,人民检察院重新计算审查起诉期限,也就是说,案件在检察院审查起诉之前的时间最长可达三个半月。从侦查羁押至起诉最长可达十个半月,张先生朋友的情况不是很复杂,一般可以在一个月内作出起诉决定。

又根据《中华人民共和国刑事诉讼法》第一百六十八条规定:人民法院审理公诉案件,应当在受理后一个月以内宣判,至迟不得超过一个半月。有本法第一百二十六条规定情形之一的,经省、自治区、直辖市高级人民法院批准或者决定,可以再延长一个月。以张先生朋友抢劫未遂情况看,一般会在一个月以内宣判。

综上所述,张先生的亲属将经历刑事拘留、审查批捕、侦查羁押、移送起诉和审理宣判这一系列司法环节。

(本文刊于 2010 年 7 月 28 日《宜兴日报》)

吸毒母亲太狠毒　饿死子女判无期

——南京饿死女童案一审宣判母亲被判无期

储云南律师：最近，在网络上炒得沸沸扬扬的南京"饿死女童案"经南京市中院公开审理后于本月 18 日下午一审宣判，被告人乐燕被判无期徒刑，剥夺政治权利终身。

2013 年 6 月 21 日，南京江宁区发生一起让人揪心的案件，一对小姐妹被人发现饿死在家中，一个一岁，一个两岁。而她们的妈妈乐某已经两个多月下落不明。而孩子的父亲李某因涉毒犯罪正在服刑。乐某因涉嫌故意杀人罪，已经被南京市检察院提起公诉，南京市中级人民法院即将开庭审理此案。而乐某本人，由于已经怀孕 3 个多月，正被监视居住在江宁某宾馆内。

案件发生时孩子的父亲因为容留他人吸毒被判入狱六个月，家里失去了顶梁柱，此时两个孩子的监护人乐燕，同样因为沉溺吸毒，疏于对孩子的监护。孩子多次被遗弃在家中，无论是孩子的曾祖母、外祖母、社区干部、片警等都曾积极的上门去照顾，但是在乐燕缺席责任的时候，由于监护责任不明，没有一个人能真正对孩子负责，最终发生了最坏的结果。

2013 年 6 月 21 日案发，距离乐燕的男友李某出狱，只有不到 2 个月的时间。就在 8 月底，李某出狱时，听到这个结果，情绪上很激动，连说了几次"太狠了"。

控辩焦点

法律界人士分析，乐燕可能涉及的罪名有：故意杀人、遗弃、虐待、过失致人死亡等，他们核心区别在于，对于女童的死亡是否存在主观上的故意或者放任,法庭辩论的关键点也围绕这一点来展开。

律师点评:

案件中已经明显暴露出两个问题。首先,我国监护制度运行中,监护人疏于监护的时候,对被监护人的权利缺乏救济。其二,本案中,犯罪嫌疑人在案发当天就被抓获,在审判前的三个月时间里,尽管有多名律师联名写信,要求公开相关案件信息,但是南京的公安、民政、区政府、街道办,一律噤声,让公众对政府信息公开工作的效果存疑。

希望案件不要随着乐某被判决而尘埃落定,通过这件悲剧,能让公众更加关注吸毒人员和类似缺乏有效安全监护的幼儿的生存状况,完善我国的监护制度,督促政府加强信息公开,才能让悲剧不再重演。

听众一:储云南律师,听说你办了很多刑事案件,根据你的经验判断,在这个案件中,一个母亲难道会杀自己的子女吗?为什么乐燕会以故意杀人罪被追究刑事责任?

答:刑法上规定的故意包括直接故意和间接故意。在本案中,乐燕所表现出来的直接故意不是很明显,不是主动拿着刀或其他工具去实施杀人行为。她的行为符合间接故意,所谓间接故意,是指明知自己的行为可能引起某种危害社会的结果,并且放任这种结果发生的心理态度。也就是说,对于孩子的死活她采取的是放任的态度。死了也符合她的意思,不死也不要紧。她不追求这种死亡的结果,也不阻止这种死亡的结果的发生。所以,以故意杀人罪追究她的刑事责任是符合刑法的规定。

听众二:储云南律师,在这起案件中,乐燕毫无人性,居然把两个孩子锁在家里不闻不问,二条人命啊,既然是故意杀人,为什么她没有被判死刑?我觉得很奇怪。

答:我国刑法规定:审判时怀孕的女性不适用死刑。在这个案件中,饿死了两条人命,应该说,情节特别恶劣,罪行特别严重。本应该判处死刑。

但是,《刑法》第四十九条规定:"犯罪的时候不满十八周岁的人和审判的时候怀孕的妇女,不适用死刑。"《刑事诉讼法》第二百一十一条也规定,人民法院在执行死刑时,发现罪犯正在怀孕的,应当停止执行,并且立即报请最高人民法院依法改判。刑法和刑事诉讼法对怀孕的妇女适用死刑的规定,体现了我国在死刑适用上坚持少杀、慎杀的刑事政策,也体现了立法上的人道主义精神。乐燕是南京江宁区两名被饿死女童的母亲,目前怀有 3 个月身孕。此案 6 月 21 日案发即发现两名女童死亡时,乐燕的丈夫李某因容留他人吸毒正在服刑,而据检方指控,乐燕本人从 4 月下旬离家后一直未归。检方指控被告人乐燕负有法定抚养义务且有履行能力,明知不履行抚养义务会导致二被害人死亡,仍然采取放任的态度,致使危害后果发生,其行为触犯了《刑法》第二百三十二条规定,犯罪事实清楚,证据确实充分,应当以故意杀人罪追究其刑事责任。南京市检察院起诉的罪名是故意杀人,由于犯罪嫌疑人乐燕被抓时已经发现再次怀孕,所以依据我国刑法,不可能被判处死刑。

听众三:储云南律师,这个案件中,我看有点像虐待罪的呢,以故意杀人罪判决也太重了吧?

答:虐待罪(《刑法》第二百六十条),是指对共同生活的家庭成员以打骂、捆绑、冻饿、限制自由、凌辱人格、不给治病或者强迫过度体力劳动等方法,从肉体上和精神上进行摧残迫害,情节恶劣的行为。虐待行为的手段,有时与故意杀人的手段十分相似,并且,虐待行为有时在客观上也可能造成被害人死亡的后果。所以,虐待罪与故意杀人罪的界限较容易混淆。我们认为,司法实践中难以认定某一行为是构成虐待罪还是故意杀人罪时,应当从主观故意上区分二者的界限:虐待罪的主观方面是故意对被害人进行肉体上和精神上的摧残和折磨;故意杀人罪的主观方面是故意剥夺他人的生命。

听众四:储云南律师,在这起案件中,我认为街道和民政机关也有责任。之前他们既然知道乐燕将孩子遗弃在家中,最后造成了这种结果,为什么没有追究他们的责任?

答:我国法律在保护未成年儿童权益方面,尽管有立法规定,但是,这种立法缺乏实际操作性。没有具体的操作程序,从而导致某些单位或部门相互推诿,缺乏必要的监督机制,进而引发了这起悲剧。这起悲剧给我们敲响了警钟。保护未成年人不能仅停留在口号式立法上,要从实际出发,制定行之有效、责任明确的法律规定,以防止此类悲剧的再次发生。

（本文刊于 2013 年 11 月 15 日《宜兴日报》）

刑事案件中被害人有哪些诉讼权利？

吉林长春的肖先生问：前几天，我在宜兴打工的儿子下班后，在紫园小区吃夜宵，无辜被一帮人用刀砍伤，经抢救无效死亡。请问储云南律师，作为被害者家属，在刑事诉讼中有哪些权利？

储云南律师答：刑事案件的被害人，是指人身权利、民主权利、财产权利受犯罪行为直接侵害的自然人，是刑事诉讼要保护的中心人物。在有被害人的案件中，刑事诉讼自始至终都是围绕着追究犯罪和保护被害人的合法权益而进行，正是由于被害人地位的特殊性显得非常重要，所以目前我国刑事诉讼法中对被害人的诉讼权利及地位作出了比较完善的规定。根据刑事诉讼法及相关司法解释的规定，被害人在刑事诉讼中主要可享有以下九项诉讼权利。

（一）报案、控告和陈述的权利。被害人在遭受侵害时有权向公安机关、人民检察院或者人民法院报案、控告。在侦查、审查起诉、法庭审理时，有对案件事实进行陈述、发表意见的权利。

（二）请求立案、申诉权和特定条件下起诉权。被害人对于公安机关应当立案而不立案的，有权向人民检察院提出立案请求。对人民检察院作出不起诉决定不服的，可以向上一级人民检察院申诉，有些案件，也可以不经申诉直接向人民法院起诉。

（三）委托诉讼代理人的权利和获得告知的权利。被害人在公诉案件移送审查起诉之日起，有权委托诉讼代理人，在自诉、附带民事诉讼中有权随时委托诉讼代理人。人民检察院自收到移送审查起诉的案件材料之日起三日以内，应当告知被害人及其法定代理人或者其近亲属、附带民事诉讼的当事人及其法定代理人有权委托诉讼代理人。人民法院自受理自诉案件之日起三日以内,应当告知自诉人及其法定代理人、附带民事诉讼的当事人及其法定代理人有权委托诉讼代理人。代理人可以是律师或者其他公民,可以代为行使控告、申诉、要求赔偿等权利。稳妥起见,委托诉讼代理人时最好聘请有丰富经验的律师。

(四)申请侦查机关补充鉴定或重新鉴定的权利。侦查机关应当将作为证据的鉴定结论告知被害人或家属,被害人或家属可以提出补充鉴定或者重新鉴定的申请。

(五)提出刑事附带民事诉讼,及特殊案件请求精神损害赔偿的权利。被害人由于被告人的犯罪行为而遭受物质损失的,有权提起附带民事诉讼。目前,我国《刑法》及《刑事诉讼法》没有明文规定精神损害赔偿作为附带民事诉讼的受理范围,实践中法院大多数情况下对被害人提出的精神损害赔偿请求予以驳回。但有些情况下,法院也会依据《道路交通事故处理办法》《婚姻法》等其他法律法规对精神损害赔偿请求予以变通支持。

(六)出席法庭、参与质证、辩论、控告的权利。有被害人的案件,人民法院应当在开庭三日前将开庭的时间、地点通知被害人。在庭审过程中,被害人可以就起诉书指控的犯罪进行陈述,经审判长许可,被害人可以对证据和案件情况发表意见,控诉被告人并且可以互相辩论,有权申请法庭通知新的证人到庭、调取新的物证,拥有申请重新鉴定或者勘验的权利。

(七)申请回避的权利,遇有审判人员、检察人员,侦查人员、书记员、鉴定人、翻译人员与案件有法定利害关系情形时,被害人及其法定代理人有权要求他们回避。

(八)申请检察机关抗诉和对生效裁判申诉的权利。被害人不服一审裁判,自收到裁判书后五日内,有权请求人民检察院提出抗诉。被害人对于已经生效的判决、裁定有证据证明确有错误的,可以向人民法院或者人民检察院提出申诉,请求启动再审程序。

(九)诉讼过程的知悉权。被害人有权了解刑事诉讼的整个过程和进度,有权获取侦查、检察、审判阶段的法定诉讼文书和鉴定材料。

以上的权利,你可以根据具体情况选择行使。

(本文刊于 2010 年 9 月 28 日《宜兴日报》)

亚硝酸盐致人死亡案

案情简介:被告人高艳军与前夫王平利从 2005 年起在家中加工生猪小肠等猪下货,为使熟食颜色好看,多次在加工中加入非食用添加剂亚硝酸盐,然后每天早上在批发市场门口处进行销售。

被告杨铁刚和妻子毕凤英用相同的方法和手段在家中加工熟食,并且经常销售亚硝酸盐和被作为二次销售的熟食给高艳军和王平利。

被害人孙某、吴某在王平利家的摊位前买了五元钱的猪小肠,回家食用后不久,两位被害人先后出现中毒症状,后送医院抢救,经确诊两被害人均为食物中毒,孙某经抢救无效死亡,吴某脱离了生命危险,经检验,被害人孙某系因亚硝酸盐中毒引起死亡。

经查得知:(1) 在高艳军生产熟食的过程中,王平利曾予以帮助;(2) 被害人的中毒是由四被告先后掺入亚硝酸盐的小肠所致;(3) 被告王平利有犯罪前科。近日辽宁省锦州市中级人民法院对辽宁首例肉制品含亚硝酸盐而致人死亡案一审宣判,四名被告人分别被判处无期徒刑或是十年至十五年不等的有期徒刑。

储云南律师评析:我国《刑法》规定生产、销售有毒有害食品罪,是指生产者、销售者违反国家食品卫生管理法规,故意在生产销售的食品中掺入有毒有害的非食品原料的或者销售明知掺有有毒有害的非食品原料的食品的行为。有毒有害的非食品原料,对人体具有生理毒性,食用后会引起不良反应,损害机体健康。

本罪在主观方面表现为故意,一般是出于获取非法利润的目的。过失不构成本罪。故意内容为行为人明知其掺入食品中的是有毒、有害的非食品原料或明知其销售的是掺有有害的非食品原料的食品,并且其行为可能会造成食物中毒事故或其他食源性疾患,却对此危害结果采取放任的心理态度,但造成食物中毒事故或其他食源性疾患并非行为人的犯罪目的,如果行为人对其结果作为犯罪目的积极追求,则构成其他性质的罪,如投放危险物质罪。因此在认定销售有毒有害食品罪时,应注意查明行为人主观上必须是"明知"。在本案中四被告为了牟取非法利益,明知亚硝酸盐不可用于食品中,且可能会造成食用者中毒等后果,依旧在猪小肠中加入亚硝酸盐,可体现其主观上的故意。

本罪在客观方面表现为,行为人在违反国家食品卫生管理法规,生产销售的食品中掺入有毒、有害的非食品原料或者销售明知掺有有毒有害的非食品原料的食品行为。所谓食品,是指各种供人食用或者饮用的成品和原料以及按照传统既是食品又是药品的物品,但是不包括以治疗为目的的物品。本罪属于行为犯,行为人只要实施了上述行为,无论是否造成危害后果,即构成既遂。本案中涉及的亚硝酸盐是一种化学产品,是剧毒物质,同时还是一种致癌物质,国家对食品中的亚硝酸盐残留制定了严格的限量标准,因而亚硝酸盐符合该罪中有毒有害非食品原料的特征,故本案中四被告实施了在猪小肠中加入亚硝酸盐的行为,符合本罪的客观方面规定。

共同犯罪是指具有共同的犯罪行为,即各共同犯罪人行为都是指向同一的目标彼此联系,相互配合,结成一个有机的犯罪行为整体。具体到本案,由于四个被告共同的行为导致了中毒的结果,也就是说每个被告人的行为均是直接作用于被害人的身体,虽然两户被告在行为时没有商量,但是双方长期的合作对于加工有毒有害食品有了共识,即使没有言语的商量,也构成共同犯罪。共同犯罪中有关于主犯和从犯的规定,主犯是指其主要作用的罪犯,从犯是指起次要作用的罪犯,具体到本案,高艳军、杨铁刚起的是主要作用,系主犯,应当按照其所参与的或者组织、指挥的全部犯罪处罚。王平利、毕凤英起的是次要作用,系从犯,对于从犯应当从轻减轻处罚或者免除处罚。

根据刑法规定,犯本罪的处五年以下有期徒刑或者拘役,并处或者单处销售额 50％以上两倍以下罚金,造成严重食物中毒事故或者其他严重食源性疾患,对人体健康造成严重危害的,处十年以上有期徒刑、无期徒刑或者死刑,并处销售金额 50％以上两倍以下罚金或者没收财产,单位犯本罪的单位判处罚金,并对其直接负责的主管人员和其他责任人员依上述规定处罚。

综上所述,辽宁省锦州市中级人民法院对本案的判决,符合法律规定,既惩治了犯罪分子,又维护了受害人的合法权益,是公正的判决。

(本文刊于 2011 年 6 月 29 日《宜兴日报》)

正当防卫无须承担责任

丁山田先生问：储云南律师，您好！上周五，五六个人在 KTV 寻衅滋事，用刀子、棍子一起殴打我儿子，为了保护自己，我儿子不小心用酒瓶把对方两个人的头、胳膊打破，各缝了十几针。现在对方要求我们赔偿医药费、护理费、营养费等高额费用，并称如果不赔偿就让我儿子坐牢，我很担心，请问我儿子要坐牢吗？能判多长时间？

储云南律师答：中国有句俗话叫：杀人偿命！但是有的时候杀人并非要偿命，在生命与财产危在旦夕的时候，公正的法律赋予了人们，享有采取制止不法侵害行为的权利。在此情况下，如果造成实施不法侵害行为人合理范围内的伤害，无须承担刑事责任，也无须承担民事赔偿责任，法律上叫正当防卫。

我国《刑法》第二十条有明确规定："为了使国家、公共利益、本人或者他人的人身、财产和其他权利免受正在进行的不法侵害，而采取的制止不法侵害的行为，对不法侵害人造成损害的，属于正当防卫，不负刑事责任。对正在进行行凶、杀人、抢劫、强奸、绑架以及其他严重危及人身安全的暴力犯罪，采取防卫行为，造成不法侵害人伤亡的，不属于防卫过当，不负刑事责任。"可见，对正在进行行凶、杀人、抢劫、强奸、绑架以及其他严重危及人身安全的暴力犯罪，法律赋予了公民无限的防卫权，在特定情况下即使剥夺了犯罪分子的生命，也无须承担任何刑事责任。

同时我国《侵权责任法》第三十条也规定，因正当防卫造成损害的，不承担责任。

所谓正当防卫,简而言之,就是"对于现实不法之侵害,为防卫自己或他人之权利所为之行为"。

正当防卫的目的是为了使国家、公共利益、本人或者他人的人身、财产和其他权利免受正在进行的不法侵害,而且客观上具有制止不法侵害、保护合法权益的性质。因此,正当防卫没有法益侵害性,这是我国刑法对正当防卫的肯定的社会政治评价;正当防卫不符合犯罪构成要见,没有刑事违法性,因此,正当防卫不负刑事责任。

值得注意的是,在行使正当权利的同时,我们不可忽视与正当防卫紧密相连的重要概念——防卫过当。

防卫过当,是指防卫行为人的防卫行为明显超过必要限度,造成重大损害的。即防卫行为人的行为,明显超过了有效制止不法侵害所必需的防卫强度,并且对不法侵害人造成了重大损害。我国《刑法》第二十条第二款规定,防卫过当应当负刑事责任。当然防卫过当的行为毕竟不能等同于犯罪行为,应当减轻或者免除处罚。同理,根据《侵权责任法》第三十条的规定,对于超过必要的限度,造成不应有的损害的,防卫人应当承担适当的责任,根据田先生的陈述可以判断:其儿子是在人身安全正在遭受他人严重侵害时,为保护自我、制止不当侵害行为,对侵害人实施的防卫行为而造成他人损害的。对方五六人手中持刀具、棍棒对田先生儿子进行殴打已经构成了其他严重危及人身安全的暴力犯罪,故根据《刑法》第二十条第三款的规定,田先生的儿子不负刑事责任。同时,根据我国《侵权责任法》的规定,也无须承担民事赔偿责任。

(本文刊于 2011 年 9 月 7 日《宜兴日报》)

职务侵占，一失足成千古恨

徐舍镇王先生问：我亲戚在徐舍某单位任仓储管理员，前段时间他们单位发现他长期以来将剩余的尾料私自卖掉从中获利 50 多万元，说要将其移交公安机关处理。请问我亲戚的行为是否构成犯罪？会判多重的刑罚？

储云南律师答：你亲戚的行为已构成职务侵占罪，应追究刑事责任。《中华人民共和国刑法》第二百七十一条规定："公司、企业或者其他单位的人员，利用职务上的便利，将本单位财物非法占为己有，数额较大的，处五年以下有期徒刑或者拘役；数额巨大的，处五年以上有期徒刑，可以并处没收财产。"国家工作人员有此行为，则按贪污罪论处。

所谓职务侵占罪，是指公司、企业或者其他单位的人员，利用职务上的便利，将本单位财物非法占为己有，数额较大的行为。你亲戚的行为符合职务侵占罪的构成要件，应以该罪论处。

首先，在犯罪主体上，职务侵占罪的主体是特殊主体，即公司、企业或者其他单位的人员。这里的"公司、企业或者其他单位"范围非常广泛，包括有限责任公司、股份有限公司、其他非国有的经过工商行政管理机关批准设立的有一定数量的注册资金及一定数量的从业人员的营利性的经济组织（比如商店、工厂、饭店等）、非国有的社会团体或经济组织（包括集体或民办的实业范围及各类团体）等。你亲戚所工作的单位应属于这个范围之内。

其次，在主观方面上，职务侵占罪要求主观方面是直接故意，目的是非法占有公司、企业或其他单位的财产。你亲戚将尾料处理后未将卖得货款交给单位,且时间久,数额大,可认定为有非法占有的直接故意。

在犯罪客体上,职务侵占罪的犯罪客体是公司、企业或者其他单位的财产所有权。这里所说的"财产"不仅包括本单位所有并且已实际占有的财物,也包括本单位虽尚未占有、支配但属于本单位所有的债权等。就形态而言,不仅包括有形物,也包括无形物,如电力、煤气等。你亲戚所卖的虽是尾料,无法用于生产,但仍是单位的财产,不能擅自处分,更不能从中获利。

在客观方面上,职务侵占罪其行为必须满足三个条件。

1. 必须利用职务上的便利。所谓职务上的便利,既包括职权,也包括与职务有关的便利条件。你亲戚正是利用自己对单位财务的保管权利而实施了这一行为,符合这一条件。

2. 必须有非法占为己有的行为。只要本质上出于非法占有的目的,并利用了职务之便作出了这种非法占有的意思表示,一旦侵占行为完成,则应视为犯罪既遂。

3. 必须达到数额较大的程度。根据检察院、公安机关的相关规定,职务侵占 5000 元至 1 万元的,则应立案追诉。根据最高人民法院《关于办理违反公司受贿、侵占、挪用等刑事案件适用法律若干问题的解释》规定,数额较大的起点选择幅度为 5000 元至 2 万元。你亲戚从中获利 50 多万元,远远超过数额较大的起点,可构成本罪。

本罪的最高法定刑为十五年有期徒刑。根据《江苏省高院〈人民法院量刑指导意见(试行)〉实施细则》规定,职务侵占数额达 10 万元的,则为数额巨大,量刑起点为有期徒刑五年。你亲戚应在单位报案、公安机关介入之前,积极将非法所得退还单位求得谅解,以免被追究刑事责任。如单位一定要报案追究其刑事责任,则可选择自首或到案后主动坦白,以减轻或从轻处罚。同时仍应积极退赃,并争取得到单位的谅解,这些都是可以酌情从轻处罚的情节。

很多因职务侵占罪被判刑的,都是直至事发才了解到自己行为的严重性。因此平时应多注意法律知识的积累,以免因为错误的价值观而走上犯罪的不归路。此时,失去的不仅仅是一份工作,还有宝贵的自由,并且会对家人造成深深的伤害。

(本文刊于 2012 年 4 月 25 日《宜兴日报》)

食品安全触目惊心　两高解释重拳出击

——《关于办理危害食品安全刑事案件适用法律若干问题的解释》话题律师访谈录之一

记者：储云南律师，最近最高人民法院和最高人民检察院联合发布司法解释，对危害食品安全的定罪量刑又作出新的规定，听说这次的司法解释对刑法的规定作了较大范围的解释，请你谈一下这次出台司法解释的意义。

储云南律师：你好，食品安全法经过修改以后，食品及药品安全的犯罪屡屡发生，已经到了触目惊心的地步。一方面是由于我国刑法在食品及药品的犯罪方面规定的范围较小，另一方面刑罚过轻、社会腐败等因素造成犯罪分子变本加厉，导致食品及药品安全犯罪愈演愈烈，严重地危害了民众的健康。针对这种情况，2013 年 4 月 28 日最高人民法院和最高人民检察院及时联合发布了《关于办理危害食品安全刑事案件适用法律若干问题的解释》，可以说该《解释》的颁布，意义重大。对于惩治我国食品安全犯罪有重大的威慑作用，食品安全需要上升到刑法治理的高度才能获得根本的改观。

记者：这次的修改主要涉及哪些方面的内容？

储云南律师：该《解释》颁布后，最高人民法院近日再次发出通知，要求各级人民法院进一步加大力度，依法严惩危害食品安全及相关职务犯罪。对于致人死亡或者有其他特别严重情节，罪当判处死刑的，要坚决依法判处死刑，重大案件须从重判处。通知指出，要深刻领会中央领导同志的重要批示精神，坚持从严司法，严厉打击食品安全领域中危害消费者利益的犯罪行为。可见，这次修改是按照中央领导的指示精神,在《刑法》没有修改的前提下,严厉打击食品安全犯罪及相关领域的职务犯罪,从严把握适用缓免刑。被告人实施危害食品安全的行为同时构成危害食品安全犯罪和生产、销售伪劣产品、侵犯知识产权、非法经营等犯罪的,依照处罚较重的规定定罪处罚。要加大财产刑的判处力度,用足、用好罚金和没收财产等刑罚手段,剥夺犯罪分子再次犯罪的能力。要从严把握对危害食品安全的犯罪分子及相关职务犯罪分子适用缓免刑的条件,滥用职权须从重处罚。对于包庇、纵容危害食品安全违法犯罪活动的腐败分子,以及在食品安全监管和查处危害食品安全违法犯罪活动中收受贿赂、玩忽职守、滥用职权、徇私枉法、不履行法定职责的国家工作人员,构成犯罪的,应当依法从重处罚。

(本文刊于 2013 年 5 月 28 日《宜兴日报》)

食品安全触目惊心　两高解释重拳出击

——《关于办理危害食品安全刑事案件适用法律若干问题的解释》话题律师访谈录之二

　　记者：在《中华人民共和国刑法修正案（八）》中规定了食品安全罪名中，一个是生产、销售不符合安全标准的食品罪，一个是生产销售有毒、有害食品罪。这两个罪名的界限很难分清，在司法实践中也很难认定。请问在这次的两高《解释》中有没有对这一问题进行明确的规定？

　　储云南律师：你提到的问题确实一直存在，在司法实践中也存在同案不同判的情况。这次两高出台的《解释》采用列举的方式确定了"不安全"与"有毒、有害"的临界点。《解释》中分别列举了"足以造成严重食物中毒事故或者其他严重食源性疾病"和"对人体健康造成严重危害"的五种情形，并对刑法条文中的"其他严重情节""后果特别严重"作出了进一步的明确。生产、销售有毒、有害食品罪中规定了致人死亡或者有其他特别严重情节的，最高可判死刑。由此也可看出我国从严打击食品安全问题的决心。虽然本《解释》中仍存在"严重超出标准限量"等字眼，似乎并不明确，但是致病微生物、重金属等物质标准限量不一样，危害性也不一样，也无法简单一刀切的规定超标多少构成犯罪。实践中，司法机关可以根据检验报告并结合专家意见等相关材料进行认定。因此本解释的出台对于这两种罪名的规定已经非常详尽，对我们的司法实践具有重要的指导意义。

　　记者：最近又有报道称一根小小的冰棍竟含 20 多种添加剂，之前也有报道在男性保健品中添加"伟哥"等，食品非法添加行为危害极其严重，请问此次的司法解释对此类犯罪有哪些新的规定？

储云南律师：食品滥用添加、非法添加是当前较为严重的食品安全问题之一。为依法惩治食品滥用添加行为，《解释》第八条首次从三个方面明确了相关法律适用标准。一是针对现实生活中大量存在流通、贮存环节的添加行为，将刑法规定的"生产、销售"细化为"加工、销售、运输、贮存"等环节，以此实现对食品加工、流通等整个链条的全程覆盖；二是针对食用农产品种植、养殖中的滥用添加问题，明确刑法规定的"食品"除加工食品之外，还包括食用农产品；三是基于滥用添加的食品依照有关行政法律法规属于不符合食品安全标准的食品，明确食品滥用添加剂行为，足以造成严重食物中毒事故或者其他严重食源性疾病的，应以生产、销售不符合安全标准的食品罪定罪处罚。

针对食品非法添加行为，《解释》第九条也作出规定。《解释》首次明确利用"地沟油"加工食品油这种反向添加行为应以生产、销售有毒、有害食品罪定罪处罚。基于国家禁用物质具有的严重危害性，《解释》也明确凡是在食品中添加禁用物质的行为均应以生产、销售有毒、有害食品罪定罪处罚。像你刚刚提到的在男性保健食品中添加"伟哥"、在减肥保健食品中添加副作用危害严重的"西布曲明"等药物成分，在本解释中也明确规定对此类行为应以生产、销售有毒、有害食品罪定罪处罚。

同时，《解释》还首次明确生产、销售不符合安全标准的食品添加剂、食品相关产品行为的定罪处罚标准。规定生产、销售不符合食品安全标准的食品添加剂，用于食品的包装材料、容器、洗涤剂、消毒剂，或者用于食品生产经营的工具、设备等，构成犯罪的，依照刑法规定以生产、销售伪劣产品罪定罪处罚。

（本文刊于 2013 年 6 月 25 日《宜兴日报》）

食品安全触目惊心　两高解释重拳出击

——《关于办理危害食品安全刑事案件适用法律若干问题的解释》话题律师访谈录之三

记者：我们知道不久前最高人民法院和最高人民检察院出台了关于办理危害食品安全犯罪的司法解释。两高在司法解释中对食品安全犯罪作出严厉的惩治规定，为什么？

储云南律师：刑事审判要坚持宽严相济的刑事政策。但在这个司法解释里，却在"从严"上下足了功夫，该司法解释通篇都体现了严惩的态度，是因为食品安全犯罪危害严重，影响恶劣，相信这一点大家都感同身受。地沟油案件、病死猪肉案件、假酒案件、瘦肉精案件……触目惊心，令人发指。特别严重的是犯罪分子的黑手不仅伸向了普通的消费者，而且伸向了婴幼儿童，我们祖国的花朵。面对这种恶劣情况，如果不严惩，不仅整个食品行业可能会面临严重危机，甚至可能会引起社会动荡，而且广大人民群众的身体健康、生命安全也必将受到严重威胁，乃至整个中华民族的复兴梦也会化为泡影。

记者：那么司法解释有哪些举措加重处罚力度的？

储云南律师：主要体现在以下几个方面：

一、销售有毒食品处罚金额倍增。原来刑法规定生产和销售不符合卫生标准的食品罪，在罚金上规定得很明确，都是处以销售金额50％以上、2倍以下罚金。此次，《解释》规定处2倍以上罚金，将旧刑法的2倍最高点改为罚金的起点。

二、危害婴幼安全列入严重情节。将婴幼儿食品安全单独列出，而且处罚尺度更严格。整个《解释》中至少3次以上提到婴幼儿产品，针对性很强。

三、滥用"添加剂"纳入刑事处罚。 把处罚的范围大大延伸,首次将"添加剂"纳入刑事处罚范畴。以前的司法实践针对追究添加剂本身存在问题才进行追究,例如三聚氰胺、苏丹红,这些都是明令禁止使用的添加剂。然而,《解释》实施后,像一些原本允许使用的食用色素、防腐剂等,如果使用不适量或者超越范围使用,也可能构成犯罪的。

四、提供生产经营场所将按共犯论处。 危害食品安全犯罪具有链条性、团伙性等特点。惩治危害食品安全犯罪,不仅要严厉惩治危害食品安全犯罪的实行行为,还要依法惩治危害食品安全犯罪的各种帮助行为,扫除滋生危害食品安全犯罪的环境条件,做到除恶务尽。为此,解释首次规定了危害食品安全的共犯同样应受惩治。

五、食品监管渎职从重定罪处罚。 对食品监管渎职犯罪各罪名的适用以及共犯的处理提出了明确意见,在《刑法修正案(八)》增设食品监管渎职罪后,食品监管渎职行为应以食品监管渎职罪定罪处罚,不再适用法定刑较轻的滥用职权罪或者玩忽职守罪处理;同时构成多种罪名的也要依照处罚较重的定罪处罚。

(本文刊于 2013 年 7 月 17 日《宜兴日报》)

《刑法修正案（九）》的亮点解读

新街街道李先生问：请问储云南律师，我国刚通过的《刑法修正案（九）》有哪些新规定和亮点？

储云南律师答：《刑法修正案（九）》于 2015 年 11 月 1 日起正式实施，此次修订亮点颇多。

亮点一：再减少 9 个适用死刑罪名

新法进一步减少适用死刑的罪名。对走私武器、弹药罪、走私核材料罪、走私假币罪、伪造货币罪、集资诈骗罪、组织卖淫罪、强迫卖淫罪、阻碍执行军事职务罪、战时造谣惑众罪等 9 个罪的刑罚规定作出调整，取消死刑。

我国现有适用死刑的罪名 55 个，取消这 9 个后尚有 46 个。

亮点二：取消嫖宿幼女罪

嫖宿幼女罪是指《刑法》原第三百六十条第二款规定的，嫖宿不满 14 周岁的幼女的，处五年以下有期徒刑，并处罚金。此次刑法修改取消了关于嫖宿幼女罪的规定，对这类行为可以适用《刑法》第二百三十六条关于奸淫幼女的以强奸论、从重处罚的规定，不再作出专门规定。

亮点三：加大惩处腐败力度

《刑法修正案（九）》加大了惩处腐败犯罪力度，进一步完善反腐败的制度规定。新法删去对贪污受贿犯罪规定的具体数额，原则规定数额较大或者情节较重、数额巨大或者情节严重、数额特别巨大或者情节特别严重三种情况，相应规定三档刑罚，并对数额特别巨大，并使国家和人民利益遭受特别重大损失的，保留适用死刑。对犯贪污、受贿罪，被判处死刑缓期执行的,人民法院根据犯罪情节等情况可以同时决定在其死刑缓期执行二年期满依法减为无期徒刑后,终身监禁,不得减刑、假释。

亮点四:惩治失信背信行为,增加组织考试作弊等犯罪,虚假诉讼妨害司法等犯罪

《刑法修正案(九)》针对当前社会诚信缺失,欺诈等背信行为多发,社会危害严重的实际情况,为发挥刑法对公民行为价值取向的引领推动作用,对刑法作出补充。一是将伪造、变造、买卖居民身份证的犯罪规定中的证件范围扩大到护照、社会保障卡、驾驶证等依法可以用于证明身份的证件;同时将在依照国家规定应当提供身份证明的活动中,使用伪造、变造的居民身份证、护照、社会保障卡、驾驶证等依法可以用于证明身份的证件情节严重的行为规定为犯罪。二是增加规定组织考试作弊等犯罪。将在法律规定的国家考试中,组织作弊的,为他人提供作弊器材或者其他帮助的,向他人非法出售或者提供试题、答案的,以及代替他人或者让他人代替自己参加考试等破坏考试秩序的行为规定为犯罪。三是增加规定虚假诉讼犯罪。将以捏造的事实提起民事诉讼,妨害司法秩序或者严重侵害他人合法权益的行为,规定为犯罪。

此次修正案还加大了对恐怖主义、极端主义犯罪的惩治力度。对组织、领导、参加恐怖组织罪增加规定财产刑。增加规定对未成年人、老年人、患病的人、残疾人等负有监护、看护职责的人虐待被监护、看护的人,情节恶劣的,可追究刑事责任等。

(本文刊于 2016 年 2 月 2 日《宜兴日报》)

《刑事诉讼法》修改亮点

作为规范刑事诉讼活动的基本法律,《刑事诉讼法》素有"小宪法"之称。我国的《刑事诉讼法》在 1996 年完成第一次修正,时隔 16 年,第二次大修的修正案终获通过。

在我国一贯以来"重实体、轻程序"的思想影响下,《刑诉法》也被视为保障刑法实现的工具。《刑法》至今已经过多次修改,但《刑诉法》的修正却没有跟上。《刑诉法》在保障刑法实现的同时,更应当将程序正义贯彻刑事诉讼的全过程,实现自身价值,即约束和限制国家的刑事司法权力,尽可能保护每个人的权利,尤其是犯罪嫌疑人、被告人以及服刑人的权利。此次《刑事诉讼法》的修改,有如下亮点:

亮点一:刑讯逼供获得言词证据一律排除

采用刑讯逼供等非法方法收集的犯罪嫌疑人、被告人供述和采用暴力、威胁等非法方法收集的证人证言、被害人陈述,应当予以排除。

不得强迫任何人证实自己有罪。

新《刑诉法》的规定对保障犯罪嫌疑人合法权益来讲是个进步;对公安机关办案来讲,是一个很大的压力也是动力,督促他们要更严格地依法办案,防止一些错案发生。这体现了保障人权的基本精神,也使证据更加准确和科学,为维护司法公正和刑事诉讼参与人的合法权利提供了保障。

亮点二:证人强制出庭,配偶、父母、子女除外

证人没有正当理由,不按人民法院通知出庭作证的,人民法院可以强制其到庭,但是被告人的配偶、父母、子女除外。情节严重的可以处以十日以下拘留。

在当前,刑事案件审理程序中比较突出的是证人出庭作证的问题。证人不出庭,由公诉机关直接宣读证人证言的做法,一定程度上有可能歪曲事实,不利于保护被告人的合法权益。如果法院认为有必要的,证人就必须出庭。

另外,为了尊重中国国情,规定被告人的配偶、父母和子女不在强制出庭作证之列。

亮点三:贪官外逃财产没收

对于贪污贿赂犯罪、恐怖活动犯罪等重大犯罪案件,犯罪嫌疑人、被告人逃匿,在通缉一年后不能到案,或者犯罪嫌疑人、被告人死亡,依照刑法规定应当追缴其违法所得及其他涉案财产的,人民检察院可以向人民法院提出没收违法所得的申请。

没收程序这一特别程序的设置,有利于严厉惩治腐败犯罪、恐怖活动犯罪,挽回国家经济损失,消除犯罪的经济条件,并与我国已加入的联合国反腐败公约及有关反恐怖问题的决议的要求相衔接。

亮点四:扩大辩护人的权利

犯罪嫌疑人在被侦查机关第一次讯问或者采取强制措施之日起,有权委托辩护律师。侦查机关在第一次讯问犯罪嫌疑人或者对犯罪嫌疑人采取强制措施时,应当告知犯罪嫌疑人有权委托辩护人。

同时又规定:"辩护律师在侦查期间可以为犯罪嫌疑人提供法律帮助;代理申诉、控告;申请变更强制措施;向侦查机关了解犯罪嫌疑人涉嫌的罪名和案件有关情况,提出意见。"

律师凭律师执业证书、律师事务所证明和委托书或者法律援助公函,有权会见犯罪嫌疑人、被告人。律师会见犯罪嫌疑人、被告人,不被监听。

辩护律师在审查起诉阶段可以查阅、摘抄、复制本案的诉讼文书、技术性鉴定材料,在审判阶段可以查阅、摘抄、复制本案所指控的犯罪事实的材料。

这样修改,进一步明确了律师在侦查阶段的法律地位,有利于更好地发挥刑事案件中律师的作用。

亮点五:轻微刑事案件当事人可"和解"

公诉案件适用和解程序的范围为因民间纠纷引起,涉嫌侵犯人身权利民主权利、侵犯财产犯罪,可能判处三年有期徒刑以下刑罚的故意犯罪案件,以及除渎职犯罪以外的可能判处七年有期徒刑以下刑罚的过失犯罪案件。但是犯罪嫌疑人、被告人在五年以内曾经故意犯罪的,不适用这一程序。

将部分公诉案件纳入和解程序,适当扩大和解程序的适用范围,有利于化解矛盾纠纷。

出于双方自愿,鼓励犯罪人道歉赔偿,可以更好地保障被害人权益,使其得到更多赔偿。这有利于减少社会矛盾,促进社会和谐。

亮点六:未成年人犯罪记录封存

犯罪的时候不满十八周岁,被判处五年有期徒刑以下刑罚的,应当对相关犯罪记录予以封存。犯罪记录被封存的,不得向任何单位和个人提供,但司法机关为办案需要或者有关单位根据国家规定进行查询的除外。

针对未成年人犯罪,还是要教育为主、惩罚为辅。特别是对一些可能判1年以下、有悔过表现、情节较轻的案件,可以附条件不起诉。

对他们的犯罪记录封存后,使得他们在人生的成长中,不会因为不良记录耽误上学、就业以及影响个人前途。

《刑诉法》的修改,无疑是一个巨大的进步。不过,要杜绝刑讯逼供,真正公正、合法地保障诉讼参与人的权益,还需要各种社会力量的推动,更需要时间的验证。

(本文刊于 2012 年 5 月 30 日《宜兴日报》)

酒后驾车与醉酒驾车有何区别

宜城街道李先生问：4月初，一次朋友聚会，自己喝了几两红酒，聚会结束后自己开车回家的路上被交警拦下，被认定为酒后驾车，被扣12分并予以罚款。可是李先生觉得自己酒量好，虽然自己喝了酒，但是自己的意识却很清醒，并认为自己不算是酒后驾车。那么，什么是酒后驾车？酒后驾车与醉酒驾车有什么区别？

储云南律师答：酒后驾车是指，驾驶人员血液中的酒精含量大于或等于 20 mg/100 ml，并小于 80 mg/100 ml。即认定当事人是醉酒驾车还是酒后驾车主要是根据他血液中酒精的浓度，而不是根据每个人的感觉及酒量来认定。

从李先生你的情况来看，你认为喝酒后自己的意识很清醒，认为自己开车不会给社会、给群众造成危害，也不认为自己是酒后驾车。但是，酒量的好坏和血液酒精浓度没有必然关系，有的人虽然自己觉得很清醒，根本没喝多，但血液酒精浓度却已经达到 80 mg/100 ml 以上了。实践证明啤酒喝三瓶左右，红酒喝半瓶左右，或者白酒喝 3 两左右，人的血液酒精浓度就可能已经超过 80 mg/100 ml 了。一般来讲，只有在喝得极少的情况下，血液酒精浓度才达不到 20 mg/100 ml。因此，你喝了几两红酒后，虽然你觉得清醒，但是血液浓度已达到酒后标准了（即血液酒精浓度大于等于 20 mg/100 ml，并小于 80 mg/100 ml）。交警对你的处罚是根据你血液里酒精的浓度来定的，因此，处罚并无不当。

根据《中华人民共和国道路交通安全法》第九十一条规定：饮酒后

驾驶机动车的,处暂扣一个月以上三个月以下机动车驾驶证,并处二百元以上五百元以下罚款;醉酒后驾驶机动车的,由公安机关交通管理部门约束至酒醒,处十五日以下拘留和暂扣三个月以上六个月以下机动车驾驶证,并处五百元以上二千元以下罚款。饮酒后驾驶营运机动车的,处暂扣三个月机动车驾驶证,并处五百元罚款;醉酒后驾驶营运机动车的,由公安机关交通管理部门约束至酒醒,处十五日以下拘留和暂扣六个月机动车驾驶证,并处二千元罚款。

另根据《道路交通安全违法行为记分分值》2010年4月1日开始实施的新规定:饮酒后或者醉酒后驾驶机动车的,一次记12分。我国的交通法规规定,机动车驾驶人在一个记分周期内累积记分达到12分的,应当在十五日内到机动车驾驶证核发地或者违法行为地公安机关交通管理部门接受为期七日的道路交通安全法律、法规和相关知识的教育,并参加相关科目考试。这一新规定加重了对饮酒后驾车的处罚力度,这也是对广大市民的一种警示。

资料表明,人呈微醉状开车,其发生事故的可能性为没有饮酒情况下开车的16倍。所以,饮酒开车,特别是醉酒后开车,对道路交通安全的危害是十分严重的。因此,为了您的生命安全和您家人的幸福,为了他人的生命安全和财产安全,储云南律师提醒广大驾驶员朋友千万不要酒后驾车,更不要醉酒驾车。

（本文刊于2010年4月27日《宜兴日报》）

酒后驾车肇事最高可判死刑

官林镇东尧村陆先生问：储云南律师，我想知道酒后驾车肇事后，刑法是怎样进行定罪量刑的？

储云南律师答：醉酒驾车，这是个危险的字眼，提起了人们心中多少的痛，在我们每个人的身边看到和听到这样的案例越来越多。驾车者不仅自己付出了代价，也给与他无关的人带来了无尽的伤痛。新年之际，亲朋好友相聚，酒后驾车甚至醉酒驾车的比例有所回升，给喜气洋洋的新春带来了些许阴霾。

交通肇事罪在我国《刑法》中是过失犯罪，是指违反交通运输管理法规，因而发生重大事故，致人重伤、死亡或者使公私财产遭受重大损失的行为。根据《最高人民法院关于审理交通肇事刑事案件具体应用法律若干问题的解释规定》，交通肇事具有下列情形之一的，处三年以下有期徒刑或者拘役：

（一）死亡一人或者重伤三人以上，负事故全部或者主要责任的；

（二）死亡三人以上，负事故同等责任的；

（三）造成公共财产或者他人财产直接损失，负事故全部或者主要责任，无能力赔偿数额在 30 万元以上的。

交通肇事致一人以上重伤，负事故全部或者主要责任，并具有下列情形之一的，以交通肇事罪定罪处罚：

（一）酒后、吸食毒品后，驾驶机动车辆的；

（二）无驾驶资格驾驶机动车辆的；

（三）明知是安全装置不全或者安全机件失灵的机动车辆而驾

驶的；

（四）明知是无牌证或者已报废的机动车辆而驾驶的；

（五）严重超载驾驶的；

（六）为逃避法律追究逃离事故现场的。

由此可见，法律对酒后肇事定罪的起点要低很多。最高人民法院同时还规定："交通肇事后，单位主管人员、机动车辆所有人、承包人或者乘车人指使肇事人逃逸，致使被害人因得不到救助而死亡的，以交通肇事罪的共犯论处。"

"行为人在交通肇事后为逃避法律追究，将被害人带离事故现场后隐藏或者遗弃，致使被害人无法得到救助而死亡或者严重残疾的，应当分别依照刑法第二百三十二条、第二百三十四条第二款的规定，以故意杀人罪或者故意伤害罪定罪处罚。"

"单位主管人员、机动车辆所有人或者机动车辆承包指使、强令他人违章驾驶，造成重大交通事故，具有本解释第二条规定情形之一的，以交通肇事罪定罪处罚。"

一旦发生交通事故，应及时报警，积极救治，尽量减少伤亡。肇事者也应到公安机关投案自首，争取法律的宽大处理。同车的乘坐人也应该帮助其救治伤者，决不可劝其逃跑，否则按共犯论处。经常听到有的人说在酒后驾车肇事后先逃逸，等酒精浓度下降后，再到公安机关自首，其实这样做反而加重了违法情节。因为酒后驾车是酌情加重处罚情节，而逃逸是法定加重处罚情节，量刑时既要考虑逃逸情节，又要考虑酒后驾车情节，而投案自首是酌情从轻情节，这样算起来得不偿失。

随着机动车辆的增多，交通事故频发，酒后和醉酒驾车肇事事件数量也随之增加。最高人民法院又规定，如果肇事人在酒后或醉酒驾车的情况下无视法律，特别是在肇事后继续驾车冲撞，造成重大伤亡的，应以危险方法危害公共安全罪定罪处罚，法定刑是在十年以上有期徒刑、无期徒刑或者死刑。

　　广东高院已判决生效的被告人黎景全和四川高院已判决生效的被告人孙伟铭醉酒驾车犯罪案件，均构成以危险方法危害公共安全罪，一审已判处死刑，最后在核准死刑阶段，由于被告人认罪、悔罪态度较好，积极赔偿被害人一方的经济损失，一定程度上获得了被害方的谅解，最后改判为无期徒刑。足见法律对酒后驾车的打击力度之大是前所未有的，应该引起人们的高度重视。

　　目前正值新春亲朋好友相聚的高峰，各位驾车人切记"喝酒不开车、开车不喝酒"的箴言，以免后悔终生。

（本文刊于 2011 年 2 月 15 日《宜兴日报》）

长安街上的醉驾案再次说明了什么？

【案情介绍】5月9号凌晨，北京长安街祁家园路口南，一辆行驶速度约为120公里/小时的英菲尼迪轿车将前方正在等候红灯的菲亚特轿车撞出后，又与由西向北行驶的公交车相撞。致菲亚特内一家三口1死2伤。事故发生后，英菲尼迪驾驶员弃车逃逸。21日上午8时，在此次事故中受重伤的6岁女童珠珠因伤势过重抢救无效身亡。其母王辉尚不知夫女已逝。北京交管部门对今年5月9日发生在朝阳区建国门外大街永安里路口的"长安街车祸"作出事故责任认定，英菲尼迪轿车驾驶人陈某存在酒后驾车、超速行驶、违反交通信号以及肇事逃逸4项交通违法行为，负事故全责。

面对豪车屡屡无端肇事，国人也在思考，法律的规范与指引似乎对这些人不起作用，我们到底该怎么做？

为此，就本案中社会关注的一些问题，储云南律师作出了答复。

杨巷镇张先生问：长安街车祸的视频已经遍布网络，网友们在声讨肇事者的同时，对现行法律的执法力度表示怀疑。我们知道自去年杭州"70码"以及全国一系列醉驾事故后，国家加大了对醉酒驾驶、超速驾驶的整治力度。4月1日起开始施行的公安部第111号令，更将饮酒驾驶由过去的一次扣6分调整为扣12分。可这些举措似乎并没有达到人们的预期，成效不彰。对此您是怎么看的？社会上不少人认为是我们是违法成本太低了。

储云南律师答：近年来我国机动车及驾驶人大幅增长，随着我国道路交通事业的飞速发展，交通事故发生率呈上升趋势。由于交通事故的发生不仅造成大量人员伤亡,给无数家庭带来不幸,而且严重影响着经济发展和社会稳定,已引起了各级政府的高度重视和关注。

尤其是酒后驾驶造成的交通事故,也屡屡见于网络,令人痛心疾首。国家对于这些社会现象的发生,在研究对策的同时,已经制订了一系列政策。这些政策的制订和实施,对于预防和减少事故的发生在发挥着积极的作用。但是,由于违法成本较低,这类现象仍屡禁不止。目前,我国对于酒后驾驶仍然适用的是行政处罚,并没有直接写入《刑法》。另一个原因就是行政处罚会受各种因素的影响,当事人会寻求各种办法逃避法律的制裁。尤其是一些开豪华轿车的人,通常情况下,他们的社会活动能力更强。在他们的观念里,酒后驾车出了事,只要找找人,花几个钱就可以摆平,最后不过是在财产上蒙受损失。况且,有些财产损失也是可以通过保险公司获得补偿。因此,尽管全国都加大了对醉酒驾驶、超速驾驶的整治力度,但这类整治活动没能让这些违法者及犯罪行为人改弦更张、奉公守法。他们一次次抱着侥幸心理,酒后驾车,等到出事时,已然不是第一次酒驾了。

最近,国务委员兼公安部部长孟建柱表示,进一步完善有关道路交通安全制度和措施,研究在《刑法》中增设"危险驾驶机动车罪",将醉酒驾驶机动车、在城镇违法高速驾驶机动车竞逐等严重危害公共安全的交通违法行为纳入《刑法》,并提高交通肇事罪的法定最高刑。由此可见,酒后驾车随着刑事法律打击力度的加强终会得到遏制。

官林镇吴先生问:对于长安街的这起车祸,社会关注最多的莫过于这个肇事司机逃跑的原因。不少网友认为是为了消灭酒后驾车的证据。那么,肇事者逃逸能否构成对酒后驾驶的确认。我国法律对此是怎么规定的呢?对此,请您为大家分析一下。

储云南律师答:交通肇事逃逸是指在交通事故发生后,当事人明知自己发生了交通事故,为逃避法律追究,故意逃离事故现场,不向公安机关报案的一种行为。有两种情况:一是人和车都在事故发生后逃离事故现场;二是弃车逃逸,即当事人将车留在现场,人逃离事故现场。交通肇事后逃逸是一种性质十分恶劣、情节非常严重的行为。酒后驾驶肇事者逃逸,客观上令执法机关难以在事故现场采用专用仪器测试驾驶员血液中的酒精浓度,在主观上是驾驶员在逃避法律的追究。

《道路交通安全法》规定:造成交通事故后逃逸的,由公安机关交通管理部门吊销机动车驾驶证,终生不得重新取得机动车驾驶证。也就是通常所说的终身禁驾。因逃逸致使受害人死亡的,依据《刑法》规定处7年以上有期徒刑。新法加大了对交通肇事逃逸的处罚力度。待刑法修改后,对此行为还会加重处罚。在此,我也提醒广大司机朋友在发生交通事故后,要立即停车、抢救伤员、保护现场,并立即报警。千万不要选择逃逸,逃得过一时,也是不能逃得过一世的,最终还是逃脱不了法律的制裁。

和桥镇蒋先生问:据媒体报道,在肇事车内,还"静静地躺着三瓶价值不菲的洋酒",这是否能作为肇事司机酒后驾车的证据?

储云南律师答:如果仅凭车内的三瓶价值不菲的洋酒是不可以作为酒后驾车的证据。很多人车内都放了酒,不能以此就定性为酒后驾车。如果该酒是酒席上喝了多余的,就可以作为证据使用,说明该酒与案件有关联性。

高塍镇李先生问:有人猜测肇事者弃车逃逸除了消灭酒后驾车的证据外,还帮同车人推卸了责任,因为如果是酒后驾驶,同车人也要承担法律责任。这种说法是否正确?

储云南律师答:同车人是否要承担责任,要看同车的人对其酒后驾车及其后果有没有过错。如果有过错,是要承担相应的法律责任的。如怂恿其开车,指使其逃逸,《最高人民法院关于审理交通肇事刑事案件具体应用法律若干问题的解释》第五条第二项规定:"交通肇事后,单位主管人员、机动车辆所有人、承包人或者乘车人指使肇事人逃逸,致使被害人因得不到救助而死亡的,以交通肇事罪的共犯论处。"由此可见,同车的人在某种情形下也是要承担法律责任的。当然如果同车人不知道驾驶人酒后开车,或者劝其不要开车,司机不听劝告坚持开车而致的事故,就无须承担责任。

徐舍镇王先生问:在车祸后续一些事情的处理上,肇事司机本人与其家属的做法也令人心寒。从电视上我们看到肇事司机被拘后显得十分轻松。肇事方最初才出了3000元治疗费,目前也才支付了5万,但这种杯水车薪的赔偿方式对于受害人每天2万的救治费来说远远不够。现在的费用基本上都是受害人的朋友和同事们垫付的。肇事方的这种态度和做法对日后的量刑是否有影响,这可不可以作为审判时从重处罚的情节?

储云南律师答:积极救治被害人,减轻损害结果对以后的量刑是有影响的,如果肇事司机积极筹款,多救一条人命,或者明显减轻伤残级别,体现了司机有积极的悔罪表现,对量刑有绝对的影响。如果肇事司机依然执迷不悟,消极对待,当事人又由于缺乏医疗费用而得不到救治,导致损害结果不断扩大。不仅法院要按照最终的损害结果来定罪量刑,对肇事司机的事后态度也要作为量刑情节来考虑。

宜城街道郑女士问:交通事故案件中,我们常常听到"谅解书"这个词。通过受害方出具调解书从而减轻处罚的案例可以说不鲜见。现在我们假设,如果本案中的肇事方在日后"表现"中取得了受害方的谅解,并拿到了这样一份谅解书,那么这份谅解书对于日后法院判决的影响是绝对的吗?

储云南律师答:在这起交通事故中,如果日后肇事司机与受害方家属达成了赔偿协议,取得了受害方家属的谅解,就是我们常常听到的"谅解书",对此后法院的量刑及判决肯定是有影响的。影响到底有多大,法官还要综合各方面的因素来考虑。

（本文刊于2010年6月10日《宜兴日报》）

醉酒驾车是否一律判刑？

官林王先生问：储云南律师，您好！最近，全国人大常委会制定《中华人民共和国刑法修正案（八）》中规定：在道路上醉酒驾驶机动车的，处拘役、并处罚金。可是，最近最高人民法院副院长张军在会上指出：各地法院应当慎重稳妥地追究醉驾的刑事责任，不应仅从文意理解《刑法修正案（八）》的规定，而要与修改后的《道路交通安全法》相衔接，情节轻微的可不认为犯罪。我现在搞得好糊涂，不知道醉驾是不是要一律判刑？

储云南律师答："醉驾入刑"的实施对醉驾行为起到了震慑作用。实施后仅半个月，全国查处的醉驾数量较去年同期下降 35％，日均查处数量较去年全年日均查处数下降 43％，因醉酒驾车发生交通事故死亡人数和受伤人数同比分别下降 37.8％和 11.1％。

为了配合刑法对醉酒驾车刑事责任的追究，全国人大常委会又对《道路交通安全法》做了修改：饮酒后驾驶机动车的，处暂扣六个月机动车驾驶证，并处一千元以上二千元以下罚款。因饮酒后驾驶机动车被处罚，再次饮酒后驾驶机动车的，处十日以下拘留，并处一千元以上二千元以下罚款，吊销机动车驾驶证。醉酒驾驶机动车的，由公安机关交通管理部门约束至酒醒，吊销机动车驾驶证，依法追究刑事责任；五年内不得重新取得机动车驾驶证。饮酒后或者醉酒驾驶机动车发生重大交通事故，构成犯罪的，依法追究刑事责任，并由公安机关交通管理部门吊销机动车驾驶证，终生不得重新取得机动车驾驶证。

由此可见，修改后的《道路交通安全法》和《刑法》已经把饮酒驾驶和醉酒驾驶的处罚情况分得很清楚了。血液中的酒精含量达到

20mg/100ml 至 80mg/100ml 为饮酒驾驶。80mg/100ml 以上为醉酒驾驶。这是行政处罚与刑事处罚的标准。醉驾在刑事责任的量刑上，也可以根据情节轻重分别判处一至六个月的拘役。所以说，法律已经考虑到情节轻重所分别适用的处罚。

《刑法修正案（八）》已经将"醉驾入刑"的危险驾驶罪描述得十分详细，不管当事人的行为是否造成了社会后果，"处拘役、并处罚金"是对醉酒驾驶的最低刑罚，这是由"危险驾驶罪"的性质所决定的。因为"危险驾驶罪"不是结果犯而是行为犯和危险犯，所以不能以撞死撞伤几个人、给社会和他人带来多少财产损失来定罪量刑，而是以醉酒驾驶本身的行为来定罪量刑。

法律一定要有个标准，如果没有标准，将使人们无所适从。例如我国《刑法》规定年满十四周岁不满十六周岁的人，犯故意杀人、故意伤害致人重伤或者死亡、强奸、抢劫、贩卖毒品、放火、爆炸、投毒罪的，应当负刑事责任。这个就是界限，不满十四周岁不追究刑事责任，哪怕是相差几分钟也不行，这就是标准。

在《刑法修正案（八）》和修改后的《道路交通安全法》施行后，公安部门对经核实属于醉酒驾驶机动车的一律刑事立案。最高人民检察院同时表态："醉驾事实清楚、证据确凿充分，会一律按照法律程序办理，该捕的捕，该诉的诉。"公安部和最高检的表态或许正是"有法可依、有法必依、执法必严"原则的体现。

因此，当前不久，最高法院副院长张军做出"情节显著轻微的醉驾行为可能不被追究刑责"的表述后，立即引发社会舆论的广泛讨论。也难怪民众反向强烈，什么叫"情节显著轻微"？什么叫"可能不被追究刑责"？这分明给了基层办案人员极大的自由裁量权，混淆了罪与非罪的界限。

总之，不论是什么理由，只要达到醉酒驾驶就要一律追究刑事责任。"一刀切"追究醉驾刑事责任符合立法本意，也是民众所期望的。

（本文刊于 2011 年 6 月 8 日《宜兴日报》）

游行示威"打砸抢"该担何责？

官林镇周女士问：储云南律师您好！最近，由于日本政府对我钓鱼岛主权的肆意侵犯。我丈夫召集几个人在宜城汈滨广场一带进行游行示威，还举着标语在呐喊，我劝了他几次，他却振振有词地说："为了维护国家主权，怕什么，哪怕过火点也不要紧。"我担心他惹出麻烦，不想让他以这种方式解决问题，但苦心劝阻无效，期间，幸未发生过激行为。我一直想用法律知识劝他。请问储云南律师，如果在游行示威中进行"打砸抢"，将承担何责？

储云南律师答：9月上旬，由于日本政府严重侵犯我国钓鱼岛主权，激起了中国人民的强烈愤慨，多地出现了集会、游行、示威等活动，一些地区甚至发生了游行示威和"打砸抢"事件，由于非法游行示威滋生的社会危害较大，游行示威一时成为社会热点。现针对你提出的问题，作如下回答。

《宪法》第三十五条规定，中华人民共和国公民有言论、出版、集会、结社、游行、示威的自由。可见，游行、示威的权利是宪法赋予每个公民的基本权利。《中华人民共和国集会游行示威法》第四条规定，公民行使集会、游行、示威权利时，必须遵守宪法和法律，不得反对宪法所确定的基本原则，不得损害国家的、社会的、集体的利益和其他公民的合法的自由和权利。第五条规定，集会、游行、示威应当和平地进行，不得携带武器、管制刀具和爆炸物，不得使用暴力或者煽动使用暴力。故游行示威须依法，不得有"打砸抢"等违法行为，否则违反《中华人民共和国集会游行示威法》，损害国家、社会、集体利益和其他公民的合法权益。

进行游行示威需要注意以下几点。

首先,公民进行游行示威要经过有关部门批准。《中华人民共和国集会游行示威法》第七条规定:"举行集会、游行、示威,必须依照本法规定向主管机关提出申请并获得许可。"第八条规定:"举行集会、游行、示威,必须有负责人。依照本法规定需要申请的集会、游行、示威,其负责人必须在举行日期的五日前向主管机关递交书面申请。申请书中应当载明集会、游行、示威的目的、方式、标语、口号、人数、车辆数、使用音响设备的种类与数量、起止时间、地点(包括集合地和解散地)、路线和负责人的姓名、职业、住址。"可见游行示威不是随意可以举行的,是要经过法定程序审批后,方可举行,进行游行示威时还要遵守法律规定。

其次,在游行示威中"打砸抢"及其他违法行为要承担民事责任。在游行示威过程中,如果有"打砸抢"或者其他违法行为造成他人财产损失的,行为人应该按照我国法律的规定予以赔偿或补偿。只要是公民的合法财产,不管是日本还是美国制造的均不能侵犯,任何人都无权损毁。公民个人的合法财产受法律保护,每个人都有权购买任何国家生产的产品。所以,游行示威者不能破坏自己同胞的财产,更不能采取其他方式伤害同胞,导致他人财产损失或人身伤害的,应该予以赔偿。

如果是在岗的劳动者,没有依法办理请假手续并合理安排好工作而擅自参加示威游行,属于严重失职,给用人单位造成经济损失的,需要承担赔偿责任。如果因参加示威游行,连续旷工达到用人单位规定的次数,用人单位可以单方解除劳动合同,并且无须支付经济补偿。

第三,游行示威"打砸抢"行为还要承担行政责任。若在游行示威中扰乱机关、团体、企业、事业单位秩序,致使工作、生产、营业、医疗、教学、科研不能正常进行,尚未造成严重损失的,根据《治安管理处罚法》第二十三条之规定可以处警告或者二百元以下的罚款;情节较重的,处五日以上十日以下拘留,可以并处五百元以下罚款。聚众实施该行为,对首要分子处十日以上十五日以下拘留,可以并处一千元以下罚款。《治安管理处罚法》第四十九条规定,盗窃、诈骗、哄抢、抢夺、敲诈勒索或者故意损毁公私财物的,处五日以上十日以下拘留,可以并处五百元以下罚款;情节较重的,处十日以上十五日以下拘留,可并处一千元以下罚款。

第四,对于游行示威中的"打砸抢"行为,如果触犯刑法的要追究刑事责任。在游行示威过程中,极少数人为发泄种种不满情绪而"打砸抢"。根据《刑法》规定,聚众"打砸抢"致人伤残的,依照本法第二百三十四条的规定,按故意伤害罪定罪处罚。致人死亡的,依照第二百三十二条的规定,按故意杀人罪定罪处罚。毁坏或者抢走公私财物的除责令退赔外,对首要分子依照《刑法》第二百六十三条的规定,按抢劫罪定罪处罚。根据《刑法》第二百九十条规定,聚众扰乱社会秩序,情节严重,致使工作、生产、营业和教学、科研无法正常进行,造成严重损失的,对首要分子处三年以上七年以下有期徒刑;对其他人员,处三年以下有期徒刑、拘役、管制或者剥夺政治权利。在游行示威中违反《刑法》上述规定的,要受到法律制裁。可见,我国法律既要保护公民游行示威的基本权利,也要保护其他公民的基本权利,不能因为游行示威而损害他人的合法权益和正常的工作秩序。

西安的日系轿车主李建利遭围堵后,蔡某用U型钢锁重击了李建利四下。打着"爱国"旗号的凶手最终落网,给了我们更多的反思。很多公民上街表达了对日本政府侵犯我钓鱼岛领土主权的愤怒,但少数人的偏激行为,损害了他人的财产和生命,逾越了法律底线,必将受到法律严惩。

在法治社会,游行示威是法律赋予公民的权利,但游行示威也必须严格依法进行,否则要承担相关责任。

(本文刊于 2012 年 11 月 13 日《宜兴日报》)

什么情形下"老赖"会被判刑？

拒不执行判决、裁定罪，是指对人民法院已经发生法律效力的判决或者裁定有能力执行而拒不执行，情节严重的行为。《中华人民共和国刑法》（下简称《刑法》）第三百一十三条规定："对人民法院的判决、裁定有能力执行而拒不执行，情节严重的，处三年以下有期徒刑、拘役或者罚金；情节特别严重的，处三年以上七年以下有期徒刑，并处罚金。"

一、哪些属于"有能力执行而拒不执行情节严重"的行为？

储云南律师分析认为：根据全国人大关于《刑法》第三百一十三条的解释，下列情形属于刑法第三百一十三条规定的"有能力执行而拒不执行，情节严重"的情形。

（一）被执行人隐藏、转移、故意毁损财产或者无偿转让财产、以明显不合理的低价转让财产，致使判决、裁定无法执行的。

（二）担保人或者被执行人隐藏、转移、故意毁损或者转让已向人民法院提供担保的财产，致使判决、裁定无法执行的。

（三）协助执行义务人接到人民法院协助执行通知书后，拒不协助执行，致使判决、裁定无法执行的。

（四）被执行人、担保人、协助执行义务人与国家机关工作人员通谋，利用国家机关工作人员的职权妨害执行，致使判决、裁定无法执行的。

（五）其他有能力执行而拒不执行，情节严重的情形。

二、哪些属于"其他有能力执行而拒不执行情节严重的情形"？

储云南律师分析认为：根据最高人民法院《关于审理拒不执行判

决、裁定刑事案件适用法律若干问题的解释》的规定,负有执行义务的人有能力执行而实施下列行为之一的,应当认定为全国人民代表大会常务委员会关于《刑法》第三百一十三条的解释中规定的"其他有能力执行而拒不执行,情节严重的情形"。

（一）具有拒绝报告或者虚假报告财产情况、违反人民法院限制高消费及有关消费令等拒不执行行为,经采取罚款或者拘留等强制措施后仍拒不执行的。

（二）伪造、毁灭有关被执行人履行能力的重要证据,以暴力、威胁、贿买方法阻止他人作证或者指使、贿买、胁迫他人作伪证,妨碍人民法院查明被执行人财产情况,致使判决、裁定无法执行的。

（三）拒不交付法律文书指定交付的财物、票证或者拒不迁出房屋、退出土地,致使判决、裁定无法执行的。

（四）与他人串通,通过虚假诉讼、虚假仲裁、虚假和解等方式妨害执行,致使判决、裁定无法执行的。

（五）以暴力、威胁方法阻碍执行人员进入执行现场或者聚众哄闹、冲击执行现场,致使执行工作无法进行的。

（六）对执行人员进行侮辱、围攻、扣押、殴打,致使执行工作无法进行的。

（七）毁损、抢夺执行案件材料、执行公务车辆和其他执行器械、执行人员服装以及执行公务证件,致使执行工作无法进行的。

（八）拒不执行法院判决、裁定,致使债权人遭受重大损失的。

三、特别提醒：

2015 年,最高法院发布了《关于审理拒不执行判决、裁定刑事案件适用法律若干问题的解释》,明确规定除了公安机关、检察机关按照法律规定通过立案侦查、提起公诉追究拒不执行判决裁定行为人的刑事责任外,老百姓也能通过向人民法院提起自诉的方式维护自身合法权益。

那通过自诉方式追究被执行人的刑事责任,要满足什么条件呢?**储云南律师分析认为**:根据上述司法解释第二条、第三条的规定,应具备下列两个条件。

1. 申请执行人有证据证明负有执行义务的人拒不执行判决、裁定,侵犯了申请执行人的人身、财产权利,应当依法追究刑事责任。

2. 申请执行人有证据证明自己曾经提出控告,而公安机关或者人民检察院对负有执行义务的人不予追究刑事责任的。

四、如何收集老赖拒不执行判决、裁定的相关证据,把"老赖"送进监狱?

储云南律师分析认为:根据相关法律条款规定,这些证据主要包括以下四个方面。

(一)证明被告人主体信息的证据材料。

1. 被告人为自然人的,应当收集证明被告人身份信息的户籍资料。

2. 被告人为单位的,应当收集该单位的工商登记资料,以及该单位主管人员或直接责任人员的身份信息、职务等材料。

(二)证明被告人负有执行义务或协助执行义务的证据材料。

1. 被告人为被执行人、担保人的,应当收集由被告人承担履行义务的生效裁判文书(包括一、二审或再审判决书、裁定书,诉前保全裁定书,诉讼保全裁定书,先予执行裁定书,追加、变更被执行人裁定书等)及人民法院为了执行生效裁判文书而作出的执行通知书等法律文书。

2. 被告人为协助执行义务人的,应当收集作为协助执行依据的相关生效裁判文书、人民法院作出的协助执行通知书及证明协助义务人应当承担协助执行义务的其他证据材料。

3. 对于执行支付令、生效的调解书、仲裁裁决、公证债权文书的案件,应当收集支付令、生效的调解书、仲裁裁决、公证债权文书以及人民法院为执行支付令、生效的调解书、仲裁裁决、公证债权文书而作出的裁定书等。

上述材料中的书证应当收集原件,如确实无法取得原件的,收集副本或复印件。副本或复印件上须注明原件所在地及收集人,并加盖原件所在单位和收集人员的单位印章。

(三)证明被告人有履行能力的证据材料。

1. 证明被执行人、担保人拥有清偿判决、裁定确定债权的全部或者一部分财产的有关证据材料;或者能够以自己的行为或者委托他人在判决、裁定确定期间完成判决、裁定确定应履行的行为义务的证据材料。包括:

(1)执行法院为调查被执行人、担保人财产情况而出具的搜查令及相关笔录;

(2)执行法院查封、扣押、冻结被执行人、担保人财产而出具的裁定书、协助执行通知书及查封公告,查封、扣押、冻结物品清单等;

(3)执行法院查询被执行人、担保人存款、股权等的通知书及回执;

(4)执行法院查询被执行人、担保人名下不动产、车辆的登记情况记录;

(5)根据《中华人民共和国民事诉讼法》第二百四十一条的规定,被执行人向执行法院提交的财产情况报告;

(6)执行法院对被执行人采取限制高消费、信用惩戒措施的相关法律文书;

(7)公安机关依法侦查获取的被执行人、担保人有履行能力的相关文件、证言等;

(8)其他能够证明被执行人、担保人具有履行能力的证人证言、文件、查询记录等。

2. 证明属于协助执行义务人的工作职责、业务范围或者协助执行义务人持有、控制判决、裁定指定交付的财产、财产权证或者其他物品的证据材料。包括:相关工商登记材料、相关机构出具的证明文件,财产被查封、扣押、冻结或委托保管的相关文书,其他相关笔录、登记文件、查询记录等。

(四)证明被告人拒不履行判决、裁定或妨害执行的证据材料。

1. 证明被执行人隐藏、转移、故意损毁财产或者无偿转让财产、以明显不合理的低价转让财产的证据材料或担保人隐藏、转移、故意损毁或者转让已向执行法院提供担保的财产的证据材料,包括相关的笔录、证人证言、银行存款查询记录、担保函、转让合同、交易记录、财产过户登记等;

2. 证明协助执行义务人接到执行法院协助执行通知书后,拒不协助执行的证据,包括相关协助执行通知书、送达回证、调查笔录、证人证言及证明协助执行义务人拒不协助执行的其他证据材料;

3. 证明被执行人、担保人、协助执行义务人与国家机关工作人员通谋,利用国家机关工作人员的职权妨害执行的证据材料,包括证明国家机关工作人员职权范围的证据材料;证明被执行人、担保人、协助执行义务人与国家机关工作人员通谋的证据材料;证明国家机关工作人员利用职务便利妨害执行的证据材料;

4. 证明被执行人因妨害执行或因拒绝报告、虚假报告财产状况、违反执行法院限制高消费及有关消费令等已被执行法院采取民事强制措施的证据材料,包括执行法院出具的罚款决定书、拘留决定书、拘传票及其他证明被执行人因妨害执行被采取民事强制措施的证明材料等;

5. 证明被告人以暴力、威胁、聚众等方式阻碍执行或者对执行人员进行侮辱、围攻、扣押、殴打或者毁损、抢夺执行案件材料、执行公务车辆和其他执行器械、执行人员服装以及执行公务证件的证据材料,包括现场照片、录音录像、证人证言、鉴定报告等;

6. 证明被告人拒不交付法律文书指定交付的财物、票证或者拒不

迁出房屋、退出土地的证据材料,包括证明被告人占有财物、票证的证据,在房屋、土地上工作、生活、活动的证据材料等;

7. 证明被告人与他人串通,通过虚假诉讼、虚假仲裁、虚假和解等方式妨害执行的证据材料,包括虚假诉讼、仲裁、和解的判决书、裁定书、仲裁裁决书、和解协议,庭审笔录,相关证人的证言,履行虚假判决、裁定、仲裁裁决、和解协议的证明材料等;

8. 证明被告人伪造、毁灭有关被执行人履行能力的证据的证据材料或者以暴力、威胁、贿买方法阻止他人作证或者指使、贿买、胁迫他人作伪证,妨碍执行法院查明被执行人财产情况的证据材料,包括调查笔录、证人证言、交易记录、鉴定报告等;

9. 证明被告人拒不执行法院判决、裁定,致使债权人遭受重大损失的证据材料,包括相关的笔录、法律文书等;

10. 其他证明被告人拒不履行判决、裁定或妨害执行的证据材料。

(本文刊于 2017 年 8 月 29 日《宜兴日报》)

恶意拖欠工资　最高可判七年刑

贵州李先生：储云南律师，您好！我在宜兴的工地上干活快一年了，这一年的工资有一半还没有付，听说老板欠了很多高利贷，逃匿的可能性很大，而我母亲生病却没钱去看，请问储云南律师我该怎么办？

储云南律师：企业老板特别是建筑业企业拖欠农民工工资可谓是多年来久治不愈之顽疾。2011年，受国际经济形势及银行信贷收缩的影响，不少企业出现了严重资金链断裂的问题，该问题在资金需求巨大的建筑行业尤其突出。农民工讨薪苦讨薪难的程度，今年似乎更胜往年。

但是，随着我国法制的完善，现今法律赋予了劳动者更多的权利和方式保护自己的权益。根据我国《劳动合同法》《工资支付暂行规定》《劳动法》《刑法》等法律法规的规定，当用工单位或雇主拖欠劳动者报酬时，劳动者可以通过投诉举报、民事诉讼、劳动仲裁甚至提起刑事自诉等方式索要劳动报酬。首先是行政救济手段。企业未按照劳动合同的约定或者国家规定及时足额支付劳动报酬的，劳动者可向劳动行政部门投诉、举报，如劳动监察大队、人力资源和社会保障局等。劳动行政部门应当查明事实，并依法行使职权，责令相关企业期限支付。相关行政主管部门帮助农民工索要工资即是典型的行政救济。其次是劳动仲裁及诉讼。劳动者合法权益受到侵害，有权依法申请劳动仲裁、提起诉讼，要求用工单位或私企老板支付劳动报酬、加班费、经济损失等费用。再次是提起刑事自诉。用工单位或私企老板恶意拖欠工资构成犯罪的，应当追究相关人员的刑事责任，犯罪嫌疑人最高可被判处七年有期徒刑。如果恶意拖欠工资者的行为尚未造成严重后果，能在检察机关提起公诉前支付劳动者的劳动报酬,并依法承担相应赔偿责任的,可以减轻或者免除刑事处罚。

2011年2月25日,全国人大常委会通过《刑法修正案(八)》,正式将恶意拖欠工资的行为上升为刑事犯罪,制定拒不支付劳动报酬罪:规定拒不支付劳动报酬罪并造成严重后果的,对犯罪嫌疑人最高可判处七年有期徒刑。这一规定的出台,不仅加大了惩治恶意拖欠工资相关人员的力度,更给农民工权益保护提供了更有效的司法保障。

根据《刑法修正案八》规定,以转移财产、逃匿等方式逃避支付劳动者的劳动报酬或者有能力支付而不支付劳动者的劳动报酬,数额较大,经政府有关部门责令支付仍不支付的,处三年以下有期徒刑或者拘役,并处或者单处罚金;造成严重后果的,处三年以上七年以下有期徒刑,并处罚金。单位犯前款罪的,对单位判处罚金,并对其直接负责的主管人员和其他直接负责人员,依照前款罪处罚。即恶意拖欠工资,并经政府部门催要无效的,构成犯罪。

根据该修正案的规定,构成拒不支付劳动报酬罪,须满足以下两个要件。

1. 在客观上存在拖欠工资的事实。

拖欠工资的客观事实主要有两种:第一种,逃避支付劳动报酬。如转移财产、隐藏财产、逃匿等逃避方式;第二种,有支付能力却拒不支付劳动报酬,并且数额较大。

2. 政府有关部门责令支付而拒不支付。

即政府部门通过劳动者的举报、劳动局仲裁委员会的仲裁、法院的判决或其他方式认定用工单位或私企老板存在拖欠工资的情况,责令相关人员支付报酬仍不支付的。

那么,在用工单位或私企老板存在恶意拖欠工资的行为时,劳动者们应当团结一致,齐心协力,积极搜集证据,通过法律手段维护自身权益。

（本文刊于 2011 年 12 月 20 日《宜兴日报》）

五、 法律解读

《环境保护法》修正案草案二次征民意公益诉讼主体成焦点

——关于《环境保护法》话题宜兴日报记者与 江苏谋盛律师事务所主任储云南律师访谈录之一

记者:储云南律师,您好! 今年 6 月 26 日至 29 日,十二届全国人大常委会第三次会议举行,二次审议的《环境保护法》修正案草案引起会上会下普遍关注,对此您有何看法?

储云南律师:我国现行《环境保护法》是在 1979 年试行环境法的基础上于 1989 年正式颁布实施的,至今已过去 20 多年。近年来,环境污染事件频发,原有条款的规定已不足以满足保护和改善环境的需要。因此,社会上关于修订《环境保护法》呼声高涨,环保法修正案因关乎社会环境污染治理、公众身心安全而备受关注。

记者:您能给我们讲解此次二次审议的《环境保护法》修正案草案有何亮点?

储云南律师:此次修订,立法部门将"环境保护是基本国策"写入了修正案草案。对违法排污企业拟"按日计罚",这是此次《环境保护法》修正案草案的一大亮点,成为社会各界关注的焦点。同时,草案修改完善了环境监测制度,增加"建立环境信息共享机制"的规定,我认为此举是加强信息公开的重要一步。除此之外,"官员不作为或可引咎辞职""伪造环保数据或将被撤职"等规定也是此次修改的亮点。

记者:但是,在此次审议中,指定公益诉讼主体成舆论关注的最大争议点,对此您有何看法?

储云南律师:草案二审稿中将环境维权的公益诉讼主体确定为中

华环保联合会一家,这点引发了公益界、公益律师及法律学者的质疑。按照我国民事诉讼法规定:法律规定的机关和有关组织可以提起环境公益诉讼。此前不少民间环保组织在环境公益诉讼方面表现活跃,此次审议的修正案限制了其他环保组织的公益诉讼权利。公益诉讼制度着眼于在司法领域推进社会问题的解决。时下环保问题日显严峻,加之此类问题又牵涉面甚广,为满足各类群体和个人在环保问题上的维权需要,将之纳入司法渠道,促进环境公益诉讼主体的开放是必然的要求。近年来因环境问题而引起的群体性事件居高不下,甚至出现了一些直接的社会冲突,这与公益诉讼制度的缺失,导致环境权益受损害的民众无明确的利益代言人不无关系。在相应环保问题屡屡超出社会内部消化能力面前,相关立法修订本应有强化法治原则的取向,但反观这次环境公益诉讼法律的修订,却几乎是背道而驰的“收缩战略”。这之中定然包含了担心扩大公益诉讼主体会造成环境公益诉讼井喷,以致司法资源承载过重负荷的考虑。但客观而言,这其实是个伪命题,社会问题已经发生,就不可能回避和拖延,而环境公益诉讼恰恰是此类争端的最好解决途径。况且,司法资源可能面临的压力,也可通过其他配套制度建设予以化解。

(本文刊于 2013 年 8 月 5 日《宜兴日报》)

《民法总则》解析

《中华人民共和国民法总则》(以下简称"《民法总则》")于 2017 年 3 月 15 日经第十二届全国人民代表大会第五次会议表决通过之后,将在 2017 年 10 月 1 日正式施行。这部法律全面系统地确定了中国民事活动的基本规定和一般性规则,关系到每个人从"摇篮"到"坟墓"的方方面面。**储云南律师分析认为**:此次新出台的《民法总则》主要有以下几个亮点。

亮点一:胎儿有遗产继承、接受赠予等权利。

第十六条:涉及遗产继承、接受赠予等胎儿利益保护的,胎儿视为具有民事权利能力。但是胎儿娩出时为死体的,其民事权利能力自始不存在。

储云南律师解读:此规定体现了对生命权的尊重,胎儿不仅是父母生命的延续,更是一个新的生命,他的权益当然也需要保护。

亮点二:无民事行为能力人年龄下限调整为"八岁"。

第十九条:八周岁以上的未成年人为限制民事行为能力人,实施民事法律行为由其法定代理人代理或者经其法定代理人同意、追认,但是可以独立实施纯获利益的民事法律行为或者与年龄、智力相适应的民事法律行为。

第二十条:不满八周岁的未成年人为无民事行为能力人,由其法定代理人代理实施民事法律行为。

储云南律师解读:随着经济社会的发展和生活教育水平的提高,未成年人生理心理的成熟程度和认知能力都有所提高,适当降低年龄有利于其从事与其年龄、智力相适应的民事活动,更好地尊重这一部分未成年人的自主意识,保护其合法权益。

亮点三:监护制度的完善

第二十一条:不能辨认自己行为的成年人为无民事行为能力人,由其法定代理人代理实施民事法律行为。

第三十二条:没有依法具有监护资格的人的,监护人由民政部门担任,也可以由具备履行监护职责条件的被监护人住所地的居民委员会、村民委员会担任。

第三十三条:具有完全民事行为能力的成年人,可以与其近亲属、其他愿意担任监护人的个人或者组织事先协商,以书面形式确定自己的监护人。协商确定的监护人在该成年人丧失或者部分丧失民事行为能力时,履行监护职责。

储云南律师解读:民法总则以家庭监护为基础、社会监护为补充、国家监护为兜底,对监护制度做了完善。

亮点四:为个人信息安全筑高墙。

第一百一十一条:自然人的个人信息受法律保护。任何组织和个人需要获取他人个人信息的,应当依法取得并确保信息安全,不得非法收集、使用、加工、传输他人个人信息,不得非法买卖、提供或者公开他人个人信息。

储云南律师解读:个人信息权利是公民在现代信息社会享有的重要权利,明确对个人信息的保护对于保护公民的人格尊严和个人信息,使公民免受非法侵扰,维护正常的社会秩序具有现实意义。

亮点五:"法律撑腰"让见义勇为者更有底气。

第一百八十三条:因保护他人民事权益使自己受到损害的,由侵权人承担民事责任,受益人可以给予适当补偿。没有侵权人、侵权人逃逸或者无力承担民事责任,受害人请求补偿的,受益人应当给予适当补偿。

第一百八十四条:因自愿实施紧急救助行为造成受助人损害的,救助人不承担民事责任。

储云南律师解读:近些年来,因见义勇为却惹上纠纷的事情并不少见,见义勇为者受了损害,责任谁来负?受益人该不该补偿?这往往成为引发纠纷的矛盾点。《民法总则》明确规定,保护因见义勇为受到损害的人,鼓励见义勇为行为,以法律助推道德建设。

(本文刊于 2017 年 7 月 25 日《宜兴日报》)

《民事诉讼法司法解释》解读

经过历时两年的论证起草和 5 次审委会讨论，最高人民法院有史以来制定条文最多、篇幅最长的司法解释——《关于适用〈中华人民共和国民事诉讼法〉的解释》(下称《民诉法司法解释》)2 月 4 日起正式施行。这部"史上最长司法解释"有何看点？**储云南律师**通过对该解释的认真学习和分析，觉得从以下六个方面可窥一斑。

一、立案登记（变立案审查制为立案登记制）

为贯彻落实党的十八届四中全会决定中关于改革人民法院案件受理制度的要求，依法保护起诉权，实行立案登记制，《民诉法司法解释》规定，人民法院接到当事人提交的民事起诉状时，对符合民事诉讼法第一百一十九条规定的起诉条件，且不属于民事诉讼法第一百二十四条规定情形的，应当登记立案；对当场不能判定是否符合起诉条件的，应当接收起诉材料，并出具注明收到日期的书面凭证。需要补充必要相关材料的，人民法院应当及时告知当事人。在补齐相关材料后，应当在七日内决定是否立案。此外，司法解释明确了因重复起诉不予受理的判断标准，并对当事人在诉讼中变更或者增加诉讼请求作出了细化规定。

二、电子证据（明确短信、微博、网聊记录等可作为证据）

本次出台的司法解释对民事诉讼的举证证明责任分配原则作出了明确规定，并对逾期举证及其后果作出了分层次、分情形予以处罚的规定。其中规定，法院应当按照法定程序，全面、客观地审核证据，依照法律规定,运用逻辑推理和日常生活经验法则,对证据有无证明力和证明力大小进行判断,并公开判断的理由和结果。

对以严重侵害他人合法权益、违反法律禁止性规定或者严重违背公序良俗的方法形成或者获取的证据,不得作为认定案件事实的根据。网上聊天记录、博客、微博、手机短信、电子签名、域名等形成或者存储在电子介质中的信息可以作为民事诉讼中的证据。

三、法庭纪律(未经许可现场传播审判信息,法院可强制删除)

《民诉法司法解释》规定,未经准许进行录音、录像、摄影的,未经准许以移动通信等方式现场传播审判活动的,人民法院可以暂扣诉讼参与人或者其他人进行录音、录像、摄影、传播审判活动的器材,并责令其删除有关内容;拒不删除的,人民法院可以采取必要手段强制删除。《民诉法司法解释》还严格执行开庭审理规定,对二审、再审程序可以不开庭审理的情形予以限制,进一步规范裁判文书制作,规定了申请查阅裁判文书的范围和方式。

四、公益诉讼(提起公益诉讼需有公益受损初步证据)

《民诉法司法解释》规定,有关机关和组织提起公益诉讼的,除了符合民事诉讼法相关规定,还应当同时符合下列条件:有明确的被告;有具体的诉讼请求;有社会公共利益受到损害的初步证据;属于人民法院受理民事诉讼的范围和受诉人民法院管辖。

法院受理公益诉讼案件后,应当在十日内书面告知相关行政主管部门。法院受理公益诉讼案件,不影响同一侵权行为的受害人根据民事诉讼法相关规定提起私益诉讼。

五、诚实信用(被执行人不履行义务的纳入"黑名单")

《民诉法司法解释》规定,负有举证责任的当事人拒不签署保证书,待证事实又欠缺其他证据证明的,人民法院对其主张的事实,不予认可。证人拒绝签署保证书的,不得作证,并自行承担相关费用。对被执行人不履行法律文书确定的义务的,人民法院除对被执行人予以处罚外,还可以根据情节将其纳入失信被执行人名单,将被执行人不履行或者不完全履行义务的信息向其所在单位、征信机构以及其他相关机构通报。

六、小额诉讼(明确物业、电信服务合同等小额诉讼一审终审)

《民诉法司法解释》明确规定,买卖合同、借款合同、租赁合同纠纷、银行卡纠纷与物业、电信等服务合同纠纷等九类金钱给付的案件,适用小额诉讼程序审理。人身关系、财产确权纠纷,涉外民事纠纷,知识产权纠纷,需要评估、鉴定或者对诉前评估、鉴定结果有异议的纠纷以及其他不宜适用一审终审的纠纷,不适用小额诉讼程序审理。

《民诉法司法解释》的制定和实施,对确保新民诉法的正确、统一、严格、有效实施,更加有效地保障当事人的诉讼权利,更加积极地维护司法公正、促进经济社会发展、维护社会和谐稳定,更加有力地为建设中国特色社会主义法治体系、建设社会主义法治国家,树立司法公信,提高司法权威,具有十分重要的意义。

(本文刊于 2015 年 9 月 16 日《宜兴日报》)

《征信业管理条例》
保护公民个人信息不受伤害

宜城街道张女士问：储云南律师你好！日常生活中我经常收到许多垃圾短信息和电话，而这其中有的短信息和电话都对我的个人信息了如指掌，比如最近买车买房等极其私密的信息它们都了解，对此我既感惊奇，又觉得很危险。听说《征信业管理条例》已于3月15日开始正式实施。请问什么是"征信"？该条例的出台是否可有效遏制公民个人信息不受伤害？

储云南律师答："征信"，通俗解释，就是把一个个的消费者或企业法人，在各行、各业、各地进行交易的记录整合在一起，形成一个个企业或个人的信用信息报告，以供需要了解其信用状况的机构查询。征信范围包括三种类型：第一，个人基本信息，如地址、职业、学历、婚姻状况等；第二，信贷交易信息，如贷款信息、贷记卡、准贷记卡信息、担保信息等；第三，能反映个人信用状况的公共信息，如法院民事判决和强制执行记录、行政奖励和处罚信息、执业资格信息等。

针对切实保护个人信息安全，《条例》主要作了以下规定：

一、严格规范个人征信业务规则，包括：除依法公开的个人信息外，采集个人信息应当经信息主体本人同意，未经同意不得采集；向征信机构提供个人不良信息的，应当事先告知信息主体本人；征信机构对个人不良信息的保存期限不得超过5年，超过的应予删除；除法律另有规定外，他人向征信机构查询个人信息的，应当取得信息主体本人的书面同意并约定用途，征信机构不得违反规定提供个人信息。

二、明确规定禁止和限制征信机构采集的个人信息，包括：禁止采集个人的宗教信仰、基因、指纹、血型、疾病和病史信息以及法律、行政法规禁止采集的其他个人信息；征信机构不得采集个人的收入、存款、有价证券、不动产的信息和纳税数额信息，但征信机构明确告知信息主体提供该信息可能产生的不利后果，并取得其书面同意采集的除外。

三、明确规定个人对本人信息享有查询、异议和投诉等权利，包括：个人可以每年免费两次向征信机构查询自己的信用报告；个人认为信息错误、遗漏的，可以向征信机构或信息提供者提出异议，异议受理部门应当在规定时限内处理；个人认为合法权益受到侵害的，可以向征信业监督管理部门投诉，征信业监督管理部门应当及时核查处理并限期答复。个人对违反《条例》规定，侵犯自己合法权利的行为，还可以依法直接向人民法院提起诉讼。

四、严格法律责任，对征信机构或信息提供者、信息使用者违反《条例》规定，侵犯个人权益的，由监管部门依照《条例》的规定给予行政处罚；造成损失的，依法追究民事责任；构成犯罪的，移送司法机关依法追究刑事责任。

（本文刊于 2013 年 4 月 2 日《宜兴日报》）

夫妻共同债务必须区别对待

——关于《婚姻法司法解释二》第二十四条
新增条款相关话题律师访谈录

近年来,百姓一直在呼吁修改的《婚姻法司法解释(二)》第二十四条,最高人民法院于 2017 年 2 月 28 日作出了回应,并公布了《最高人民法院关于适用〈中华人民共和国婚姻法〉若干问题的解释(二)的补充规定》(以下简称《补充规定》),针对司法实践中出现的涉及夫妻共同债务的新问题和新情况,强调虚假债务、非法债务不受法律保护。

记者:如何正确理解夫妻共同债务?

储云南律师答:根据这份补充规定,《最高人民法院关于适用〈中华人民共和国婚姻法〉若干问题的解释(二)》第二十四条新增两款,分别规定:夫妻一方与第三人串通,虚构债务,第三人主张权利的,人民法院不予支持;夫妻一方在从事赌博、吸毒等违法犯罪活动中所负债务,第三人主张权利的,人民法院不予支持。

据悉,最高人民法院同时下发了《最高人民法院关于依法妥善审理涉及夫妻债务案件有关问题的通知》(以下简称《通知》),要求各级法院正确适用最高人民法院对《婚姻法司法解释(二)》作出的补充规定,在家事审判工作中正确处理夫妻债务,依法保护夫妻双方和债权人合法权益,维护交易安全,推进和谐健康诚信经济社会建设。

《通知》明确提出,未经审判程序,不得要求未举债的夫妻一方承担民事责任。在审理以夫妻一方名义举债的案件中,应当按照民诉法司法解释的相关规定,原则上应当传唤夫妻双方本人和案件其他当事人本人到庭,庭审中应当要求有关当事人和证人签署保证书。未具名举债一方不能提供证据,但能够提供证据线索的,人民法院应当根据当事人的申请进行调查取证。对伪造、隐藏、毁灭证据的要依法予以惩处。

《通知》规定,债权人主张夫妻一方所负债务为夫妻共同债务的,人民法院应当结合案件的具体情况,根据相关法律规定,结合当事人之间关系及其到庭情况、借贷金额、债权凭证、款项交付、当事人的经济能力、当地或者当事人之间的交易方式、交易习惯、当事人财产变动情况以及当事人陈述、证人证言等事实和因素,综合判断债务是否发生。

《通知》强调,要防止违反法律和司法解释规定,仅凭借条、借据等债权凭证就认定存在债务的简单做法。在当事人举证基础上,要注意依职权查明举债一方作出有悖常理的自认的真实性。

在区分合法债务和非法债务,对非法债务不予保护的基础上,该《通知》还明确提出,对债权人知道或者应当知道夫妻一方举债用于赌博、吸毒等违法犯罪活动而向其出借款项,法律不予保护;对夫妻一方以个人名义举债后用于个人违法犯罪活动,举债人就该债务主张按夫妻共同债务处理的,不予支持。

在相关案件执行工作方面,《通知》提出,要树立生存权益高于债权的理念,对夫妻共同债务的执行涉及夫妻双方的工资、住房等财产权益,甚至可能损害其基本生存权益的,应当保留夫妻双方及其所扶养家属的生活必需费用。执行夫妻名下住房时,应保障生活所必需的居住房屋,一般不得拍卖、变卖或抵债被执行人及其所扶养家属生活所必需的居住房屋。

《通知》同时强调,在处理夫妻债务案件时要坚持法治和德治相结合的原则。要制裁夫妻一方与第三人串通伪造债务的虚假诉讼,对涉嫌虚假诉讼等犯罪行为的,特别是虚构债务的犯罪,应依法将犯罪的线索、材料移送侦查机关。

根据《补充规定》:夫妻一方在从事赌博中所负债务不属于夫妻债务。夫妻一方与第三人串通,虚构债务,第三人主张权利的,人民法院不予支持。

储云南律师从以下四点解读《婚姻法司法解释二》第二十四条新增条款的相关内容。

一、赌债、吸毒等违法借债不受法律保护。

实践中,不少夫妻一方因为赌博、吸毒等违法行为而欠下巨额的债务,债主也常常找配偶的麻烦,催其还债。

这次《补充规定》明确规定了:这些债务都不受法律保护。

遭受非法债务的债主恐吓、暴力威胁的,当事人可以选择报警,保护自身安全。

二、未经审判程序,不得要求未举债的夫妻一方承担民事责任。

原第二十四条规定,除非夫妻一方能够证明该笔债务是债权人和债务人已经明确过是个人债务的;或者夫妻之间,对婚姻期间的财产约定为各自所有,又以各自的财产来偿还债务,并且债权人知道这个约定的,可以认定为个人债务。其他情况,一般视为夫妻共同债务。

实践中,也不乏一些夫妻债务是以个人名义偷偷借的,受害一方并不知情。而依据原第二十四条的规定,不少案件会以债权人不知道是个人债务为由,将其推定为夫妻共同债务。

而此次《补充规定》明确,未经审判程序,不得要求未举债的夫妻一方承担民事责任。

法院在审理以夫妻一方名义举债的案件中,按照《民诉法司法解释》的相关规定,原则上应当传唤夫妻双方本人和案件其他当事人本人到庭,庭审中应当要求有关当事人和证人签署保证书。

未具名举债一方不能提供证据,但能够提供证据线索的,人民法院应当根据当事人的申请进行调查取证。另外,对伪造、隐藏、毁灭证据的一方要依法予以惩处。

针对司法实践中出现的涉及夫妻共同债务的新问题和新情况,强调虚假债务、非法债务不受法律保护。

三、夫妻一方与第三人串通虚构债务的，不受法律保护。

夫妻一方与第三人串通虚构债务，第三人主张权利的，人民法院不予支持。

制裁夫妻一方与第三人串通伪造债务的虚假诉讼，对涉嫌虚假诉讼等犯罪的，特别是虚构债务的犯罪，应依法将犯罪的线索、材料移送侦查机关。

四、认定夫妻共同债务，要有足够的证据。

债权人主张夫妻一方所负债务为夫妻共同债务的，人民法院应当结合案件的具体情况，根据相关法律规定，结合当事人之间关系及其到庭情况、借贷金额、债权凭证、款项交付、当事人的经济能力、当地或者当事人之间的交易方式、交易习惯、当事人财产变动情况以及当事人陈述、证人证言等事实和因素，综合判断债务是否发生。

综上所述，《补充规定》的出台，必将推动我国的民事法律规范走向科学化和体系化。

（本文刊于 2017 年 6 月 30 日《宜兴日报》）

关于国务院守信失信制度的解读

2016 年 5 月 30 日,国务院发布《关于建立完善守信联合激励和失信联合惩戒制度加快推进社会诚信建设的指导意见》(国发〔2016〕33号)。《关于建立完善守信联合激励和失信联合惩戒制度加快推进社会诚信建设的指导意见》是我国第一部关于信用联合奖惩的规范性文件,是落实党的十八大和十八届三中、四中、五中全会精神以及国务院社会信用体系建设规划纲要的具体举措。

《指导意见》指出,守信联合激励和失信联合惩戒是构建以信用为核心的新型市场监管体制的重要内容。

《指导意见》制定出台的目的,是有效治理失信行为高发问题,使失信者付出足够的代价,并通过实施正面激励,使守信者受益,做到让守信者一路绿灯、失信者处处受限,从而引导形成社会成员诚实守信的价值取向。值得强调的是,守信激励和失信惩戒机制是社会信用体系建设的核心机制,对于弘扬社会主义核心价值观,构建以信用为核心的新型市场监管体制,进一步推动简政放权和政府职能转变,营造公平诚信的市场环境,提高社会治理能力等,都具有重要的推动作用。

《指导意见》的发布,并非纸上谈兵,而是有着丰厚的现实依据。国内外实践经验表明,完善的市场经济体制离不开信用体系的支撑。而信用体系之所以能够发挥作用,最重要的就是从经济社会各个方面对守信者予以激励,对失信者进行惩戒。实践证明,这种做法是十分有效的,值得我们学习和借鉴。《指导意见》充分总结了国内开展的试点探索和国外行之有效的经验借鉴,对激励与惩戒的对象、可采用的激励与惩戒措施、协同运行机制等作出规范。

需要进一步强调的是,《指导意见》体现了激励与惩戒并重的原则。《指导意见》充分体现了党的十八届三中全会关于"褒扬诚信,惩戒失信"的要求,在加大对严重失信主体惩戒力度的同时,充分运用多种措施对诚实守信主体进行激励。对诚实守信者进行联合激励,重在褒扬,重在提供优先机会,重在减轻社会负担,比如优先办理行政审批,优先享受优惠政策,优先提供公共服务,减少审批环节,减少监管频次,降低市场交易成本,使守信者在市场中获得更多机会和实惠,让信用成为市场配置资源的重要因素。使守信者不再好人难做,而是更切实更直观地享受到自身诚信行为带来的正面效果。

关于对违法失信者进行联合惩戒,《指导意见》提出的措施也涵盖了各个方面,包括行政性、市场性、行业性、社会性四大类,重在约束,重在限制,重在提高失信成本,可以说是一处失信、处处受限,一时失信、长期受限,失信将付出巨大代价。失信者不再能为所欲为,将面对比《指导意见》出台之前更严厉的惩罚。衣、食、住、行方方面面都举步维艰,对潜在的失信者也能起到一定的威慑作用。

社会实践中,企业守信是举足轻重的一环。企业是市场经济活动的主体。如果企业失去了诚信,市场经济就没有秩序可言。古人云"经营之道在于诚,赢利之道在于信",诚实守信既是做人的基本道德准则,也是企业搏击市场赖以生存的前提。在建设社会主义市场经济的今天,我们关注"诚信"是因为在现实生活中,一直存在着"诚信缺失"的市场顽疾。从假烟、假酒、假文凭到假账、假币、假政绩;从剽窃他人科研成果到足球场上的"黑哨"。凡此种种,失信的浊流吞噬着人与人之间的信任。当前企业面对向市场经济转轨过程中不断扩大的市场规模和逐步增多的商业形式,在履行合同和承诺遇到困难时,很容易选择"失信"的途径。如果企业普遍选择"失信"时,便构成了整个市场环境的"诚信缺失"。目前,我国市场上存在着的各类失信行为,严重破坏了市场环境和信用体系。企业的诚信,不仅仅局限在企业之间的合同履行及商业合作领域,更延伸到企业内部股东与管理者之间、管理者与员工之间以及企业与监管部门和市场之间的关系。《指导意见》的出台,有利于从正面进一步规范企业守信,从反面减少直至杜绝企业失信现象,从而营造一个更好的市场经济环境。

自古就有"人无信不立、业无信不兴、国无信则衰"的表述。完善社会信用体系,加快推进社会诚信建设,需要政府、企业、个人等各类市场主体的积极参与,激发全社会各类主体守信的自主性和积极性,构建政府、社会共同参与的跨地区、跨部门、跨领域的守信联合激励和失信联合惩戒机制,逐步建立健全信用信息管理制度。

(本文刊于 2017 年 3 月 1 日《宜兴日报》)

加快推动住房租赁市场发展

——《国务院办公厅关于加快培育和发展住房
租赁市场的若干意见》之解读

2016 年 5 月 17 日,国务院办公厅发布了《国务院办公厅关于加快培育和发展住房租赁市场的若干意见》(以下简称"《意见》")。《意见》缘何发布?《意见》提出了哪些政策措施?《意见》对房地产开发企业和个人又会产生怎样的影响? 针对以上问题,近日,宜兴市政府法律顾问、宜兴市残联副理事长、江苏谋盛律师事务所主任、宜兴市求正民商事疑难案件研究会会长储云南律师接受了记者采访,他就相关问题作了解读。

记者:《意见》制定的背景是什么?

储云南律师答:《意见》制定的背景,用一句话来说,就是为了适应住房租赁市场发展的需要。

改革开放以来,我国住房租赁市场不断发展,对加快改善城镇居民住房条件、推动新型城镇化进程等发挥了重要作用。根据链家研究院的数据,2015 年我国租赁市场租金规模达 1.5 万亿元左右。然而,我国租赁市场仍然存在着市场供应主体发展不充分等问题,住建部副部长陆克华于 2016 年 5 月 6 日在国务院政策例行吹风会上发表意见,声称在我国住房租赁市场中,供应的主体主要还是个人出租,大概占到90%以上,其深层原因在于企业买地与开发建设的一次性资金投入比较大、房地产贷款期限较短且税费负担较重,采用出租的方式将产生资金收益率较低且资金回笼时间较长的风险。

针对以上问题,住建部于 2015 年 1 月 6 日发布《住房城乡建设部关于加快培育和发展住房租赁市场的指导意见》，要求积极培育经营住房租赁的机构；国务院于 2016 年 2 月 6 日发布《国务院关于深入推进新型城镇化建设的若干意见》，要求建立购租并举的城镇住房制度。为进一步推动我国住房租赁市场的发展，形成供应主体多元、经营服务规范、租赁关系稳定的住房租赁市场体系，经国务院同意，国务院办公厅发布了《意见》。

记者：《意见》主要从哪些方面对住房租赁市场提出了支持性政策？

储云南律师答：《意见》主要从以下几个方面对住房租赁市场提出了支持性政策。

其一，关于住房市场主体方面。除现有的个人与住房租赁中介机构外，鼓励发展住房租赁企业，并支持房地产开发企业开展住房租赁业务。住房租赁企业将作为生活服务业纳入《国务院办公厅关于加快发展生活性服务业促进消费结构升级的指导意见》的适用范围，享受工商登记、财政支持、融资渠道等多方面支持。

其二，完善消费政策。《意见》要求落实提取住房公积金支付房租，以及便利承租人申领居住证政策，从而鼓励个人通过租赁解决住房问题，同时对出租人进行了不得无正当理由单方解除合同、提高租金与扣除押金的限制，从而保障租赁市场的稳定性。

其三，加大政策支持。对住房租赁企业给予税收优惠政策支持的同时拓宽融资渠道，鼓励企业发行债券并进行不动产证券化；对于个人而言则将通过实物保障与租房补贴鼓励个人租赁住房。

记者：《意见》对房地产开发企业将产生哪些影响？

储云南律师答：《意见》对房地产开发企业的影响用一句话来说，就是由"开发销售"转为"租售并举"。

《意见》将房地产开发企业列为住房租赁市场的四类主体之一，并鼓励房地产开发企业出租库存商品住房从而发展租赁地产。

《意见》的出台将促进我国房地产开发企业由现有的"开发销售"模

式转向"租售并举"模式。《意见》一方面要求地方政府增加租赁住房用地的供应，并要求在土地出让合同中明确租赁期限，从而促进新建租赁住房项目的发展；另一方面针对已经建设完成的项目，则允许将商业用房改建为租赁住房，并调整土地用途为居住，且同时变更相应的用水、用电、用气价格。

根据我国《土地管理法》第五十六条、《城市房地产管理法》第十八条及《城镇国有土地使用权出让和转让暂行条例》规定，变更土地用途需经过土地出让方、土地管理部门与规划部门三者共同批准并签订土地出让合同补充协议或重新签订土地出让合同，下一步如何落实商业用房变更土地用途的相关程序与要求将成为重点问题，《意见》同时指出该类土地变更后，土地使用年限与容积率不变，商业用房如何满足居住要求以及是否允许房地产开发企业将变更后的租赁住房用于销售都有待于进一步明确。

记者：《意见》对于个人将产生什么样的影响？

储云南律师答：《意见》对于个人的影响，用一句话来说，就是出租人与承租人的双重保障。

《意见》的发布兼顾了住房租赁市场中出租人与承租人两方的利益。

对于出租人而言，根据《个人所得税法》第三条规定，财产租赁所得应当适用20％的比例税率，但根据《关于廉租住房、经济适用住房和住房租赁有关税收政策的通知》规定，租赁住房暂按10％的税率征收个人所得税，《意见》本次重申了前述政策对个人出租住房减半征收个人所得税的优惠。《意见》同时提出，个人出租住房月收入不超过3万元的，在2017年底之前可按规定享受免征增值税政策。

对于承租人而言，一方面将享受租金支出可用于抵扣个人所得税的政策优惠，另一方面则将外来务工人员、新就业大学生和青年医生、青年教师等专业技术人员纳入公租房保障范围。

　　值得注意的是,《意见》所提出的优惠政策适用范围均为依法登记备案的住房租赁企业、机构和个人。根据《商品房屋租赁管理办法》规定,房屋租赁当事人应在合同订立后三十日内,到租赁房屋所在地直辖市、市、县人民政府建设(房地产)主管部门办理房屋租赁登记备案。但根据《最高人民法院关于审理城镇房屋租赁合同纠纷案件具体应用法律若干问题的解释》规定,不进行房屋租赁备案不影响租赁合同效力,且办理备案后房屋租赁信息将由政府部门掌握,税务部门可据此要求出租人缴纳相应税款,因此可以解决房屋租赁备案制度长期存在难以执行的问题。本次《意见》的出台将有助于房屋租赁备案制度的落实,从而促进我国房屋租赁市场的规范化。

　　　　　　　　　　(本文刊于 2017 年 5 月 23 日《宜兴日报》)

解读两高关于

《贪污贿赂刑事案件司法解释》

2016 年 4 月 18 日，最高人民法院、最高人民检察院联合发布了《关于办理贪污贿赂刑事案件适用法律若干问题的解释》(以下简称《解释》)。《解释》共二十条，自发布之日起施行，内容主要涉及贪污受贿类犯罪的定罪量刑标准、贿赂类犯罪中"犯罪故意""财物"等概念的界定以及《刑法修正案(九)》出台后新增贪污受贿类犯罪罪名的定罪量刑标准等内容。

针对新《解释》，将从以下几个方面进行介绍。

一、死刑立即执行怎么判？终身监禁如何决定？

《解释》对适用"死刑立即执行"的贪污受贿类犯罪规定了"四个特别"的标准，即"犯罪数额特别巨大、犯罪情节特别严重、社会影响特别恶劣、造成损失特别重大"。但符合上述特征的被告人，如果具备主动坦白犯罪事实、对侦破重大案件起关键作用等法定从宽处罚情节，仍可以判处死刑缓期二年执行。

由于条件较严格，在实践中，被判处死刑立即执行的贪污受贿罪犯占比并不高。大部分判处死刑的罪犯走上了"死刑缓期执行——期满依法转为无期徒刑——符合条件后进一步减为有期徒刑"的路线。但对于公众担忧的重大贪污受贿罪犯"钻空子""一减再减最后监外执行"的情形，《刑法修正案(九)》规定了"终身监禁"这一情形，此次的《解释》进一步规定了其适用条件。但这也不意味着，但凡因贪污受贿罪被判处死缓的被告人，都必须被终身监禁。正如最高人民法院刑二庭庭长裴显鼎所说：终身监禁实际上是一种死刑替代措施。

二、贿赂类犯罪中相关概念的界定

《解释》明确了受贿犯罪中"为他人谋取利益"要件的具体情形,承诺为他人谋取利益,明知他人有具体请托事项,以及履职时未被请托但事后基于该履职事由收受他人财物等情形,都属于"为他人谋取利益"具体表现形式。据此,不论是否实际为他人谋取了利益,不论事前收受还是事后收受,均不影响受贿犯罪的认定。

《解释》亦针对国家工作人员内部相互送请的行为作出了规定:索取、收取价值三万元人民币以上的财物利益,可能影响职权行使的,将被视为承诺为他人谋取利益,应当以受贿犯罪定罪处罚。

三、明确附加罚金刑处罚尺度

《刑法修正案(九)》增加了贪污罪和相关贿赂类犯罪的罚金刑规定,大幅度提升对贪污类、行受贿类犯罪的经济处罚力度,力图实现对贪污罪和相关贿赂类犯罪的多角度打击防控。

《解释》则进一步明确《刑法修正案(九)》中罚金刑的判罚标准:一是对贪污罪、受贿罪判处三年有期徒刑以下刑罚的,应当并处十万元以上五十万元以下的罚金;二是判处三年以上十年以下有期徒刑的,应当并处二十万元以上犯罪数额二倍以下的罚金或者没收财产;三是判处十年以上有期徒刑或者无期徒刑的,应当并处五十万元以上犯罪数额二倍以下的罚金或者没收财产;四是对刑法规定并处罚金的其他贪污贿赂犯罪,应当在十万元以上犯罪数额二倍以下判处罚金。

《解释》的出台,一方面配合《刑法修正案(九)》的相关条文,细化了相关罪名的数额情节规定,明确了相关罪名的处罚标准,并且针对贪污贿赂犯罪中出现的新特点、新问题,明确了相关概念与情节的认定,以确保对贪污贿赂类犯罪的处罚能够得到有效执行;另一方面,从扩大行贿对象的认定以及严格限制行贿类犯罪从宽处罚的适用条件入手,进一步加大了对于行贿类犯罪的惩处力度。

(本文刊于 2017 年 2 月 3 日《宜兴日报》)

解读我国《反家庭暴力法》
对未成年人的保护

2016 年 3 月 1 日，我国首部《反家庭暴力法》起正式施行，明确了家暴范围，以殴打、捆绑、残害、限制人身自由以及经常性谩骂、恐吓等方式实施的身体、精神等侵害行为。反家暴法还强调，家庭成员以外共同生活的人之间实施的暴力行为，也参照该法规定执行，这意味着"同居暴力"也纳入其中。亮点还在于建立了人身安全保护令制度，当事人可向法院申请保护令，禁止被申请人实施家庭暴力，禁止被申请人骚扰、跟踪、接触申请人及其相关近亲属，责令被申请人迁出申请人住所，保护申请人人身安全的其他措施。

生活中有多少长年见不到父母得不到关爱的留守儿童？又有多少离婚男女把子女丢给父母不管不问？还有多少再婚后就对前任所生孩子视同陌路？更有多少孩子在再婚家庭中被忽略甚至伤害？孩子承受家庭暴力所带来的深远影响已不容忽视，即便不是极端个案，家庭长期存在的暴力和冷暴力也是摧残孩子身心的罪魁祸首。《反家庭暴力法》第五条明确提出，未成年人遭受家庭暴力的，应当给予特殊保护。第十二条更进一步规定，未成年人的监护人应当以文明的方式进行家庭教育，依法履行监护和教育职责，不得实施家庭暴力。也就是说，即使是为了教育孩子，也不应该诉诸暴力的形式。"打你是为了你好"再也不能成为父母实施家庭暴力的借口。《反家庭暴力法》明确规定，实施家庭暴力的加害人，公安机关处理以后，如果不构成治安管理处罚，就对其进行批评教育，同时出具"告诫书"，记录加害人的身份信息、实施家庭暴力的事实陈述以及不得再实施家庭暴力的警告。

　　法律界定的家庭暴力包括两个方面：一是对身体的侵害，包括殴打、捆绑、残害、限制人身自由等，是程度严重的伤害；二是对精神的侵害，包括经常性谩骂、恐吓等，是持续性的伤害。尽管绝大多数父母平时打骂孩子没有达到这么严重的程度，但《反家庭暴力法》的立法宗旨是重在预防和制止。父母要认识到家庭暴力对孩子造成伤害的严重后果，减少和避免暴力言行，恪守法律的底线。

　　《反家庭暴力法》专门规定的"人身安全保护令"也是一大亮点。"人身安全保护令"是指当事人受到家庭暴力或者面临家庭暴力的状况时，可以向人民法院申请人身保护令，人民法院应该受理。应当说，人身安全保护令制度，是孩子的"护身符"，是对孩子实施家庭暴力者的"紧箍咒"，也是处理家庭暴力案件的一大"法宝"。《反家庭暴力法》把家庭教育纳入了法律范围，父母再也不可以随便对孩子进行所谓身体上的惩罚，"棍棒底下出孝子""三天一顿打，孩子上北大"等粗放型的教育方式也将随着历史潮流发展而被淘汰！

　　　　　　　　　　（本文刊于 2016 年 8 月 26 日《宜兴日报》）

解读物权法司法解释

物权法作为最为基础和重要的财产法律规定,2016 年 3 月 1 日起施行的《关于适用〈中华人民共和国物权法〉若干问题的解释(一)》(下称《解释》)的出台具有重要意义。《解释》一共 22 条,对于《物权法》有关条款的适用进行了细化,针对不动产物权与登记、善意第三人、善意取得等六大方面司法实践中遇到的难点与共性问题,作出了相应的明确规定,体现了物权法与丰富无限的动态司法实践之间的契合。

一、关于"不动产物权"

1. 不动产物权的立案问题

《物权法》十四条规定:"不动产物权的设立、变更、转让和消灭,依照法律规定应当登记的,自记载于不动产登记簿时发生效力。"本条规定了不动产物权设立、变更、转让和消灭的时间,登记是物权公示的基本方式,物权法规定了自记载于不动产登记簿时发生法律效力。但不动产物权涉及登记的纠纷是通过民事诉讼还是行政诉讼解决,实践中存在争议性。

最高院民一庭庭长程新文解读时表示:"不动产登记是不动产物权的公示方式,是当事人不动产物权发生变动的意思表示推动的结果,不能把不动产登记理解为国家对不动产物权关系进行的干预或行政权力对不动产物权的授权或确认。"虽然不动产登记是否属于公法范畴值得商榷,但不动产登记是基于不动产物权的基础关系而发生,不动产物权的基础关系实质上是民事关系,属于民事审判范畴。为避免民事、行政部门相互推诿,《解释》明确了在案件受理上,因不动产归属,以及作为不动产物权的买卖、赠予和抵押等产生的争议诉讼,属于民事诉讼受理范畴,而不是一涉及不动产登记就归为行政诉讼。至于不动产登记行政诉讼,审理不动产登记本身的合法性,不同于不动产权属的民事争议。

2. 对发生争议的不动产物权归属判断

不动产物权发生争议,对其归属的最终判断,应当依赖于对原因行为或基础关系的审查。不动产登记簿虽然是权属证明,且有公示效力,但其并非充分证明不动产权属的唯一证据,对不动产物权的证明,并不仅停留在登记簿上,还是应该还原真实情况。

在当事人有证据证明不动产登记簿的记载与真实权利状态不符,也就是登记簿记载权利人信息不实,其确实为该不动产物权真实权利人的情况下,应该支持该诉讼请求。

3. 异议登记失效的起诉

根据《物权法》19 条规定,权利人、利害关系人认为不动产登记簿记载的事项错误的,可以申请更正登记。登记簿上记载的权利人不同意更正的,利害关系人可以申请异议登记,但在登记后 15 日内不起诉的,异议登记失效。《解释》进一步规定了 15 天异议登记失效后,当事人仍可以提起民事诉讼,请求确认物权归属,失效不影响人民法院的受理及审理。

预告登记,即为保全一项将来发生不动产物权变动为目的的请求权的不动产登记,是相对于"本登记"或"终局登记"而言的登记制度。预告登记是针对不动产物权人行使处分权,保障登记权利人的请求权,以保证其物权的最终实现。

根据《物权法》第二十八条规定:"因人民法院、仲裁委员会的法律文书和人民政府的征收决定等,导致物权设立、变更、转让或者消灭的,自法律文书或者人民政府的征收决定等生效时发生效力。"上述规定属于因法律规定而引起的物权变动,但物权法对于哪些法律文书可以引起物权变动没有具体规定,实务中容易产生争议,《解释》对于法律文书进行了限缩性规定。关于能够引起物权变动的裁定,从实务来看,主要是执行程序中对不动产和有登记的特定动产拍卖时所作的拍卖成交裁定和以物抵债裁定。

另应注意的是,诉讼、仲裁和执行中的程序性问题或者特定事项作出的法律文书以及解决身份关系的法律文书等,不会直接引起物权变动。

二、关于"优先购买权"

1. 优先购买权是具有物权性质的债权

优先购买权又称先买权,是指特定人依照法律规定或合同约定,在出卖人出卖标的物于第三人时,享有的在同等条件优先于第三人购买的权利。优先购买权是对出卖人行使设置的一个合理负担,对先买权人的利益进行特殊保护。根据最高院的观点,优先购买权是具有物权性质的债权,是一种债权的期待权。

2. 同等条件是优先购买权的实质条件

优先购买权是法律在保障出卖人合法利益不受侵害的前提下,赋予特殊主体特殊利益的一项制度。出卖人的合法利益的保障体现在优先购买权行使的同等条件上。根据《物权法》第一百零一条规定:按份共有人可以转让其享有的共有的不动产或动产份额。其他共有人在同等条件下享有优先购买的权利。法律规定同等条件下优先购买权人享有优先于他人购买的权利。

何谓同等条件?法律之前没有作出明确规定。买卖合同的核心条款是价格,因此同等条件主要包括价格条款,当然也包括履行期限、付款等付款条件,有些还要结合具体情况进行分析。这次《解释》对"同等条件"进行了解读,认为"应当综合共有份额的转让价格、价款履行方式及期限等因素确定"。

3. 继承、遗赠等原因发生共有份额变化的,不产生优先购买权在共有份额因继承、遗赠等情形发生变化,由于继承、遗赠是非法律行为引起的物权变动,并不存在对价支付,不存在交易价格,因此同等条件无从谈起。基于同等条件是优先权购买的实质性要件,在缺失实质性要件情形下,共有份额虽然发生变化,仍无法产生优先购买权。

4. 优先购买权的行使期限

为了保障交易安全,促进正常财产流转,有效维护权益,优先购买权的行使必须在一个合理期限内行使。这次《解释》作出了可操作性的规定。优先购买权行使期间分为三类,根据不同情况确定不同期限,及起始时间:(1)当事人约定或者指定的期间,约定优先。(2)一般行使期间,即十五日。分三种情况:通知中未载明行使期间,或者载明的期间短于通知送达之日起十五日的;转让人未通知的,为其他按份共有人知道或者应当知道最终确定的同等条件之日起十五日。(3)最长期限六个月,转让人未通知,且无法确定其他按份共有人知道或者应当知道最终确定的同等条件的,为共有份额权属转移之日起六个月。

5. 按份共有受侵害时的司法救济

主张优先购买的按份共有人通过诉讼请求按照同等条件购买该共有财产份额的,人民法院应予支持。虽主张优先购买权,但提出减少转让价款、增加转让人负担等实质性变更要求,也就是违反了优先购买权同等条件的实质性条款,法院不予支持。同理,未在《解释》规定的期限内主张优先购买,违反优先购买权的形式要件,依法不能得到支持。

按份共有人起诉必须提出按照同等条件下购买该共有份额的诉讼请求,如果仅请求撤销共有份额转让合同或认定合同无效,由于对异议人没有实际意义,且存在损害转让人权益的风险,法院不予支持。

三、关于"善意取得"

善意取得,是指财产占有人无权处分其占有的动产或不动产,如果他将财产转让给第三人,受让人取得该财产时出于善意,则受让人将依法取得对该财产的所有权或其他物权。

《物权法》第一百零六条规定了善意取得制度,从司法实践看,与善意取得相关的纠纷非常多,广泛存在物权确认、合同、侵权等纠纷的诉讼方面,而法律规定比较原则,实践中由于理解不同而产生很多争议,这次《解释》规定形成了对善意取得适用的较为完整的规则体系。

1. 善意的标准及举证责任

民法意义上的"善意",通常指行为人在从事民事行为时,认为其行为合法,或者认为相对方具有合法权利、行为合法的一种心理状态。

根据物权法规定,构成善意取得的三个要件是:第一,受让人受让该财产时是善意的;第二,以合理的价格转让;第三,取得不动产已经登记,动产已经交付。

对于善意的理解,《解释》作出了明确规定:"受让人受让不动产或者动产时,不知道转让人无处分权,且无重大过失的,应当认定受让人为善意。"构成善意应该同时符合两个规定,一是受让人不知道转让人无处分权,二是受让人无重大过失。

关于善意的举证责任由谁承担?真实权利人主张受让人不构成善意的,应当承担举证证明责任。如果提出主张的真实权利人不能证明受让人恶意的,则推定其为善意。

2. 不动产与动产善意取得中受让人非善意及重大过失的认定

不动产善意取得中受让人非善意,《解释》规定具有下列情形之一的,应当认定不动产受让人知道转让人无处分权,也就是受让人存在非善意,包括有效的异议登记、预告登记有效期内、被司法或行政机关限制权利、权利主体登记错误,这些都记载或反映在登记簿上,不动产登记簿成为判断受让人是否善意的重要依据。另外,受让人明知他人享有不动产物权,当然构成恶意。

关于动产善意取得,受让人受让动产时交易的对象、场所或者时机等不符合交易习惯的,应当认定受让人具有重大过失。

3. 善意取得中"合理价格"的认定

善意取得的构成要件之一是受让人以有偿取得为前提,即合理价格受让动产或不动产,支付了相应的对价。

关于合理价格,《解释》规定了根据转让标的物的性质、数量以及付款方式等具体情况,并参考转让时交易地市场价格以及交易习惯等因素综合认定。

4. 善意取得受让时间的判断

《物权法》关于善意取得规定受让人受让该不动产或者动产时是善意的。受让该不动产的,由于不动产以登记时间作为财产所有权转移标志,动产以交付为转移,因此受让时间的界定,不动产以完成转移登记之时,动产交易以动产交付之时。

关于船舶、航空器和机动车等特殊动产,《解释》进行了拓宽,以交付给受让人而不是登记为受让之时。

关于动产交付,简易交付是动产交付的特殊情形,即动产物权设立和转让前,权利人已经依法占有该动产的,动产物权的转移不需要再进行现实交付,自转让动产法律行为时即为动产交付之时。

关于动产占有改定,是指转让动产物权时,转让人与受让人约定,由转让人继续占有该动产,受让人取得该动产的间接占有,物权自该约定生效时发生效力。因此,转让人与受让人之间有关转让返还原物请求权的协议生效时为动产交付之时。

（本文刊于 2016 年 7 月 11 日《宜兴日报》）

浅谈公益诉讼制度

案例：湖南省道县滨河路在潇水河旁，有一造纸厂就在河边，该造纸厂经常在河旁倒放垃圾，严重影响在河边居住的市民的环境质量，其中一市民多次向县环保局要求，对该厂乱倒放垃圾的行为进行制止并予处罚，但县环保局一直不理。为此，该市民以环保局不履行法定职责向法院提起行政诉讼。法院经审查认为该市民与环保局不履行法定职责的行为没有直接利害关系，裁定不予受理该市民的起诉。

储云南律师：上面这起案例法院以原告无法定的主体资格为由裁定驳回起诉的，就现有的行政法律、法规的规定而言，法院的做法显然是正确的，之所以出现这种情况，关键在于之前的法律、法规没有将行政公益诉讼纳入行政诉讼范畴，也就无法启动环境行政公益诉讼。

新《民事诉讼法》第五十五条规定："对污染环境、侵害众多消费者合法权益等损害社会公共利益的行为，法律规定的机关和有关组织可以向人民法院提出诉讼。"此项公益诉讼制度是一项新增制度，进一步保障了当事人的诉讼权利。长期以来制约公益诉讼的原因，在于民事诉讼法中对原告资格的限定。而过去几年，特别是在环境污染案件中，一些环保组织向法院提起公益诉讼却很难立案，新增公益诉讼制度虽然解决了此项难题，但其存在的问题也需引起我们的重视。

随着经济的发展，产生了各种各样的环境问题，例如大气污染，河流污染等等，这些现象严重影响着人们的生活质量。那些以牺牲环境为代价的企业应对自己的行为承担一定的责任。但是，具体应由谁提起诉讼呢？长久以来，这个问题一直困扰着我们。新《民事诉讼法》中规定:"法律规定的机关和有关组织可以向人民法院提出诉讼。"它与传统的诉讼类型不同,是一种新出现的诉讼类型,我们称它为环境公益诉讼,它对于解决环境污染和破坏问题有着重要作用。

2015年2月4日起实行的《民诉法司法解释》规定,有关机关和组织提起公益诉讼的,除了符合民事诉讼法相关规定,还应当同时符合下列条件:有明确的被告;有具体的诉讼请求;有社会公共利益受到损害的初步证据;属于人民法院受理民事诉讼的范围和受诉人民法院管辖。法院受理公益诉讼案件后,应当在十日内书面告知相关行政主管部门。法院受理公益诉讼案件,不影响同一侵权行为的受害人根据民事诉讼法相关规定提起公益诉讼。以下是对条文的具体解读。

一、细化规定提起公益诉讼的受理条件。《民诉法司法解释》规定,有关机关和组织提起公益诉讼的,除了符合《民事诉讼法》第五十五条规定,还应当同时符合下列条件:(一)有明确的被告;(二)有具体的诉讼请求;(三)有社会公共利益受到损害的初步证据;(四)属于人民法院受理民事诉讼的范围和受诉人民法院管辖。

二、明确了公益诉讼案件的管辖法院。《民诉法司法解释》规定,公益诉讼案件由侵权行为的或者被告住所地中级人民法院管辖,但法律、司法解释另有规定的除外。因污染海洋环境提起的公益诉讼,由污染发生地、损害结果地或者采取预防污染措施地海事法院管辖。对同一侵权行为分别向两个以上人民法院提起公益诉讼的,由最先立案的人民法院管辖,必要时由它们的共同上级人民法院指定管辖。

三、规定了告知程序。《民诉法司法解释》规定,人民法院受理公益诉讼案件后,应当在十日内书面告知相关行政主管部门。

四、对其他有权提起公益诉讼的机关和有关组织参加诉讼作出规定。《民诉法司法解释》规定,人民法院受理公益诉讼案件后,依法可以提起诉讼的其他机关和有关组织,可以在开庭前向人民法院申请参加诉讼。人民法院准许参加诉讼的,列为共同原告。

五、协调公益诉讼与私益诉讼的关系。《民诉法司法解释》规定，人民法院受理公益诉讼案件，不影响同一侵权行为的受害人根据《民事诉讼法》第一百一十九条规定提起诉讼。

六、规定了公益诉讼案件可以和解、调解，但当事人达成和解或者调解协议后，人民法院应当将和解或者调解协议进行公告。公告期间不得少于三十日。公告期满后，人民法院经审查，和解或者调解协议不违反社会公共利益的，应当出具调解书；和解或者调解协议违反社会公共利益的，不予出具调解书，继续对案件进行审理并依法作出裁判。

七、对公益诉讼原告申请撤诉作出了限制性规定，即公益诉讼案件的原告在法庭辩论终结后申请撤诉的，人民法院不予准许。

（本文刊于 2015 年 12 月 21 日《宜兴日报》）

浅谈正确理解立案登记制

十八届四中全会的《中共中央关于全面推进依法治国若干重大问题的决定》中强调民事诉讼采用立案登记制度，也成为本次会议的一大亮点。由此，立案审查制与立案登记制再一次成为学术界讨论的话题。立案登记制度，是对我国司法的探索与实践，是司法体制改革中的一项重要内容。

作为司法体制改革的重要内容之一，我国刚刚确立的立案登记制度具有哪些特点？纵观国内外司法实践，我认为主要表现在以下几个方面，观点可能有待商榷。

一、我国立案登记制依然具有审查性质

《民事诉讼法》及相关的司法解释对我们国家目前所采用的立案审查制度有明确规定，《民事诉讼法》第一百一十九条规定了起诉要件：原告是与本案有直接利害关系的公民、法人和其他组织；有明确的被告；有具体的诉讼请求和事实、理由；属于人民法院受理民事案件的范围和受诉人民法院管辖。依据这条规定，主体资格，具体的诉讼请求和事实、理由，法院的主管与管辖成为法院所审查的内容。此外还有第一百二十条到第一百二十四条规定的范围都是人民法院需要审查的内容。可以说，人民法院审查的范围比较广，既包括实体内容上的审查也包括程序内容上的审查。从逻辑学的角度上来讲，为起诉设定的条件越多，满足这些条件的起诉就会越少，司法实践出现"立案难"的问题也就不足为奇了。

相比之下立案登记制降低了立案门槛，但登记制也并非仅仅只是

登记。《中共中央关于全面推进依法治国若干重大问题的决定》明确强调："改革法院案件受理制度，变立案审查制为立案登记制，对人民法院依法应该受理的案件，做到有案必立、有诉必理，保障当事人诉权。"这里需要明确两点。一是此处强调了"人民法院依法应当受理的案件"，也就是说人民法院依然要对案件进行审查，只有符合法律规定的案件才能予以登记立案。简而言之就是带有审查性质的登记制。二是符合法律规定的案件应予以登记，从理论角度上看，这在一定程度上扩大了案件的受理范围，大大保护了当事人的诉权，较审查制而言做到了有求必应，缓解了"百姓告状无门"的窘境。

换言之，虽然我国的民事立案程序已经从之前的职权模式向现在的诉权保障模式转变，但是这仍然不能排除法院的审查工作，这并不是意味着法院降低审理民事案件的标准，更不是将民事立案工作等同于普通的登记手续，而是要求在立案程序当中实现当事人的诉权与法院的职权、诉讼案件与可审案件之间的相互平衡。

二、我国立案登记制的确立是对法院立案程序的一次弥补与完善

我国的民事立案程序在学术界被定义为立案审查制，而且在《民事诉讼法》中也没有具体规定立案受理条件，规定的仅仅是当事人向人民法院起诉的条件。在实际司法操作中，人民法院通常把法律规定的起诉条件适用于立案受理的条件。例如，在《中华人民共和国民事诉讼法》中第十二章第一节规定了民事案件的起诉与受理，对立案程序的规定则是一笔带过。如第一百二十三条："人民法院应当保障当事人依照法律规定享有的起诉权利。对符合本法第一百一十九条的起诉，必须受理。符合起诉条件的，应当在七日内立案，并通知当事人；不符合起诉条件的，应当在七日内作出裁定书，不予受理；原告对裁定不服的，可以提起上诉。"不难看出，该条款对法院应当如何立案并未规定具有可操作性的条文，也正因为如此造成司法实践当中法官的自由裁量权过大，导致诸多案件立案不成或者难以立案的局面。为了使十八届四中全会《中共中央关于全面推进依法治国若干重大问题的决定》中决定采用立案登记制能够践行有效,2014 年 12 月 18 日由最高人民法院审判委员会第 1636 次会议通过,2015 年 1 月 30 日予以公布,自 2015 年 2 月 4 日起施行的《最高人民法院关于适用〈中华人民共和国民事诉讼法〉的解释》第二百零八条第一款,针对立案登记制在司法实践当中的操作做出了具体的规定:"人民法院接到当事人提交的民事起诉状时,对符合民事诉讼法第一百一十九条的规定,且不属于第一百二十四条规定情形的,应当登记立案;对当场不能判定是否符合起诉条件的,应当接收起诉材料,并出具注明收到日期的书面凭证。"第二款:"需要补充必要相关材料的,人民法院应当及时告知当事人。在补齐相关材料后,应当在七日内决定是否立案。"第三款:"立案后发现不符合起诉条件或者属于民事诉讼法第一百二十四条规定情形的,裁定驳回起诉。"

这是对立案程序的明确规定与完善。对老百姓而言,一定程度上更便于他们提起诉讼;对法官而言,该规定为其提供了诉讼的可能性;对司法体制而言,进一步完善了司法程序,为司法体制的改革又向前迈出了一步。

三、我国立案登记制是具有中国特色的立案程序

我国这次改用的立案登记制是建立在我国司法实践基础上的。受种种因素影响,我们一直采用的是立案审查制。随着社会的进步和司法环境的改善,立案审查制已逐步显露出其缺陷,主要表现在法院独立性不够,司法权威不足,法院系统内部考核方式不合理等方面,且没有有效的监督方式,当司法机关面临外部压力或者部门利益的权衡时,难免导致该制度适用发生扭曲。之前的立案审查制其实是将审判过程中的某些裁判权前移,在立案大厅里就有法官从实体和程序方面对案件进行初步审查后,对于那些符合起诉条件的案件予以立案,不符合起诉条件的裁定不予受理。立案作为审判程序的起点,直接决定哪些纠纷能够进入司法程序。而立案审查的限度已经突破了《民事诉讼法》对诉讼的形成的基本要求,在司法实践当中甚至出现了个别的以审查代替审判的倾向,仅仅通过法院一方的审查就对案件做出非正式结论,并以此为依据,决定纠纷是否应进入诉讼程序,这种立案审查审判化的本质,是法院立案庭对司法权的僭越。

如今的立案登记制正是为了解决现实生活当中出现的问题而实施的。若要真正的解决这些问题,就必须牢牢抓住这些问题的根源,要面对中国的现实与境况,有针对性的寻找解决方案。

四、此次改为立案登记制更多的是现实意义上的变革

在十八届四中全会之前,我们国家一直采用立案审查制,而立案审查制度设立之初衷是保障当事人的诉讼权利。为什么在执行中会异化至当前的窘境?究其原因,该制度是法院系统内部创设的,不可避免地受制于法院的部门利益;另外,随着我国经济社会发展,地方法院受理的民商事案件日益增多,许多案情重大、复杂,无论是本行政区域的案件还是跨行政区域的案件,有的地方部门或领导利用职权和关系插手案件处理,造成相关案件在法院不能得以顺利立案,不利于"公平正义"价值的实现,同时也阻碍了司法工作的顺利进行。

于是立案登记制在全面深化司法体制改革中应运而生,其肩负着全面推进司法改革的历史重任。无论是针对我国现实状况而言,还是顺应世界发展潮流,立案登记制都是正面积极的动向。这对我国人民法院排除其他因素干涉,保证司法公正有着很大的保障,是解决"立案难"问题的一大法宝。

十八届四中全会的《中共中央关于全面推进依法治国若干重大问题的决定》特别注重司法体制改革,并涉及了诸多方面的改革措施。个人认为,这次所谈及的将立案审查制改为立案登记制,在学术上是存在着区别的,但就司法实践而言并未发生根本性的变化,更多的则是在实践操作中为百姓、为法院有了更为规范和详细的指导,重点解决的是"百姓告状无门""立案难"的现实问题,具有完善立案程序的意义。但与此同时,这也是我们国家司法体制改革迈出的重要一步,具有里程碑意义。作为法律工作者,我们希望看到立案登记制得到完全的贯彻和实施,这将是检验司法改革成效的一块试金石。我们相信随着立案登记制的实施,"立案难"将成为历史。

(本文刊于 2015 年 10 月 19 日《宜兴日报》)

首部《旅游法》的亮点有哪些？

读者王某：我国首部《旅游法》于去年 10 月 1 日起施行，作为消费者，首先想到的是它能给我带来什么样的帮助？这部新的法律亮点有哪些？请储云南律师为我们讲解一下。

储云南律师：在《旅游法》的酝酿过程中，中国旅游业经历了一个不平凡的发展历程。2012 年中国旅游业分析报告显示，2012 年旅游业总收入为 2.57 万亿元，同比增长 14％。但是与高速发展的旅游业相对比，旅游市场中的一些市场秩序混乱的问题悬而未决，游客满意度不高，而我国一直没有一个针对旅游业的基本法，以前实施的《导游人员管理条例》《出国人员管理办法》等行政法规已远远不能满足市场发展的需要，市场规范亟须一部层次更高的法律进行调整和规范。《旅游法》的出台解决了旅游市场秩序实际工作中"无法可依"的难题。依法治旅，市场秩序有望更加规范。

在这部法律中，对于消费者来说有三大亮点，让消费者看到希望所在，因为这三大亮点不仅直指旅行社的痛楚，更是从根本上开出药方，提振了监管部门勇于整治旅游市场乱象的信心。这三大亮点分别是：**不得安排购物、取消自费项目、不得索要小费**。尽管看似很微小，但却能够真正遏制旅游市场的不正之风。

读者夏某：在以往的旅游中，常听到导游强制购物，从而与游客发生纠纷的事件。《旅游法》对这一现象是怎么规定的？

案情回访：2010 年 7 月 18 日，12 名南京游客踏上了南京中旅组织的港澳五日游旅途。

这个团是从广州坐广九铁路出关。前四天,在香港澳门玩得还算开心。7月22日返回南京,按照行程安排,从珠海拱北关口出关,要在珠海逗留几个小时,到达珠海后,当地一位姓吴的女导游在旅游车上建议把百货公司的行程改为珠宝店。

去珠宝店的路上,导游卖力地向游客推销一种含有冬虫夏草的香烟,称能提神醒脑,外面买不到。看在大家同游的"缘分"上,便宜大家,一人可以买一条,才300块,还送一包。游客不肯买,原本还和蔼温柔的女导游突然"变脸",生气地说:"今天这个烟我是一定要卖出去的。"一听这句话,团友们更加不愿意买了。气氛顿时很僵,一位女游客想缓解下气氛,就买了一包。此时,珠宝店到了,女导游表示:"先下车买珠宝,香烟再考虑一下。"

这家珠宝店看上去就很破,游客觉得东西一看就太假了,没买就都上车了。吴导游板起脸称,不买珠宝无所谓,但香烟必须要买,那是旅行社给她的任务。并威胁说要是不买,就把他们丢在一个荒无人烟的地方,让游客自己找车去机场。

看看威胁也没用,吴导游玩真的了,让司机在郊区一处农庄门口停车,把所有的游客赶下车,骂游客都是"穷光蛋""骗子",宣称"我们就是强买强卖""你们的车费餐费都是我付的",言辞激烈。双方对峙1小时之后,最终是司机看不下去,才出面将游客送到广州白云机场,但还一度遭导游阻拦和谩骂。

游客回来之后,将导游骂人的这段视频放到网上。这个《珠海女导游谩骂南京游客———一包香烟引发的血案》的网络帖子立刻引起广泛关注。而此前,香港女导游阿珍骂内地游客购物不够多的视频,也已经在网上疯传了一段时日,一连串导游强迫内地客购物事件的发生,严重影响港澳游的名声。据了解,这个团的报价仅1480元,调查中发现,南京组团社只向地接社深圳康辉支付了每人450元地接费,远远低于这一旅游团的接待和服务成本,也就是典型的"零负团费"团。

在旅行中,最不愿意出现的一幕无疑就是导游安排的购物,甚至是强制购物,因为在这个项目,导游可以依据游客的购买金额获得不菲的提成。这就促使导游刻意安排各种购物项目,这不仅让游客反感,更直接损害游客的利益,因为并非所有的人都需要购物。尤其是一旦出现强制购物之后,游客的权益更是大打折扣。对此,《旅游法》规定:"旅行社不得指定具体购物场所,不得安排旅游者购物。"行程表里仅应有每日旅行线路、景点、交通、住宿。此外,旅行社在行程中都会留出半天或者一天自由活动时间,若是游客有购物需求,可自愿前往。

读者蒋某:那《旅游法》对强制购物的行为法律是怎么规定的?

储云南律师:《旅游法》第三十五条明确规定旅行社不得以不合理的低价组织旅游活动,诱骗旅游者,并通过安排购物或者另行付费旅游项目获取回扣等不正当利益。

旅行社组织、接待旅游者,不得指定具体购物场所,不得安排另行付费旅游项目。但是,经双方协商一致或者旅游者要求,且不影响其他旅游者行程安排的除外。

发生违反前两款规定情形的,旅游者有权在旅游行程结束后三十日内,要求旅行社为其办理退货并先行垫付退货货款,或者退还另行付费旅游项目的费用。

《旅游法》第九十八条:"旅行社违反本法第三十五条规定的,由旅游主管部门责令改正,没收违法所得,责令停业整顿,并处三万元以上三十万元以下罚款;违法所得三十万元以上的,并处违法所得一倍以上五倍以下罚款;情节严重的,吊销旅行社业务经营许可证;对直接负责的主管人员和其他直接责任人员,没收违法所得,处二千元以上二万元以下罚款,并暂扣或者吊销导游证、领队证。"

读者郑某：储云南律师，新《旅游法》规定的取消自费项目是怎么规定的？

储云南律师：这正是我要讲的第二个旅游法规定的亮点。"**取消自费项目**"将旅行价格更加直观透明化，让游客们放心消费。

由于在以往的旅游市场中，在合同中都或多或少存在自费项目，这些项目的存在本身就是一个陷阱。对于一个旅行团的人来说，参加与不参加都是一个问题。参加的话就会付出更多的金钱，不参加的话，导游的脸色就会不好看。而《旅游法》规定："旅行社不得安排另行付费旅游项目。"以往游客报名低价团，旅行社为了降低团费，连一些必去的景点都改成自费项目。10 月 1 日之后，这些"必去"的景点全部含在团费中，游客不用再掏一分钱。这样的规定，将团费更加直观而透明化，可以让游客放心消费，不再顾及导游的脸色。

《旅游法》第三十五条规定："旅行社组织、接待旅游者，不得指定具体购物场所，不得安排另行付费旅游项目。但是，经双方协商一致或者旅游者要求，且不影响其他旅游者行程安排的除外。"

发生违反前两款规定情形的，旅游者有权在旅游行程结束后三十日内，要求旅行社为其办理退货并先行垫付退货货款，或者退还另行付费旅游项目的费用。

读者葛某：对于旅客来说，第三个亮点是什么？

储云南律师：最后，"不得索要小费"更是将旅游市场的黑手切断。

因为小费本不应该向游客索取，导游的费用原本就应该旅行社支付，再次索取小费属于额外收益，也是不合理的。所以，《旅游法》规定，"导游和领队禁止向旅游者索取小费"。在新版旅游合同中，团费里将包含境外小费、导游、领队服务费、境外交通服务费，并标注了每日价格，以及共交付几天的小费。取消小费，当然并不是意味着小费瞬间就自动消失，这必须依靠消费者在旅行的过程中发现问题及时纠正，向相关部门举报违法行为。因为小费的索取有着更多的隐蔽性，如果缺乏游客的监督，将会成为没有约束力的条款。

读者董某：储云南律师，除了这三点以外，还有没有在《旅游法》中与游客关系相近的条款？

储云南律师：另外在组团旅游中未达的人数的，旅游团也可以解除合同，而不承担违约责任的条款，这也从实际出发保护旅行社的合法权益。《旅游法》第六十三条规定："旅行社招徕旅游者组团旅游，因未达到约定人数不能出团的，组团社可以解除合同。但是，境内旅游应当至少提前七日通知旅游者，出境旅游应当至少提前三十日通知旅游者。

"因未达到约定人数不能出团的，组团社经征得旅游者书面同意，可以委托其他旅行社履行合同。组团社对旅游者承担责任，受委托的旅行社对组团社承担责任。旅游者不同意的，可以解除合同。"

"因未达到约定的成团人数解除合同的，组团社应当向旅游者退还已收取的全部费用。"

第六十四条："旅游行程开始前，旅游者可以将包价旅游合同中自身的权利义务转让给第三人，旅行社没有正当理由的不得拒绝，因此增加的费用由旅游者和第三人承担。"

第六十五条："旅游行程结束前，旅游者解除合同的，组团社应当在扣除必要的费用后，将余款退还旅游者。"

当然，这仅仅是首部《旅游法》中的三大亮点而已，从立法的目的上看，这是一部规范旅游市场业务操作流程的法律，对于旅游市场的各种乱象必须有所涉及，而最终的落脚点无疑是作为旅游消费者的权益。对于消费者来说，他们希望获得的无非就是在旅游过程中的质量和体验，而质量和体验的保证必须有《旅游法》的护航。唯有如此，才能杜绝各种违规现象，整治旅游市场的不规范状况，在规范旅游行业的过程中为我国旅游经济的健康和谐发展插上腾飞的翅膀。

（本文刊于 2014 年 6 月 30 日《宜兴日报》）

新修订的《消费者权益保护法》亮点解读

新修订的《中华人民共和国消费者权益保护法》(以下简称新《消法》)已于今年3月15日正式实施。相较于之前的《消法》,新《消法》涉及面更广,对网络购物、公益诉讼、惩罚性赔偿等有关消费者权益保护方面的热点问题作了明确规定,加大了侵权商家的处罚力度,还降低了消费者的维权成本,大大增强了消费者权益保障力度,可谓有显著突破。以下便以案例的形式对该法的五个亮点进行解读。

亮点一:赋予网购者七日"后悔权"

网购现已成为人们购物的主要方式,"双十一""双十二"促销活动更是将网购推向高潮。然而网购的虚拟性导致消费者往往接收到不准确的信息,因为商家很可能为了销量放大了商品的优势而隐瞒了商品的负面信息,消费者因而蒙受损失。新《消法》针对这个问题赋予了消费者7天的"反悔权":新《消法》第二十五条规定,经营者采用网络、电视、电话、邮购等方式销售商品,除了特殊情况,消费者有权自收到商品之日起七日内退货,且无须说明理由,但消费者需要为"反悔"埋单,承担退货运费。据此,新《消法》实施后,便捷有效地维护了消费者权益。

不过,七天无理由退货也并非无条件。首先,退回商品的费用若无特殊情况,须由消费者承担。其次,对适用范围有限制,消费者定做的、鲜活易腐的、在线下载或者消费者拆封的音像制品、计算机软件等数字化商品与交付的报纸、期刊或者其他根据商品性质并经消费者在购买时确认不宜退货的商品,不适用无理由退货。最后,消费者直接到商场购买的物品也不适用该条规定。

亮点二：实行举证责任倒置

新《消法》第二十三条第三款规定："经营者提供的机动车、计算机、电视机、电冰箱、空调器、洗衣机等耐用商品或者装饰装修等服务，消费者自接受商品或者服务之日起六个月内发现瑕疵，发生争议的，由经营者承担有关瑕疵的举证责任。"此举将消费者"拿证据维权"转换为经营者"自证清白"，实行举证责任倒置，这就减轻了消费者举证责任，解决了消费者维权难、维权成本高的问题，避免了鉴定难、成本高、不专业等难题。

亮点三：精神损害赔偿入法

新《消法》第五十一条规定："经营者有侮辱诽谤、搜查身体、侵犯人身自由等侵害消费者或者其他受害人人身权益的行为，造成严重精神损害的，受害人可以要求精神损害赔偿。"新《消法》生效后，将保护圈从单一的物质损失扩大到包含精神损害，体现出人权保护。市民若在消费过程中遇到此类问题一定要学会拿起法律武器保护自己的合法权益，要及时报警或向有关部门投诉。

亮点四：消协可提起公益诉讼

近年来，侵犯消费者权益的群体性消费事件不断涌现，对于消费纠纷数额较小的事件，相当多的消费者在衡量维权成本后不愿意维权。新《消法》在消费者协会身份、职能等方面也进行了修改，明确中国消费者协会和在省、自治区、直辖市设立的消费者协会可针对"侵害众多消费者合法权益"的行为提起公益诉讼，该规定明确赋予消费者协会消费类公益诉讼的主体地位，进一步充实了消协的维权职责，实现与民事诉讼法有关公益诉讼制度的无缝连接，有助于降低消费者的维权成本，扩大消费维权效果。

亮点五：商家销售假冒产品将记入信用档案

新《消法》第五十六条规定了10类违法情形应当记入信用档案并

向社会公布,其中明确规定"黑店家"将上黑榜公之于众,这样不仅会影响这些店家的口碑和形象,还影响其未来一些行政许可手续的办理,就如同对个人来讲十分重要的信用记录一样,这就给商家无形中的压力,使其有所忌惮,一定程度上可以减少商家销售假冒伪劣产品的现象。

（本文刊于 2014 年 4 月 3 日《宜兴日报》）

六、婚姻家庭

"借腹生子费"能否认定为夫妻共同债务？

案例：王某（男）与张某（女）于 2005 年登记结婚，婚后二人生育一女，因王某受其母亲重男轻女思想影响而想生一儿子，故与张某再次生育，结果张某还是生了女儿。于是，王某在外找了小三赵某与其发生不正当关系，并于 2010 年生下一男孩。张某发现后与王某吵闹，后经公安机关调解，张某同意将王某与小三赵某所生之子领回家中抚养。然而，2013 年 2 月，赵某找到王某，要王某出 10 万元"借腹生子费"，王某于是向其朋友借款 10 万元于同年 4 月份支付给了赵某。2013 年 6 月份，张某因与王某感情不和，向法院提起诉讼要求法院判决二人离婚。诉讼过程中，王某提出向其朋友借取的 10 万元"借腹生子费"属夫妻共同债务，应当由二人共同承担，张某对此提出异议。

法院判决：法院经审理后认为，夫妻共同债务必须满足两个基本特征，一是这笔债务必须产生于夫妻双方婚姻关系存续期间；二是这债务须用于夫妻共同生活或共同生产、经营活动。王某向其朋友所借的这 10 万元，虽然发生在夫妻双方婚姻关系存续期间，但是这笔债务并不是用于夫妻共同生活或生产、经营的。另外，王某与赵某发生不正当关系的行为有违道德，其本身就是对家庭的一种伤害，假如把支付赵某的 10 万元"借腹生子费"认定为王、张二人的夫妻共同债务，有违《婚姻法》的宗旨。综上所述，法院认定这 10 万元属于王某的个人债务，由王某个人独自偿还。

储云南律师点评：夫妻共同债务是指为满足夫妻共同生活需要所负的债务。夫妻共同生活所负的债务，是指夫妻为了维持正常的家庭共同生活包括家庭的衣、食、住、行和教育等方面所负的债务。在日常生活中，主要包括：购置家庭生活用品所负债务；购买、装修、共同居住的住房所负的债务，夫妻一方或双方为治疗疾病支付医疗费用所负的债务。从事对方同意的文化教育、文娱体育活动所负的债务，婚前一方为购置住房等已转化为夫妻共同财产的财物而负担的债务（按揭贷款），以及其他发生在日常生活中的应由双方共同负担的债务。

王某问朋友借取的10万元"借腹生子费"并未用于夫妻共同生活，也没有用于共同生产、经营活动，且王某的行为违反伦理道德，对张某造成精神损害，可据此认定此债务是王某的个人债务。

（本文刊于 2014 年 12 月 23 日《宜兴日报》）

遭遇家庭暴力该如何维权

新庄街道王女士问：您好,储云南律师！我跟我老伴在家经常遭到儿子的打骂,儿子对我老伴拳打脚踢,有一次打得我老伴双侧肋骨骨折,我们老夫妻俩已经受够了这样昏天黑地的日子。请问储云南律师,像我们这样的情况该怎么保护自己的权益？

储云南律师答：你和你老伴所遭遇的这种情况属于典型的家庭暴力。近年来,家庭暴力问题层出不穷,严重伤害了家庭成员的身心健康,甚至演变成为多起令人触目惊心的恶性案件。而因为受"家丑不可外扬""疏不间亲"等传统观念的影响,很多受害者选择忍气吞声,这也加剧了家庭暴力事件层出不穷的趋势。

随着我国对家庭暴力的关注程度越来越高,2015 年 3 月 4 日,最高人民法院、最高人民检察院、公安部、司法部四个部门联合出台了《关于依法办理家庭暴力犯罪案件的意见》,该意见加大了对受害者的保护力度,给予众多家庭暴力的受害人以法律武器,使其有能力捍卫自己的人身权益。

那么到底什么是家庭暴力呢？《婚姻法解释(一)》第一条界定"家庭暴力"是行为人以殴打、捆绑、残害、强行限制人身自由或者其他手段给其家庭成员的身体、精神等方面造成一定的伤害后果的行为。

当不幸遭遇家庭暴力,该如何维权？家庭暴力的受害人首先应当尽力保护自己的人身安全,并积极向外界寻求帮助,如立即拨打110,或向居委会、村委会及所在单位反映情况;同时应当注意固定证据,如:

1. 发生家庭暴力时,受害人请居民委员会、村民委员会、妇联组织、所在单位、组织进行制止、劝阻、调解,相应机构制作的书面材料可以作为证据使用;2. 报警时公安机关的出警记录、询问笔录等,一般情况下能记录事件发生的时间、地点、当事人、前因后果、损害程度等;3. 邻居和亲戚朋友的证人证言也是佐证家庭暴力的有力证据,该类证据需要和其他证据结合形成一个完整的证据链;4. 加害方承认家庭暴力的录音、聊天记录等间接证据,可与其他证据相互印证;5. 加害人在事后向受害人出具的《悔过书》《保证书》等书面资料;6. 受害人在遭受家庭暴力行为伤害后前往医院就诊的医疗记录、病历、照片、伤残鉴定报告等。对于构成轻微伤的,可以要求公安机关给予加害方治安管理处罚,如警告、罚款、拘留等。对于已构成犯罪的家庭暴力行为,被害人可以依照刑事诉讼法的有关规定,向人民法院提起自诉,对于暴力致被害人重伤、死亡的,被害人近亲属可以向公安机关报案,公安机关依法审查后由人民检察院提起公诉。

针对家庭暴力行为,除《刑法》《刑事诉讼法》规定的刑事处罚措施外,《关于依法办理家庭暴力犯罪案件的意见》不仅明确了虐待罪、遗弃罪等罪名的定罪标准,还规定了一些预防措施。1. 禁止令,人民法院对实施家庭暴力构成犯罪被判处管制或者宣告缓刑的犯罪分子,为了确保被害人及其子女和特定亲属的人身安全,可依法禁止犯罪分子再次实施家庭暴力,侵扰被害人的生活、工作、学习,进行酗酒、赌博等活动;经被害人申请且有必要的,禁止接近被害人及其未成年子女。2. 告知申请撤销施暴人的监护资格。监护人实施家庭暴力,严重侵害被监护人合法权益的,被监护人及其他有监护资格的人,可以向法院申请撤销监护人的监护资格,依法另行指定监护人。3. 社区矫正。对因实施家庭暴力构成犯罪被判处管制、宣告缓刑、假释或者暂予监外执行的犯罪分子,社区矫正机构应当依法开展家庭暴力行为矫治,通过制定有针对性的监管、教育和帮助措施,矫正犯罪分子的施暴心理和行为恶习等。

　　热爱生命,珍惜权利,反对家暴。

(本文刊于 2015 年 5 月 20 日《宜兴日报》)

夫妻共同债务必须区别对待

——关于《婚姻法司法解释二》第二十四条新增条款话题律师访谈录

　　自《婚姻法司法解释二》第二十四条实施以来一直备受争议，不仅批判此条的学术论文众多，而且实际生活中也出现众多的无辜负债配偶，特别是女性同胞居多，据此还自发形成了《婚姻法司法解释二》第二十四条受害者联盟维权团体，并不断发声，力求推动对婚姻法解释二第二十四条的修改。

　　2017 年 2 月 28 日，最高人民法院发布了《最高人民法院关于适用〈中华人民共和国婚姻法〉若干问题的解释（二）的补充规定》，该规定对《婚姻法司法解释二》第二十四条作出了如下补充修改：

　　在《最高人民法院关于适用〈中华人民共和国婚姻法〉若干问题的解释（二）》第二十四条的基础上增加两款，分别作为该条第二款和第三款：

　　"夫妻一方与第三人串通，虚构债务，第三人主张权利的，人民法院不予支持。"

　　"夫妻一方在从事赌博、吸毒等违法犯罪活动中所负债务，第三人主张权利的，人民法院不予支持。"

　　也就是说，夫妻配偶一方因赌债、吸毒等违法犯罪所负债务和夫妻一方与债权人串通虚构的债务将不再推定为夫妻共同债务，对于债权人请求由夫妻配偶共同承担的人民法院也将不再支持，夫妻另一方配偶以后也不再因此类债务而承担偿付义务了。

　　近日，储云南律师接受记者采访，就新增的两款条文及相关问题作了解读。

记者：最高人民法院为什么要出台《最高人民法院关于适用〈中华人民共和国婚姻法〉若干问题的解释（二）的补充规定》和《最高人民法院关于依法妥善处理涉及夫妻债务案件有关问题的通知》（下简称《通知》）？

储云南律师答：近年来，公众持续关注《婚姻法司法解释二》第二十四条的适用问题，对此条文存在不同解读。有观点主张修改、暂停适用甚至废止该条规定，理由主要是：该条规定与婚姻法精神相悖，过分保护债权人利益，损害了未举债配偶一方利益。

最高人民法院也陆续接到一些反映，认为该条规定剥夺了不知情配偶一方合法权益，让高利贷、赌博、非法集资、非法经营、吸毒等违法犯罪行为形成的债务冠以夫妻共同债务名义，判由不知情配偶承担，甚至夫妻一方利用该条规定勾结第三方，侵害另一方利益等，有损社会道德，与婚姻法精神相悖，造成不良社会影响。

现实生活中，个体婚姻家庭情况千差万别，主张修改、暂停适用或者废止第二十四条观点所列举的情况，如有的离婚案件当事人置夫妻忠实义务、诚信原则于不顾，虚构债务或为赌博、吸毒、非法集资、高利贷、包养情妇等目的恶意举债确实存在。但是，这些确为虚假的债务和在实施违法犯罪行为时产生的非法债务，历来不受任何法律保护，不属于第二十四条适用范围，不能依据此条款判令夫妻另一方共同承担责任。至于现实中适用第二十四条判令夫妻另一方共同承担虚假债务、非法债务的极端个例，也是因为极少数法官审理案件时未查明债务性质所致，与第二十四条本身的规范目的无关。

因此，司法审判中未严格依法处理案件，出现的判令夫妻一方承担虚假债务或非法债务的情形，需要人民法院进一步改进司法作风，提高司法能力和水平。

当然，审判中还有个别受案法院在夫妻另一方未能提出反证的情形下，就简单将上述虚假债务、非法债务直接认定为夫妻共同债务。其至在执行阶段不当适用第二十四条认定夫妻共同债务,将夫妻另一方直接追加为被执行人。这显然与第二十四条作为司法审判标准、不适用于执行阶段的基本属性不一致。这不但可能侵害夫妻另一方的合法权益,而且还可能造成社会公众的误解,产生不良社会影响。

鉴于目前社会对夫妻债务问题的广泛关注,最高人民法院经过认真研究,决定出台《最高人民法院关于适用〈中华人民共和国婚姻法〉若干问题的解释(二)的补充规定》,补充增加了两款规定,分别作出了对虚假债务、非法债务不受法律保护的规定。这既进一步表明了最高人民法院对虚假债务、非法债务否定性评价的鲜明立场,也是针对当前婚姻家庭领域新情况、新问题的最新回应。此外,为了指导各级法院正确适用补充规定,最高人民法院同时下发了《通知》。

记者:实务中,夫妻一方与第三人串通,通过生效判决或调解书对虚假夫妻共同债务加以确认的情形不时发生。这次是否提出了有针对性的要求?

储云南律师答:"第二十四条让虚假夫妻共同债务由夫妻另一方负担,损害夫妻另一方合法权益"是不赞成此条款的诸多理由中的一条。但该理由忽视了第二十四条适用的前提是"真实债务"。如果债务不真实,就不存在适用这条的可能。

之所以个案中存在适用第二十四条后,虚假债务被认定为夫妻共同债务的情形,主要是因为个别法官对债务是否虚假未依法从严审查,其中重要原因就是当事人、证人不到庭参加诉讼。由于此类诉讼中所涉债权根本就不存在,故当事人、证人因害怕其虚构债务行为败露,往往不敢亲自参加诉讼。

为此,我国民诉法司法解释明确规定当事人本人、证人应当到庭并出具保证书,通过对其进行庭审调查、询问,进一步核实债务是否真实。未举债夫妻一方如果不能提供证据证明债务为虚假债务,但能够提供相关证据线索的,人民法院应当根据当事人的申请进行调查取证。与此同时,在《通知》中还明确要求,人民法院未经审判不得要求未举债夫妻一方承担民事责任。

记者:某些个案中还存在国内少数法院只是简单核对双方当事人诉辩主张和相应证据,就根据表面证据或单个证据作出将虚假债务认定为夫妻共同债务的判决情形。请问,这有没有较好的解决途径?

储云南律师答:由于结案压力、工作责任心等主客观因素影响,个别法官确实存在简单、机械处理夫妻共同债务案件现象。但必须指出的是,简单机械处理夫妻共同债务,是司法审判亟须改进的方面。为此,最高人民法院在《通知》中明确提出要求,在认定夫妻一方所负债务是否为夫妻共同债务时,应注意根据民间借贷司法解释规定的诸多因素进行综合判断。

具体来说,要结合借贷双方之间是否存在亲朋好友、同事等利害关系,经合法传唤是否到庭参加诉讼,借贷金额大小与出借人经济能力是否匹配,债权凭证是否原件及其内容是否一致,款项交付方式、地点和时间是否符合日常生活经验、当地或者当事人之间的交易习惯,借贷发生前后当事人财产变动情况以及当事人陈述、证人证言等事实和因素,判断债务是否发生。《通知》强调要坚决避免仅凭借条、借据等债权凭证就认定存在债务的简单做法。

记者:从以往虚构夫妻共同债务案件情况看,夫妻中举债一方经常会主动承认债务真实存在,而夫妻另一方虽否认却无从证明。对此有无相应对策?

储云南律师答:这种情形确实存在。由于夫妻共同生活和生产经营的需要,夫妻一方对外举债实属正常。基于各种原因,夫妻举债一方未告知另一方某项特定举债也在所难免。而要求夫妻另一方事后证明特定债务没有发生,即证明未发生的事实,这对夫妻另一方而言,未免要求苛刻。

为了缓解夫妻另一方的举证困难,最高人民法院在《通知》中提出,在举债一方的自认出现前后矛盾或无法提供其他证据加以印证时，人民法院应主动依职权对自认的真实性做进一步审查。例如，夫妻一方对另一方对外举债真实性持异议的，可以申请法院对相关银行账户进行调查取证。

（本文刊于 2017 年 4 月 24 日《宜兴日报》）

妇女遭受家庭暴力该如何自我保护

宜城街道张女士问：倪律师，您好！我是一名普通的家庭主妇，近来丈夫的生意做得不顺利，回来后总拿我撒气，对我任意打骂，喝了酒后更是肆无忌惮。我之前总是忍着，想想自己不赚钱，靠他养着，就将就一下吧。可是现在他脾气越来越暴躁，变本加厉，我实在是有点受不了了，请问倪律师，我该怎么办？

倪荣律师：现今家庭暴力不仅仅是家庭成员之间的私事，已成为一个全球性的社会问题，受到世界各国的广泛关注。尤其是妇女遭受家庭暴力的情况最为普遍，事态最为严重，极大地损害了妇女的合法权益，让妇女在身体上和心理上都承受了巨大的伤痛。在我国现行的法律中，对于妇女权利的保护也是多方面的。《婚姻法》《妇女权益保护法》和《关于人民法院审理离婚案件处理财产分割问题的若干具体意见》等法律法规都对妇女权益的保护作出了明确规定。

对于张女士的情况，您可以有多种解决途径：可以向家庭里比较有威望的长辈亲戚求助，让他们出面主持调解，通过家庭内部能解决纠纷当然是最理想的方式；如果还不能解决问题，您也可向居民委员会、当地的妇联组织等社会机构求助，请他们主持调解工作和说服教育。倘若家暴问题还是很严重，则可选择向公安机关报案或者向人民法院提起诉讼。我们不提倡一有小问题就起诉或者向公安机关报案，但是保障妇女权益也是我们司法工作者的社会责任之一。

对于家庭暴力这一行为，施暴者根据其给受害人造成损害的不同程度承担着不同的法律责任。在民事责任上，因家庭暴力导致离婚的，有过错的一方应负损害赔偿责任,包括财产损害赔偿和精神损害赔偿。在行政责任上,情节较轻,造成轻微伤害的,可以由公安机关按照《治安管理处罚条例》,对施暴者作出警告、罚款甚至拘留等行政处罚措施。在刑事责任上,若施暴者给妇女的人身权利造成了严重的损害后果的,就可能构成犯罪,这就需要追究其刑事责任。

（本文刊于 2013 年 3 月 6 日《宜兴日报》）

关于夫妻离婚时有出轨证据
一方能否多分财产

在这个充满诱惑与欲望的社会里,婚姻中一方出轨的现象早已屡见不鲜,为此离婚的事件也不在少数。同时,随着社会的进步,人们的法律意识也逐步增强。因此,群众对离婚时的夫妻共有财产,特别是一方出轨后如何分割也愈加关注。

民法注重意思自治。离婚时夫妻共同财产由双方协议处理,协议不成的,才由法院依照照顾子女和女方权益的原则判决。离婚时,一方有隐匿、变卖、毁损共同财产或企图侵害另一方财产权益的,对有过错的一方,法院可以判决其少分或者不分。如果是在离婚之后才发现上述行为的,可起诉要求再次分割共同财产。注意,这项权利主张是有诉讼时效的限制的,须从发现这些现象存在之次日起算,两年内提出。此前约定夫妻财产分别所有制,一方因抚育子女、照顾老人、协助另一方工作付出较多义务的,离婚时有权请求另一方予以补偿。离婚时一方生活困难,即依靠个人财产和离婚时分得的财产无法维持当地基本生活水平,或无住处的,有权请求另一方从个人财产中给予适当帮助。帮助的形式可以是金钱、财物,也可以是房屋的居住权、所有权。

离婚损害赔偿的金额具体要由三个因素来确定。

一、法定因素:过错方的过错程度。离婚精神损害行为中的过错包括故意和过失,其中过失包括推定过失的情形。根据过错方的过错程度来确定赔偿的数额,过错与责任呈正相关关系,所以故意侵权造成的法益损害要比过失侵权造成的法益损害要大,因此对故意侵权的赔偿额应大于过失侵权的赔偿额。需要注意的是,在判断过错方的过错时,不仅仅从过错方的主观状态来考察,而主要从行为的过错性质来认定。所以,除特殊情况外,导致行为过错的主观原因,不应作为减免责任的法律依据,法官的审理重点应是法定过错行为,侵害行为具体包括过错方侵害的手段、场合、行为方式等具体情节。根据侵害行为的具体情节可以确定损害事实的大小,从而为确定具体赔偿额提供依据。损害结果的严重程度。这是确定离婚精神损害赔偿的主要依据。根据损害后果的轻重,可确定赔偿责任和赔偿数额的大小。侵权行为所产生的影响,亦可作为确定赔偿责任大小的影响。这种结果包括受害人的精神状态、健康状况以及造成的社会影响。过错方承担责任的经济能力。如果过错方的经济能力不足以承担赔偿或赔偿能力有限,那么应适当减少赔偿的数额。

二、酌定因素:加害人的具体情况。所谓加害人的具体情况就是要考虑加害人的社会地位、社会影响能力等。在实际生活中,导致离婚的过错方多是一些在经济上具有明显优势、社会地位较高的"成功人士",往往引起的社会影响也较大,所以也有必要对加害人的情况进行分析,以酌定具体的赔偿数额。受害人的具体情况。受害人的具体情况主要是指受害人的社会地位、谋生能力、年龄、健康状况和经济来源等情况。在《最高人民法院关于确定民事侵权精神损害赔偿责任若干问题的解释》中,明确了要考虑侵害人的经济能力,但在司法实践也应考虑到受害人的经济能力。如果受害人的经济状况较差,也应适当提高赔偿的标准。同时,还应考虑到受害人在这一过程中,是否有过错以及过错的大小、当地平均生活水平。如前所述,我国各地生活水平不平均,差异较为明显,对离婚精神损害赔偿数额的确定也有一定的影响。法官应充分地考虑当地的平均生活水平,并结合其他因素确定最终的赔偿数额。加害人的事后态度。由于离婚往往是由众多社会因素所导致,不能一味地局限于表面的原因。所以,在确定赔偿数额时,要考虑到加害人的事后态度。如果加害人事后认错态度较好,或者受害人谅解了加害人，这些情况也成为影响赔偿数额的原因。

三、其他情况：离婚精神损害赔偿的前提是婚姻关系的结束，那么，由此会产生子女抚养、家庭财产的分割等问题。所以，在具体确定精神损害赔偿数额时，还应考虑到其他情况，比如：夫妻用于家庭劳动和子女抚养、教育上的时间和费用等因素。

通常婚外情的证据，分为三大类。

一是一般婚外情相关证据。包括一般的婚外性行为、婚外恋；

二是《婚姻法》说的"有配偶者与其他异性同居"的婚外情证据；

三是涉及重婚罪的婚外情证据。我国现行法律认为，婚外情的过错与离婚时候的夫妻共同财产的分割并无因果关系。换言之，即使取得对方婚外情证据，对于离婚财产分割的影响不大。通常情形下，夫妻离婚时候，法院进行财产分割的总原则是按照均等分割原则、按照照顾妇女、儿童的原则，照顾无过错方和生活困难的一方的原则。如果取得对方婚外情证据，也只能是作为法官酌情考虑的一点，但是并不必然对夫妻财产分割产生重大影响。有很多当事人不顾一切，甚至付出巨大代价去取得对方婚外情证据，以期待在离婚时候可以多分到夫妻共同财产，其实是对法律的误解。

然而取得婚外情的证据并不是完全没用。如果是前面所说的第二类、第三类婚外情，那么法院可基于此判决离婚，并且无过错方有权力据此要求对方给付离婚的精神损害赔偿。

（本文刊于 2017 年 1 月 10 日《宜兴日报》）

家庭暴力是"110"出警范围

周铁的张女士问：储云南律师，我生性软弱，结婚三年以来，丈夫经常酒后打我，造成我身上到处是伤，可我为了顾全大局，不敢报案。前几天他甚至把我的肋骨打断了，这次我决定寻求法律帮助，请问储云南律师，我该怎么办？

储云南律师答：根据相关法律规定，家庭暴力是指行为人以殴打、捆绑、残害强行限制人身自由或者其他手段，给其家庭成员的身体精神等方面造成一定伤害后果的行为。持续性、经常性的家庭暴力，构成虐待。在社会实践中，家庭暴力的受害对象多数是妻子、儿童、老人，少数情况下也有丈夫。家庭暴力是封建社会遗留的顽疾。随着社会文明程度增加，家庭暴力明显减少，但是仍然有少数家庭存在家庭暴力问题，在我国落后地区甚至还很严重。

全国妇联、中宣部、最高人民检察院、公安部、司法部等联合发布《关于预防和制止家庭暴力的若干意见》中规定：公安机关应当设立家庭暴力案件投诉点，将家庭暴力报警纳入110出警工作范围，并按照《110接处警规则》的有关规定对家庭暴力求助投诉及时进行处理。公安机关对构成违反治安管理规定或构成刑事犯罪的，应当依法受理或议案，及时查处。公安机关受理家庭暴力案件后，应当及时依法组织对家庭暴力案件受害人的伤情进行鉴定，为正确处理案件提供依据。对违反治安管理规定的，依据《中华人民共和国治安管理处罚法》予以处罚；对构成犯罪的，依法立案侦查，做好调查取证工作，追究其刑事责任。由此可见，法律对家庭暴力的保护还是非常有力的。

夫妻之间的家庭暴力：我国《婚姻法》第三十二条明确将家庭暴力作为法定离婚的理由之一。并且根据《婚姻法》第四十六条规定，实施家庭暴力导致离婚的，无过错方有权请求损害赔偿，包括财产损害赔偿和精神损害赔偿。无过错方因遭受家庭暴力而支付的医药费、误工费、护理费等应由过错方赔偿，过错方造成无过错方残疾的，还应负责无过错方残疾补偿金等。从民事法律关系来说，受暴者是无过错方，施暴者是过错方。此外，过错方还应向无过错方支付精神损害赔偿金。

家庭暴力构成犯罪的，被害人可以在提起刑事诉讼时附带要求损害赔偿，也可以单独提起民事诉讼。当然家庭暴力不仅仅发生在夫妻之间，其他家庭成员之间也会发生。

根据我国《治安管理处罚法》第四十三条规定，殴打他人的，或者故意伤害他人身体的，处五日以上十日以下拘留，并处二百元以上五百元以下罚款。该条规定具有广泛性，不管是妇女、儿童、老人、男人遭受家庭暴力皆可以要求公安机关依法处理，而且，夫妻之间，存在家庭暴力并要求公安机关处理，并不以离婚为前提。

严重的家庭暴力可能会构成刑法中的虐待罪、侮辱罪、故意伤害罪等犯罪，施暴者依法需要承担刑事责任。

根据《婚姻法》第四十五条的规定，对实施家庭暴力构成犯罪的，依法追究刑事责任。受害人可以依照《刑事诉讼法》的有关规定，向人民法院提起自诉；公安机关应当依法侦察，人民检察院应当依法提起公诉。即在情形上，施暴者造成家庭成员轻伤、重伤、死亡，构成犯罪的，由司法机关追究其刑事责任。对造成轻伤而被害人有证据证明的，被害人可以直接向人民法院提起诉讼或向公安机关报案，如造成重伤或死亡的，由公安机关立案侦查。

施暴者对共同生活的家庭成员经常以打骂、捆绑、冻饿、强迫超体力劳动、限制自由等方式，从肉体、精神上摧残、折磨，情节恶劣的构成《刑法》第二百六十条规定的虐待罪。

施暴者故意非法损害他人身体健康，并造成伤害的构成《刑法》第二百三十四条的故意伤害罪，如果致人重伤造成严重残疾或致人死亡的，最高可判处死刑。

受害者遭到侵害后，不要碍于面子而忍气吞声，这样反而会助长施暴者的气焰，最有力的方法还是寻求法律的保护。因此，你应勇敢地到当地公安机关报案，公安机关会根据你的伤情和有关证据追究你丈夫的法律责任，切实维护你的利益。

（本文刊于 2011 年 3 月 2 日《宜兴日报》）

结婚彩礼合情需返还

宜城街道王女士问：请问储云南律师，我和我男朋友未领取结婚证但已经同居生活，彩礼是否要返还？

储云南律师答：我国传统风俗婚前男方送给女方结婚彩礼。那么什么是彩礼？彩礼，有些地方成为聘礼、纳彩等，是中国几千年来的一种婚嫁风俗。按照这种风俗，男方要娶女方为妻时，应当向女方家下聘礼或彩礼。彩礼的多少，随当地情况、当事人的经济状况等各方面因素而定，但数额一般不在少数。

那么，哪些情况下需要返还结婚彩礼？根据最高人民法院关于适用《中华人民共和国婚姻法》若干问题的解释（二）第十条规定："当事人请求返还按照习俗给付彩礼的，如果查明属于以下情形，人民法院应当予以支持：（一）双方未办理结婚登记手续的；（二）双方办理结婚登记手续但确未共同生活的；（三）婚前给付并导致给付人生活困难的。适用前款第（二）、（三）项的规定，应当以双方离婚为条件。"

那么，虽未领取结婚证但男女双方已经同居生活的，彩礼是否应当返还呢？如果严格按照婚姻法司法解释二的相关规定，即使双方已经同居，仍然属于未领取结婚证的情形，那么彩礼就应当返还，但是这样对女方来说可能不太公平。根据 2011 年全国法院民事审判工作会议纪要的内容，《婚姻法司法解释（二）》中对双方未办理结婚登记手续的情况下，应当返还彩礼的情形作了进一步的解释，但此种情形指的是未办理结婚登记手续也未共同生活的情形。针对你咨询的情况，如果男女双方已经同居的话,人民法院将根据双方同居的时间长短、彩礼的金额、彩礼是否用于共同生活等因素,来确定是否应返还彩礼以及返还彩礼的金额。

(本文刊于 2015 年 1 月 26 日《宜兴日报》)

借腹生子闹笑话　司法鉴定还真相

近几年来,试管婴儿、代孕生子等新名词在社会上不断涌现。一方需要金钱、一方需要孩子,荒唐的是交易一拍即合。给社会、家庭和孩子带来无法弥补的伤痛。

典型案例:郭某现年三十多岁,与妻子李某结婚后生有一女姗姗,聪明漂亮。郭某经过多年打拼,开办了一家环保公司,郭某的潜心经营令公司生意日渐红火。但是,郭某一直为没有儿子而感到遗憾,认为没有接班人。

2005 年春,郭某在外出差之际,在湖南一娱乐场所认识了年轻貌美的刘某。在与刘某的交往中,郭某感到刘某虽在娱乐场所工作,倒也大方得体,温柔体贴。一个事业有成,另一个是风情万种。二人一拍即合,很快发生了关系。一来二去,两人感情急剧升温。郭某帮刘某在外面租了房子,并趁出差之际频频到湖南与刘某同居。刘某也辞去了工作,耐心服侍郭某,在寂寞中等待着他。

有一天,刘某告诉郭某她已经怀上了他的孩子。郭某听后,又喜又怕:喜的是,自己生儿子的多年心愿就要实现。怕的是,家中有合法妻子,以后怎么处理这混乱的局面。于是,他拨通了至交好友张某的手机,张某听后哈哈大笑,对郭某说,这种小事,何故惊慌,天遂人愿,正好生下来,孩子的户口张某可以帮他想办法。张某还说,我们这里的不少老板外面都有小孩,不奇怪的。有了好朋友的鼓励和支持,郭某决定把孩子生下来。但是,他还担心是不是儿子? 万一再生个女儿怎么办? 刘某却体贴地对他说,生了女儿也不要紧,她会一直生下去,直到生到儿子为止，郭某听了刘某的这番话，非常感动，特地为她请了个保姆，家中所需一应俱全，只要刘某开口，他都能满足她。

2006年2月22日，刘某产下一男婴，取名郭小涛。郭某喜不自胜，整天像宝贝一样抱着。孩子一天天长大，进了当地一家贵族幼儿园。俗话说，没有不透风的墙，妻子知道他在外面有了"小三"，整天和他争吵不休。他也干脆和她摊牌了，说自己不仅外面有个女人，而且还生了个儿子。于是，妻子把这件事告诉了公公婆婆，公婆听了不仅没有责怪，反而喜笑颜开。因为老郭也是单传，正愁没有孙子。公婆让儿子赶快把孙子接回来见面。郭某把儿子从千里之外接了回来，爷爷奶奶看了笑得合不拢嘴，不仅给了数量可观的见面钱，还办了几桌酒，让亲戚朋友都来见见这个郭家后代。此后逢年过节，小涛都要来看望年迈的爷爷奶奶，而郭家人也完全把他看作是郭家的继承人。然而，天有不测风云。今年3月，郭某在从江苏到湖南的高速公路上因车速太快，撞上一辆正在行驶中的大货车，当场死亡。郭某的突然死亡，带来了一系列的遗产继承问题。由于刘某和儿子一下子失去了生活来源，刘某携子来到江苏要求继承郭某的巨额遗产。

由于继承人较多，意见无法统一。刘某一纸诉状将郭某的第一顺序继承人告上了法庭。

庭审中，由于没有直接证据证明郭小涛就是郭某的儿子，郭某妻子的代理人提出要求对郭小涛进行DNA鉴定。就在大家都认为郭小涛能顺理成章地分到遗产之时，鉴定报告出来了，郭小涛与郭某之间不存在任何血缘关系，这个结论一下子让大家惊呆了。郭某的妻子在法庭上号啕大哭，诉说这几年来她在精神上遭受的创伤，拒绝接受调解。

最后，刘某撤回了起诉。

储云南律师点评：掩卷遐思，这起案件留给了我们太多的深思。

首先，郭某、刘某双方的婚外情破坏了家庭和伦理道德，给郭某的妻子及女儿姗姗带来了精神上的痛苦。

其次,郭某、刘某的行为违反了我国《婚姻法》有关夫妻双方应履行忠诚义务的规定。同时其行为也给孩子造成了永久伤害,让人无法想象这样的母子以后要怎么生活下去。

我们要奉劝那些老板们在事业上获得了成功,在感情上也要把握住自己,不要在外面找"小三",更不要试图借腹生子。

具有讽刺意义的是,就在大家都认为郭小涛是郭某的亲生儿子的时候,鉴定结论却偏偏和大家开了个玩笑,或许只有刘某才能给出合理的解释。

听众一:这个故事中"小三"的孩子如果确实是老板亲生的话,和郭老板与妻子生的孩子姗姗有相同的继承权吗?

答:非婚生子女也拥有继承权。所谓非婚生子女,从广义上讲,是指父母非婚姻关系所养育的子女,包括婚前、婚外性行为所生子女和养子女,有扶养关系的继子女以及未经丈夫同意、事后丈夫又不予认可的人工授精所生的子女。

非婚生女子的继承权,依法受法律保护。《婚姻法》第二十五条规定:"非婚生子女享有与婚生子女同等的权利,任何人不得加以危害和歧视。"该条规定把非婚生子女的地位视同婚生子女,也就是说,婚生子女享有的一切权利,非婚生子女同样享有,且不允许任何个人、组织、法人加以危害和歧视,由此而引起的侵权,由侵权人承担完全责任。

我国法律之所以规定非婚生子女同婚生子女一样享有平等的继承权,这是因为,非婚生子女和婚生子女一样,与生父母有直接的血缘关系,是直系血亲。而且非婚生子女和婚生子女一样,都是社会的一个成员,是国家的一个公民,所以,国家法律应当一视同仁,加以保护。

当然,保护非婚生子女的继承权,并不是提倡生育非婚生子女。但是,犯错误的是非婚生子女的父母,不是非婚生子女,非婚生子女是不应承担责任。因而保护他们与婚生子女一样享有同等的继承权,是公平合理的。非婚生子女要取得继承生父母遗产的权利,必须证明与生父母的亲缘关系。

因此,综上所述,非婚生子女,享有与婚生子女同等的权利,在继承问题上均属第一顺序继承人,其继承权是法定的,不应受到侵害。

听众二:我一个朋友的老公在外面有了"小三"后一直不回家,我朋友能告她老公重婚吗?

答:《中华人民共和国刑法》第二百五十八条之规定:"有配偶而重婚的,或明知他人有配偶而与之结婚的,处两年以下有期徒刑或者拘役。"从刑法学传统理论上定重婚罪有两类:一类为法律重婚,另一类为事实重婚。

除构成法律重婚和事实重婚外,有下列情形之一的,应视为以夫妻名义共同生活,可以认定为重婚罪:

已举行结婚仪式,且实际同居,虽未登记结婚但当地人民群众认为是夫妻的人,后又与他人公开以夫妻名义同居的可以认定为重婚罪;

已举行结婚仪式,且实际同居,男女双方虽未达到法定婚龄,但当地人民群众却认为他们是夫妻的人,后又与他人公开以夫妻名义同居的或骗取婚姻登记机关领取结婚证的,亦可认定为重婚罪;

周围群众公认是夫妻关系又与他人同居造成婚姻的相对方自杀等严重后果的;

有配偶的人与他人虽没有以夫妻相称,但有稳定的同居关系,在相对固定的住所且共同生活6个月以上的;

有配偶的人虽没有与他人举行结婚仪式,但以夫妻相称并共同生活3个月以上的;

有配偶的人虽没有与他人举行结婚仪式,但有较稳定同居关系且生儿育女的;

有配偶的人与他人举行结婚仪式,且实际同居的。

听众三：我亲戚有件事想咨询下，他2002年上半年结婚的，当时是奉子成婚，下半年孩子出生，家里人都很喜欢小孩子的。孩子渐渐长大，我亲戚男方的家里人觉得孩子和父亲长的一点都不像，前段时间偷偷去做了亲子鉴定，上个月报告出来了，发现孩子和男方一点血缘关系都没有。我想问下，我亲戚这种情况能向女方要求精神损害赔偿么，他们结婚期间买了一套房子，要是离婚的话怎么分割？

答：精神损害赔偿的问题。女方违反了《婚姻法》第四条规定的夫妻有相互忠实的义务，存在严重过错，给男方的精神造成了损害，应当赔偿其精神损失，具体赔偿数额法院应根据最高人民法院《关于确定民事侵权精神损害赔偿责任若干问题的解释》的相关规定酌情予以确定。双方的房屋，若为婚姻存续期间取得产权，则按夫妻共同财产进行分割。

听众四：我的女同事最近在闹离婚，对财产什么都协商好了，但是他们对孩子由谁来抚养问题争执不下，孩子才20个月，孩子的爸爸收入比较高，孩子的妈妈公司普通员工，要是打官司，法院能把孩子判给孩子的母亲吗？

答：中华人民共和国《婚姻法》第三十六条第三款规定：离婚后，哺乳期内的子女，以随哺乳的母亲抚养为原则。哺乳期后的子女，如双方因抚养问题发生争执不能达成协议时，由人民法院根据子女的权益和双方的具体情况判决。

再根据《关于人民法院审理离婚案件处理子女抚养权问题的若干具体意见》第一条规定：两周岁以下的子女，一般随母方生活。母方有下列情形之一的，可随父方生活：（1）患有久治不愈的传染性疾病或其他严重疾病，子女不宜与其共同生活的；（2）有抚养条件不尽抚养义务，而父方要求子女随其生活的；（3）因其他原因，子女确无法随母方生活的。对于十周岁以上的未成年子女随父随母生活发生争议的,应考虑子女本人的意见。

听众五:我朋友和老公离婚,双方把离婚协议都拟好了签好字了就差去民政局办理,协议里面写明房子归女方,车子归男方,但是男方现在起诉离婚了,要求分割房子,我想问下,男方签字的离婚协议有用么,女方根据离婚协议要求把房子判给自己,法院能支持吗?

答:关于本案中双方签订的承诺书及协议书是否有效,在法律上没有明确的规定。可参照的是最高人民法院《关于适用婚姻法若干问题的解释(二)》第八条第一款,关于当事人在婚姻登记机关离婚时所签订的离婚协议中,有关财产分割条款的效力问题的规定。根据该条款,离婚协议中关于财产分割的条款或者当事人因离婚就财产分割达成的协议,对男女双方都有法律约束力。但有一点必须注意,离婚协议是以当事人在婚姻登记机关办理完离婚登记为生效条件的,即以当事人双方实际解除夫妻关系为生效条件。因本案的男女双方并未在婚姻登记机关办理离婚登记,所以该协议并没有生效,对原、被告均不产生法律约束力。

(本文刊于 2013 年 12 月 18 日《宜兴日报》)

离婚时，贷款买的房子怎么分？

宜城街道刘女士问：我于 2005 年结婚，婚前老公以个人名义在宜城香樟花园小区贷款买了一套商品房，婚后我们两人共同还贷，现在我们要离婚，请问律师这个房屋属于夫妻共同财产还是我老公的婚前个人财产，该房屋我能分得到吗？

倪荣律师答：

近年来，由于房价高涨，越来越多的年轻人在结婚时选择贷款购房，但由于贷款购房涉及的法律关系复杂，很多人对贷款购得的房子是不是夫妻共同财产、离婚时又是如何分割，不是很清楚。其实贷款购房在离婚时主要按以下几种情况进行分割。

第一，婚前一方贷款购房，婚前已还清全部贷款，该房屋属婚前个人财产。即使该房屋产权证在婚姻存续期间领取，该房屋仍属于婚前个人财产，房屋的权属不能在离婚案件中做出判决。

第二，婚前以一方名义贷款购房，婚后共同还贷，对该种房屋分割存在很大争议。这也是刘女士现在面临的情况。针对这种情况一种观点认为房屋买卖合同婚前签订，也由一方付的首付款，这就属于婚前个人财产，无论是升值、贬值都属于个人的，所以离婚时只要把婚后共同还贷的部分给另一方就行了，不需要考虑增值部分，法院也有很多这样的案例。另外一种观点认为，用夫妻共同财产偿还一方的婚前所负个人贷款债务，另一方对该房屋的保值、增值有一定的贡献，该房屋在婚姻关系存续关系期间的增值是双方共同努力的结果，应当由房屋所有权人就婚姻关系存续期间的房屋增值部分对另一方进行适当补偿，而不能仅返还已偿还房屋贷款的一半给另一方。本律师认同第二种观点，而且《婚姻法》解释（三）第十条规定：夫妻一方婚前签订不动产买卖合同，以个人财产支付首付款并在银行贷款，婚后用夫妻共同财产还贷，不动产登记于首付款支付方名下的，离婚时该不动产由双方协议处理。依前款规定不能达成协议的，人民法院可以判决该不动产归产权登记一方，尚未归还的贷款为产权登记一方的个人债务。双方婚后共同还贷支付的款项及其相对应财产增值部分，离婚时应根据婚姻法第三十九条第一款规定的原则，由产权登记一方对另一方进行补偿。

第三，婚后贷款购房。婚后贷款购买的房产如无特殊约定应属于夫妻共同财产，离婚时应当平均分割。离婚时确定由一方享有房屋所有权，并由该方根据双方协商一致或者评估的房屋现价，对另一方折价补偿。折价补偿时原则上为房屋现价的一半，但还需兼顾女方权益和照顾抚养子女一方的原则进行综合考虑。对离婚时尚未取得房产证的情况，法院一般不就房屋产权归属进行审理，也不作出判决，只就房屋使用权作出判决。待到领取房产证后，任一方可以另行起诉来确定房屋归属。

最后，还要说明的一点是不论以何种方式购买的房屋，双方已经对房屋的权属进行书面约定的，离婚时按约定分割就可以了。

（本文刊于 2011 年 5 月 23 日《宜兴日报》）

逝者名下房屋该如何继承

宜城街道张女士问：我妈妈4年前因车祸去世，家里现住的一套房，房产证上是我妈妈的名字，我的外公外婆也已去世。请问储云南律师，这一套房子，该如何继承？

储云南律师答：因遗产继承问题引发的纠纷，日常生活中也很常见。昔日和睦的一家人因财产分割问题对簿公堂，反目成仇，实在不是我们所乐见的。事实上，法律给了我们日常生活很好的指引，有效运用法律，可以避免很多不必要的纠纷。

按《继承法》规定，继承从被继承人死亡时开始。继承开始后，有遗嘱的，按照遗嘱继承或者遗赠办理；有遗赠扶养协议的，按照协议办理。没有遗嘱及遗赠扶养协议的，按照法定继承处理。法定继承有顺序限制，第一顺位的法定继承人有：配偶、父母、子女；第二顺位的法定继承人有：兄弟姐妹、祖父母、外祖父母。继承开始后，由第一顺位的继承人继承，第二顺位的继承人不继承；没有第一顺位继承人的，由第二顺位继承人继承。

你提到的该套房屋，房产证上虽只有你妈妈的名字，但并不必然意味着该套房产只属于你妈妈个人所有。首先应当考虑该套房产是你父母婚前还是婚后财产，如果是婚前由你妈妈个人购买，根据《婚姻法》规定，该套房产应当属于你妈妈婚前的个人财产，为你妈妈的遗产；如果该套房产是你父母婚后财产，则属你父母共同财产，根据《继承法》相关规定，该套房产的一半属于你爸爸，其余一半属于你妈妈的遗产。你妈妈的遗产，将由你、你爸爸和你外公外婆等第一顺位继承人继承。

但是，你提到你的外公外婆也已经不在世了，那么，根据他们的死亡时间，有两种情况需要考虑。第一，如果你的外公外婆是在你妈妈去世之前去世的，那么在你妈妈去世后，就不发生他们对你妈妈的遗产进行继承的问题。第二，如果你的外公外婆在你妈妈去世之后去世，就涉及了转继承和代位继承的问题。转继承也可以叫二次继承，是指继承人在继承开始后实际接受遗产前死亡，该继承人的法定继承人代其实际接受其有权继承的遗产。转继承人就是实际接受遗产的死亡继承人的继承人。根据《继承法》规定，继承开始后，继承人没有表示放弃继承权，并于遗产分割前死亡，其继承遗产的权利转移给他的合法继承人。代位继承，是指被继承人的子女先于被继承人死亡时，由被继承人子女的晚辈直系血亲代替先死亡的长辈直系血亲继承被继承人遗产。因此，如果存在第二种情况，那么在你妈妈的遗产中，应该由你外公外婆继承的部分，在他们去世后，就由你外公外婆的法定继承人来继承，并且你可代替你妈妈继承你外公外婆的遗产（其中包括你外公外婆继承的你妈妈的遗产）。

所以，看似简单的个人遗产继承问题，不同的家庭情况应当根据我国现行法律法规的相关规定，进行周全的考虑，以免日后因遗产发生纠纷，引发不必要的家庭内部矛盾。

（本文刊于 2012 年 12 月 5 日《宜兴日报》）

一方婚前所购房产，离婚时如何分割？

丁蜀镇王女士问：储云南律师，你好！我女儿想离婚，现在面临的最大的问题就是房产分割。他们的房子是婚前男方贷款买的，首付也是男方出的，婚后夫妻共同还的房贷，请问离婚时房产应归哪方？

储云南律师答：在当今社会，婚房已经成为准新人步入婚姻殿堂最基本的一个物质条件。在现实生活中，围绕婚房产生的纠纷很多，情况也都各有不同。去年 8 月出台的《最高人民法院关于使用〈中华人民共和国婚姻法〉若干问题的解释(三)》对几种情况下不动产的归属作出了明确的规定，为司法实践提供了法律依据。

如果男方婚前买房并付了首付，且房屋登记于男方名下，那正符合《司法解释(三)》第十条所规定的情形，可依据此款规定进行分割。夫妻一方婚前签订不动产买卖合同，以个人财产支付首付款并在银行贷款，婚后用夫妻共同财产还贷，如果不动产登记于首付款支付方名下的，离婚时该不动产由双方协议处理。如果协议不成，起诉到法院，法院可以判决该不动产归产权登记一方，尚未归还的贷款为产权登记一方的个人债务。但是男方应根据照顾子女及女方的原则，对双方婚后共同还贷支付的款项及其相对应财产增值部分，对房屋进行分割并补偿女方及子女。在计算该增值部分时，应以双方开始以夫妻共同财产还贷时为起算时点，而不应以购房时或结婚时的房产市场价为起算时点。补偿款的多少取决于婚后共同还贷的数额及房屋增值情况。

如果该房屋产权登记在夫妻双方名下，本律师认为应属于夫妻共同财产。根据《司法解释(二)》的规定，对离婚时已取得所有权的房屋，如果双方对房屋进行分割无法达成协议时，人民法院将根据不同情形分别处理：1. 双方均主张房屋所有权并且同意竞价取得的，应当准许；2. 一方主张房屋所有权的，由评估机构按市场价格对房屋作出评估，取得房屋所有权的一方应当给予另一方相应的补偿；3. 双方均不主张房屋所有权的，根据当事人的申请拍卖房屋，就所得价款进行分割。如果离婚时尚未取得房屋所有权或者尚未取得完全所有权的，在双方协商不成的情况下法院也不宜判决房屋所有权的归属，只能根据实际情况判决由当事人使用。在当事人取得房屋完全所有权后，有争议的，可以另行向人民法院提起诉讼。

之前很多网友也认为这是一条"扶强凌弱"的规定，并将其简化为"男方婚前买的房，离婚时归男方"，其实这是对这条规定的曲解。这条仅仅规定了"一方签订合同、支付首付并登记到该方名下"这一种情况，并没有对现实中可能出现的其他情况进行规定。根据上面的分析可以看出房产并不必然归于这一方。事实上，这条规定是不区分男女的，甚至更多地考虑到了女方的弱势地位。只不过现实情况下，婚前由男方买房的情况多一些而已。涉及离婚财产分割的问题，还是以双方协商为主，协商不成的再请求法院依法判决。

（本文刊于 2012 年 3 月 13 日《宜兴日报》）

一方婚前所购房屋，婚后夫妻共同还贷，
房屋产权归谁

储云南律师：这个问题的答案，也是《婚姻法》司法解释所呈现的亮点之一。它解决了当前社会普遍存在的热点矛盾。《婚姻法司法解释（三）》第十条明确规定：夫妻一方婚前签订不动产买卖合同，以个人财产支付首付款并在银行贷款，婚后用夫妻共同财产还贷，不动产登记于首付款支付方名下的，离婚时该不动产由双方协议处理。依前款规定不能达成协议的，人民法院可以判决该不动产归产权登记一方，尚未归还的贷款为产权登记一方的个人债务。双方婚后共同还贷支付的款项及其相对应财产增值部分，离婚时应根据《婚姻法》第三十九条第一款规定的原则，由产权登记一方对另一方进行补偿。第三十九条规定，离婚时，夫妻的共同财产由双方协议处理；协议不成时，由人民法院根据财产的具体情况，照顾子女和女方权益的原则判决。

这一条款内容比较多，我们概括一下：婚前所购的登记在一人名下的房屋，婚后夫妻双方还贷，离婚时房屋还是归产权登记人所有，未还清的贷款属于其个人债务，共同还贷部分属于共同财产，由夫妻双方共同分割。

由该法律规定，我们进一步讨论一下，社会中经常遇到的一些案件，通常审判实践中处理方法。

离婚时，遇到房屋涨价及跌价时，怎么处理？房屋涨价时，相对应增值部分，按照《婚姻法》第三十九条"照顾子女和女方权益"的原则处理。

如果房价跌了，是否也要另一方承担？倾向性意见，无须承担，

至少应补偿还贷金额的一半，因为，下跌应该是暂时的，总体还是上涨的。

婚前父母一方购买，婚后也是一方父母在还贷，并未让小夫妻俩以其共同财产还贷，产权证还是在一方名下，这时房屋如何归属？审判实践中通常按父母对自己子女的赠予处理，不作为小夫妻俩共同财产进行分割。

讲到这个案件，我们再来讲讲《婚姻法司法解释（三）》第七条：婚后由一方父母出资为子女购买的不动产，产权登记在出资人子女名下的，可按照婚姻法第十八条第（三）项的规定，视为只对自己子女一方的赠予，该不动产应认定为夫妻一方的个人财产。由双方父母出资购买的不动产，产权登记在一方子女名下的，该不动产可认定为双方按照各自父母的出资份额按份共有，但当事人另有约定的除外。

读者许某：离婚协议签订后，未办理离婚手续，协议是否有效？

储云南律师：《婚姻法司法解释（三）》第十四条规定，当事人达成的以登记离婚或者到人民法院协议离婚为条件的财产分割协议，如果双方协议离婚未成，一方在离婚诉讼中反悔的，人民法院应当认定该财产分割协议没有生效，并根据实际情况依法对夫妻共同财产进行分割。

读者李某：主张子女抚养费，是否一定要以离婚为前提条件？

储云南律师：主张子女抚养费，父母如果没有离婚，法院一般不予受理。但现实生活中，比如一方常年在外打工，钱不拿回家，另一方含辛茹苦抚养孩子，难以维持生活，起诉到法院，要求支付抚养费，如果不支持，显然不公平，父母对子女的抚养是法定义务，离婚不是必要条件。《婚姻法司法解释（三）》第三条明确法律依据：婚姻关系存续期间，父母双方或者一方拒不履行抚养子女义务，未成年或者不能独立生活的子女请求支付抚养费的,人民法院应予支持。

读者夏某:婚姻期间,能否要求分割共同财产?

储云南律师:婚姻期间的共同财产,分是例外,不分是通常情况。婚姻法司法解释规定:婚姻关系存续期间,夫妻一方请求分割共同财产的,人民法院不予支持,但有下列重大理由且不损害债权人利益的除外:(一)一方有隐藏、转移、变卖、毁损、挥霍夫妻共同财产或者伪造夫妻共同债务等严重损害夫妻共同财产利益行为的;(二)一方负有法定扶养义务的人患重大疾病需要医治,另一方不同意支付相关医疗费用的。

读者潘某:婚前个人财产,婚后收益归谁?

储云南律师:婚姻法司法解释规定:夫妻一方个人财产在婚后产生的收益,除孳息和自然增值部分外,应认定为夫妻共同财产。具体情形包括:1. 婚姻存续期间一方以个人财产投资取得的收益为共同财产;2. 房子的升值视为自然增值,如果夫妻一方在婚前购置个人房产,婚后房产升值后变现,将售房款用于二次购房,新购房再升值的,对再升值的部分,可作为投资收益,属于夫妻共有;3. 个人房屋租金虽系法定孳息,但依据《婚姻法司法解释(三)》归属于共同财产,如需要对出租房屋修缮管理,可认为是经营管理。试举一例,男方依靠几间祖产的租金过日子,不上班,女方上班,则女方工资应作为男女双方共同财产,而租金如不作为共同财产,显然不公平。

读者杨某:离婚时,能否要求分割继承的遗产?

储云南律师:《婚姻法》相关司法解释规定:"婚姻关系存续期间,夫妻一方作为继承人依法可以继承的遗产,在继承人之间尚未实际分割,起诉离婚时另一方请求分割的，人民法院应当告知当事人在继承人之间实际分割遗产后另行起诉。"如果夫妻一方明确放弃继承权，则另一方不可以主张放弃继承权无效，因为《继承法》第四十六条规定，只有"继承人因放弃继承权，致其不能履行法定义务的"才可认定放弃继承权的行为无效。综上，任何一方都不要奢望从婚姻中获利。

（本文刊于 2014 年 2 月 26 日《宜兴日报》）

七、其他综合

信用卡盗刷风险律师教您减少损失

随着中国商业环境的日趋成熟和消费热潮的兴起,信用卡作为一种非现金付款方式得到了广大个人和单位的热爱。信用卡一般长85.60毫米、宽53.98毫米、厚1毫米,正面印有发卡银行名称、有效期、号码、持卡人姓名等内容,卡面有芯片、磁条、签名条的特制塑料卡片。该类卡片具有消费信用功能,由银行向个人或单位发行,可用于向特约单位购物、消费和向银行存取现金。信用卡由银行或信用卡公司依照用户的历史信用情况及资产状况发给持卡人,持卡人持信用卡消费时无须支付现金,待到账单日时再进行还款。近年来,中国信用卡市场逐渐成为金融服务市场中成长最快的细分市场之一,但随之而来的信用卡被盗刷风险也与日俱增。信用卡被盗刷后该怎么办,已然成为当下信用卡持卡人最关心的问题之一,下面由江苏谋盛律师事务所律师为大家支几招。

1. 银行挂失

持卡人一旦通过账单或短信提醒发现信用卡被盗刷后,不要慌张,第一步应立即致电银行,要求挂失并冻结信用卡账户内资金,这样可以避免盗刷行为继续,有效减少后续损失。

2. 自行取证

银行卡挂失后,持卡人需证明信用卡被盗刷的事实,持卡人应立刻去附近银行网点、ATM机或支持刷卡且有监控的商店刷卡一次。这样可以在信用卡后台系统中留下相关证据,证明这个时间点信用卡仍在持卡人手里。这个证据对以后的维权环节,特别是在诉讼取证中非常有用。另外,持卡人应保留与银行、刷卡商家的通话记录、短信内容等证据。

3. 向银行申诉

完成前两步后,持卡人应继续和银行取得联系,向银行申诉:我的卡被盗刷了,哪几笔不是我的消费,我有证据证明此时卡在我手里,我申请对这几笔消费予以撤销。银行会视情况将案件发送给银行反欺诈部门,在三日内给予回复。

4. 及时报警

除此之外,无论被盗刷金额大小,持卡人都应该到就近的派出所或者公安局报警,如果立案处理后有结果,该做法可以有效减少损失,还能了解被盗刷的原因。报案时,警方会要求受害人提供自行取证获得的相关信息。立案后,警方会出具立案通知。可以将立案通知提供给银行,以便增加上一步申诉的成功率。不过,如果被盗刷金额较低,立案的概率可能不大。

5. 提起诉讼

当盗刷金额较大时,持卡人可以通过咨询律师、提起诉讼的方式有效止损。在信用卡被盗刷案件中,责任人主要有盗用人、发卡银行、刷卡商户和持卡人自己。

(1)盗用人——第一责任承担人

盗用人与持卡人之间是侵权责任关系,应承担返还该笔财产的责任,超过一定金额的还应当按照《刑法》的规定承担"盗窃罪""信用卡诈骗罪"的刑事责任。但这种小额经济类犯罪破案率较低,盗用人常常无法查出,就无法落实返还该笔钱款的责任人。因此,信用卡盗刷最终都将成为持卡人、银行、刷卡商户之间的博弈。

（2）发卡银行——未及时挂失的责任承担人

发卡行应当承担的责任范围由办卡时双方签订的《服务协议》约定，各个银行的约定不同，共同点是银行提供的《服务协议》条款只约定自身对未及时办理挂失给持卡人造成的损失承担责任，不承担其他责任。近来，有些银行为了招揽业务，推出了失卡保障服务，在银行卡丢失48小时（或24小时）内出现的盗刷情形承担限额（5000或10000元）以内的责任，并且规定严格的限制条件（如盗刷属于非密码支取、持卡人第一时间挂失）。发卡银行承担的责任由其签约的保险公司进行赔付。

（3）刷卡商户——未尽合理审核义务的责任承担人

对于仅凭密码付款的信用卡，刷卡商户负有核对密码的义务；凭签名支取的信用卡，刷卡商户负有核对用卡人的签名与预留签名是否一致的义务。刷卡商户在未尽到上述义务时才承担相应的责任。

（4）持卡人——未尽妥善保管义务的责任承担人

根据持卡人与银行签订的协议，持卡人应当妥善保管信用卡，一旦卡片丢失或者相关信息泄露被盗刷，持卡人应当承担与未妥善保管信用卡及相关信息对应的过错责任。因此，一旦信用卡被盗刷，大部分的不利后果可能仍由持卡人承担。

最后，大家在办理信用卡时应挑选正规银行窗口办理，切勿街头办卡；办卡时尽量选择安全性较高的芯片卡，并选择刷卡密码买单方式；在日常刷卡过程中注意保护相关信息的安全，并可以通过设置信用卡消费每日次数限制和对每次交易限额等方式减少盗刷损失；刷卡消费后及时核对账单信息，刷卡签字时还要留心购物单是否有两份重叠；争取从源头上避免信用卡被盗刷事件的发生。

（本文刊于2016年5月31日《宜兴日报》）

出借车辆不慎重　丢失性命又赔钱

——两起惨痛的交通事故带来的沉痛教训

案情回放：2012 年 3 月 9 日晚上 9 点多，在宜兴市陶都路发生了这样一起交通事故。驾驶员吴某驾驶的一辆牌照为苏××××的小轿车与安徽民工于某驾驶的三轮车发生追尾，造成三轮车翻车。当时，三轮车上乘坐有五名人员。事故发生后，驾驶员吴某驾车逃离事故现场。后查明吴某系无证驾驶，因害怕承担法律责任而逃逸。逃逸后吴某电话通知小轿车出借人赵某。赵某听说吴某撞人逃逸后，心急火燎地驾车赶到事故现场。到达现场后，他立即对伤员予以施救。在此过程中，另外一辆白色小型客车撞到了正在救助伤员的赵某及部分伤者，短短几分钟，又发生了一起重大交通事故。第二次的撞击造成赵某伤情严重，经医院抢救无效于当日死亡。第二次事故中白色客车的驾驶人员是刘某。经宜兴市公安局交警部门认定：前起事故中吴某承担主要责任，于某承担次要责任；后起事故中刘志承担事故的主要责任，吴某承担次要责任，赵某承担次要责任。

事后伤者于平将保险公司、小轿车驾驶员吴某、小客车驾驶员刘志及赵某的继承人一并诉至法院要求赔偿。

宜兴市人民法院受理该案后，综合考虑两起事故存在间接因果关系，两者的损害后果具有不可分割的特点，认定对于某的人身伤害，刘某承担 40%，吴某承担 40%，于某自行承担 20%，死者赵某出借车辆存在过错，故在吴某承担赔偿责任的范围内与吴某负连带赔偿责任，赵某应当承担的责任以其继承的遗产为限。

储云南律师点评：在这起惨痛的事故中，作为轿车出借人的赵某不仅失去了年轻的性命,要还承担赔偿责任。这真是"出借车辆不慎重,丢失性命又赔钱"。这个真实的案例再次敲响人们思想上的警钟:车辆绝对不可出借给无证驾驶人。而我国现行法律规定:明知是没有取得驾驶资格的人员,仍将车辆出借的,出现交通事故后,出借人和驾驶人承担连带责任。

其次,发生事故后绝不可以逃逸,逃逸会带来非常严重的后果,不仅会受到刑事追究还会带来民事赔偿。就本案而言,如果不是吴某的逃逸也许不会出现第二次的交通事故。

读者王某:我想问一下,在这起事故中,既然赵某自己还被车子撞死了,为什么还要赔偿其他人,这是不是有点不公平?

储云南律师:法律就是建立在公平的基础上的,这个案例中乍一看赵某死亡仍要承担赔偿责任很不公平,其实是公平的,因为赵某在死亡前存在过错,即将车辆出借给无驾驶资格的人员,存在过错就应承担责任,不论其是否受伤或死亡。

读者李某:我想问一下,我去年在一起事故中被撞伤了,后来被评为八级,今年40岁,请问我能赔到多少钱啊?

储云南律师:赔偿的主要项目有:医疗费、住院伙食补助费、住宿费、交通费、误工费、营养费、护理费、残疾赔偿金、残疾辅助器具费、被抚养人生活费、精神损害抚慰金。其中误工费、营养费、护理费的具体数额要根据鉴定报告的相关数据来确认。医疗费、住院伙食补助费、住宿费、交通费、残疾辅助器具费等以实际产生的为准,而残疾赔偿金按照2013年的标准来算为 29677 * 0.3 * 20 = 178062 元。

读者张某:我有一位朋友,车子没有投保险,他将车辆借给一个同事用,结果同事出了车祸将他人撞伤,对方律师说我朋友最少要赔偿

12万元,我不明白了,他那个同事有驾驶资格的,为什么还要我朋友来赔偿?

储云南律师:对方律师说的是有法律依据的,虽然借车人是有驾驶资格的,但该车没有投保交强险,而交强险是我国法律规定车辆必须投的保险,如果没有投保,作为车主就要在交强险范围内赔偿对方损失。因此,出借车辆时不但要看对方是否有驾驶证,还要保证车辆符合驾驶条件,也就是说还要保证车辆是经过年检的、有交强险的等,否则车主都要承担相应的责任。

(本文刊于 2013 年 10 月 23 日《宜兴日报》)

出借机动车，发生事故车主该担何责？

宜城街道王先生问：储云南律师，去年3月，我的朋友贾某向我借车去接新娘子，我知道他原来也经常开车子的，当时我还多了一个心眼，问他有没有驾驶证，他态度坚决地说有，我就放心地把车子给他了。谁知途中撞伤一位在马路上行走的老人。交警认定贾某无证驾驶，负事故全部责任，现在受害人把我也一起告了，请问我要承担什么责任？

储云南律师：春节来临，亲朋好友间借用机动车是很常见的情况，这就出现了机动车的车主与使用人分离的情形，出借机动车如何承担责任，应该要区分不同情况做出处理。

根据我国《侵权责任法》第四十九条："因租赁、借用等情形机动车车主与使用人不是同一人时，发生交通事故后属于该机动车一方责任的，由保险公司在机动车强制保险责任限额范围内予以赔偿，不足部分由机动车使用人承担赔偿责任；机动车车主对损害的发生有过错的，承担相应的赔偿责任。"

机动车车主（俗称车主），对事故发生的损害结果有过错的，应承担相应的赔偿责任。也就是说，机动车车主将机动车借给别人使用，发生交通事故，车主并不会仅仅因为自己是车辆的车主就必然要承担赔偿责任，还要看其对损害的发生是否有过错。可见，机动车车主对损害的发生是否存在过错，是判断其是否需要承担赔偿责任的一个关键因素。因此，对过错的把握将成为处理这类案件的重要问题。

一、机动车车主对损害的发生有过错的，承担相应的赔偿责任

如果车主在出借车辆之前，已经有认识或者完全有能力认识到驾驶车辆人的危险性是明显的,发生危险的概率是很高的,而车主却不采取任何措施,仍然出借车辆,放任这种可能性很高的交通事故的发生,则可认定机动车车主存在过错。主要情形包括:一、明知使用人没有相应的机动车驾驶资格的;二、明知使用人存在饮酒、吸毒或患有禁止驾驶疾病的;三、明知使用人驾驶机动车从事违法飙车行为的;四、明知使用人驾驶机动车从事法律、行政法规禁止的其他危害道路交通安全行为的;五、出借的汽车有重大安全隐患的。使用人下落不明或不能证明的,由机动车车主在事故责任范围内先行承担赔偿责任。此外车辆没有投保交强险的,车主也应当承担赔偿责任。

因此你在出借车辆之前,应该亲自认真审核贾某的驾驶证件,是否原件、驾照的类型、是否经过年审等,经过检查之后方可将车辆交给他使用,不能想当然就判断他会驾驶,并将车辆交给他,否则一旦造成严重交通事故,后悔就晚了。

重大过失还表现为在明知或应知使用人驾驶的路段非常危险,机动车主却没有根据使用人的驾驶技能进行风险预估,而是贸然出借;或者明知使用人借用车辆运载高度危险的货物,却没有审核其是否具有相应的安全防护措施等,在这种情形下依然出借车辆,也可认为车主对事故的发生有重大过失的。这种情况,车主根据其过错也要承担相应的责任。

二、机动车车主承担的是按份责任而非连带责任

在明确了机动车一方应当承担的赔偿责任后,对于超出机动车强制保险责任的限额范围的部分,车主又如何来承担责任?《侵权责任法》第四十九条规定了"相应的赔偿责任"。首先,车主承担的责任大小,应当根据车主的过错以及原因与损害后果的关系进行综合判断,因此有些情况下车主可能承担全部责任。例如,车主为了加害使用人,故意将制动装置失灵的机动车出借给使用人且未告知,造成侵权的,车主应承担全部责任。车主与使用人应当承担连带责任还是按份责任呢?

前者使受害人可以选择向车主或者机动车使用人任何一方要求履行赔偿的义务,而按份责任则意味着受害人只能要求车主履行其份额内的赔偿义务。从连带责任的法理来看,需要承担连带责任是在由法律明确规定或当事人有明确约定才适用,而在出借机动车造成交通事故的情况中,法律没有明确规定机动车主承担连带赔偿责任。所以在机动车主与使用人不构成共同侵权,又没有约定连带责任的情况下,应当根据机动车主的过错大小判决按份承担赔偿责任。

因此你作为过错人,应当对受害人的损失在贾某赔偿不足的范围内予以赔偿。

本律师在此提示广大市民,在出借机动车时仍应谨慎,应对借用人资质情况进行必要的审查,并将车辆性能向其介绍清楚。在发生交通事故时,车主如果无法证明该出借关系的,仍应承担赔偿责任。

(本文刊于 2012 年 1 月 17 日《宜兴日报》)

驾照过期出事故 保险公司仍应赔

宜城街道彭先生问：储云南律师，我未注意驾照已经过期 30 天左右，因此未申请换证。在此期间我驾车发生交通事故，造成他人重伤，并被交警部门认定为主要责任，在我向保险公司理赔时，保险公司称我的驾照已经逾期而未年检，属无证驾驶，所以不予理赔。请问这种情况下，保险公司是否可以拒赔？

储云南律师答：机动车交通事故责任强制保险是由保险公司对被保险机动车发生道路交通事故造成受害人（不包括本车人员和被保险人）的人身伤亡、财产损失，在责任限额内予以赔偿的强制性责任保险。一般情况下，被保险机动车发生道路交通事故的，由被保险人向保险公司申请赔偿保险金，保险公司书面告知被保险人需要提供的材料。保险公司在收到相关材料后 5 日内，对是否属于保险责任作出核定，并将结果告知被保险人；对不属于保险责任的，应当书面说明理由；对属于保险责任的，在与被保险人达成赔偿保险金协议后 10 日内进行理赔。保险公司只有在以下情形有权向致害人追偿其垫付的抢救费用：一、驾驶人未取得驾驶资格或者醉酒的；二、被保险机动车被盗期间肇事的；三、被保险人故意制造道路交通事故的。有前款所列情形之一的，发生道路交通事故，造成受害人的财产损失，保险公司不承担赔偿责任。本次保险理赔中，保险公司拒绝赔付的理由是你不具有驾驶资格。那么驾照过期是否属于未取得驾驶资格呢？

《机动车驾驶证申领和使用规定》规定：机动车驾驶人应当于机动车驾驶证有效期满前 90 日内，持身份证明、机动车驾驶证、县级医疗机构出具的有关身体条件的证明申请换证。如超过机动车驾驶证有效期一年以上未换证的,车辆管理所应当注销其机动车驾驶证。

据此规定,驾驶证换证只是国家对机动车驾驶员的一种行政管理行为,对机动车驾驶证规定有效期是公安机关对机动车驾驶人进行行政管理的需要,机动车驾驶证的有效期并不是指机动车驾驶人驾驶资格的有效期,机动车驾驶证超过有效期,并不必然导致机动车驾驶证持证人丧失驾驶资格的法律后果。在公安机关未注销或未撤销驾驶证前,保险公司以驾驶员在保险事故发生时无驾驶证或不具有驾驶资格为由,拒绝承担赔偿责任没有法律依据。即便是保险合同中有上述约定,如保险公司未尽到特别说明的义务,该免责条款无效,也可以理赔。

因此你的情况不属于以上所列情形,不属于无证驾驶。保险公司以"驾照已经逾期而未年检"不予理赔是没有法律依据的。你可以根据以上意见和保险公司协商解决,如果保险公司仍拒绝赔付,你可以依法申请仲裁,或者向人民法院提起诉讼,

虽然驾驶证过期期间仍可获得保险理赔,但在此还是提醒广大驾驶员朋友们注意驾驶证的有效期,及时换证。《中华人民共和国机动车驾驶证管理办法》规定,驾驶证有效期期满前三个月内,持证人应当到车辆管理所换证。因特殊情况不能按期换证的,应当事先申请提前或延期换证,事先未申请并超过有效期换证的,依法处罚后可以换证。超过换证时限一年的,车辆管理所依法注销该驾驶证。驾驶证注销后驾驶机动车确实属于无证驾驶,为此请司机朋友们还是要及时换证。

（本文刊于 2011 年 11 月 13 日《宜兴日报》）

交通事故中，相关处理期限你知道吗？

宜城街道刘先生问：2009 年 3 月 5 日，我驾驶货车与一行人相撞，货车被扣押了 15 天，并于 2009 年 3 月 16 日收到了事故认定书，认定我负全责。我不服，于 2009 年 3 月 22 日，向宜兴市人民政府提起了行政复议，但被书面告知不予受理。在此期间，我预付了抢救医疗费。经过半个多月的治疗，行人于 3 月 24 日出院。当时我与该行人于 2009 年 3 月 25 日向交管部门提出了书面调解申请，最后通过调解，解决了赔偿问题，并且交管部门在 2009 年 4 月 3 日出具了调解书。现在该行人发现了新伤，进行了手术，要求我赔偿。**我想问：其中涉及的期限问题包括哪些**？

储云南律师答：第一，货车被扣押的期限。《道路交通事故处理程序规定》（以下简称《规定》）第二十九条，扣押期限不得超过 30 日，案情重大、复杂的，经本级公安机关负责人或者上一级公安机关交通管理部门负责人批准可以延长 30 日，因此，你的货车被扣押了 15 天，符合该《规定》。

第二，事故认定书制作的期限。该《规定》第四十七条，公安机关交通管理部门应当自现场调查之日起 10 日内制作道路交通事故认定书。本案刘先生于 2009 年 3 月 16 日收到了事故认定书，符合该《符合》。

第三，对事故认定书不服，向上一级公安机关交通管理部门申请复核的期限。该《规定》第五十一条，当事人对道路交通事故认定有异议的，可以自道路交通事故认定书送达之日起 3 日内向上一级公安机关交通管理部门提出书面复核申请。你对事故认定书不服，不属于行政复议的受理范围,所以不能提起行政复议。

第四,提起调解申请和制作道路交通事故赔偿调解书的期限。该《规定》第六十条,当事人对道路交通事故损害赔偿有争议,各方当事人一致请求公安机关交通管理部门调解的,应当在收到道路交通事故认定书之日起10日内,向公安机关交通管理部门提出书面申请。你与该行人于2009年3月25日向交管部门提出了书面调解申请的做法符合该《规定》。另外,该《规定》第六十四条,造成人员受伤的,公安机关交通管理部门应当从治疗终结之日起开始调解,并于10日内制作道路交通事故损害赔偿调解书或道路交通事故损害赔偿调解终结书。交管部门在2009年4月3日作出调解书的做法符合该《规定》。

第五,一年后发现新伤,进行了手术,并提起诉讼,涉及诉讼时效问题。根据最高人民法院《关于贯彻执行〈民法通则〉若干问题的意见(试行)》第一百六十八条的规定,人身损害赔偿的诉讼时效期限,伤害明显的,从受伤害之日起计算;伤害当时未曾发现的,后经检验确诊并能证明由侵害引起的,从伤势确诊之日起计算。根据《民法通则》第一百三十六条的规定,对侵害健康权行为的赔偿请求诉讼时效,应当适用该规定。该行人发现了新伤,进行了手术,虽然是在交管部门作出调解书后进行的,但只要是能证明该伤害是由此交通事故造成的,在伤势确诊之日一年内,你需要赔偿该行人因新伤而产生的相关费用。

(本文刊于2010年9月9日《宜兴日报》)

交通事故中非医保用药保险公司是否担责？

宜城街道李先生问：储云南律师你好，我最近遭遇一起交通事故，把对方撞伤了，向保险公司理赔时，保险公司提出医疗费用中非医保用药产生的费用他们不予赔偿，而且在双方签订的保险合同中有明确约定，请问我该如何维护自己权益？

储云南律师答：我国现行的法律法规中并没有将医疗费限定在医保用药范围内，我认为要求保险公司赔偿更为合理。

首先，从现行法律规定来看，《最高人民法院关于审理人身损害赔偿案件适用法律若干问题的解释》第十九条规定："医疗费根据医疗机构出具的医药费、住院费等收款凭证，结合病历和诊断证明等相关证据确定。赔偿义务人对治疗的必要性和合理性有异议的，应当承担相应的举证责任。"以上规定可以看出，因交通事故受伤治疗所产生的医疗费用保险公司均应赔偿，并未将医疗费的赔偿范围限定在医保用药范围。

其次，保险合同是格式合同，合同条款"非医保用药不赔"属于格式免责条款，这样的约定剥夺了被保险人享受更多理赔条件的权利，并免除了保险公司自身本应该依法承担的赔偿义务。根据《合同法》相关规定，保险公司有义务向投保人提示和明确说明。实践中，保险公司绝大多数都未尽到提示说明义务。根据《中华人民共和国保险法》第十九条规定，该条款应属无效，不能约束投保人。

再次，我们每个投保人购买保险，目的就是为了造成损害时能有保险公司全额承担，如果非医保用药不赔，完全违背了投保人购买保险的初衷。

　　最后,用药是医院行为,医生是根据患者的具体病情用药,并不会事先征求患者意见是否同意用某种药物。如果患者在接受治疗时还要考虑是否要用非医保用药,很可能会影响治疗效果,对其身体健康产生无法预计的负面影响。况且,有些非医保用药可能是必要的,效果比较明显,且能缩短住院时间,从另外的角度将也是节约了医疗费用,如果这部分用药保险公司不赔偿,并不合理。

　　综上,个人认为在机动车交通事故责任纠纷案件中,除非保险公司有足够的证据证明该非医保用药不属于治疗过程中必须使用的药物,否则保险公司应当承担非医保用药费用的赔付责任。

　　　　　　　　　　(本文刊于 2016 年 4 月 20 日《宜兴日报》)

十次事故九次快，超速行驶应受罚

官林镇杨先生问：我发现现在有好多移动测速设备隐藏在树林茂密、杂草丛生的地段或用车辆伪装测超速，请问这种方式是否合法？对超速行为的处罚应遵循怎样的程序？如果对处罚决定不服，可怎样进行救济？

储云南律师答：机动车超速行驶经常导致交通事故，危及人民群众生命财产安全，历来是交通管理部门整治的重点。对过往车辆进行测速并对超速行为处以罚款是从保障道路交通安全角度出发，是为了遏制超速现象，提醒驾驶人注意车速，警醒被处罚人引以为戒。

根据《道路交通安全违法行为处理程序规定》及《交通警察道路执勤执法工作规范》等规定，公安机关交通管理部门可以利用交通技术监控设备收集、固定违法行为证据，固定式交通技术监控设备设置地点应当向社会公布。使用固定式交通技术监控设备测速的路段，应当设置测速警告标志。使用移动测速设备测速的，应当由交通警察操作。使用车载移动测速设备的，还应当使用制式警车。现场查处超速违法行为的，交警应该在测速点前方 200 米处放置明显的警示标志。

江苏省公安厅《关于进一步推进交通管理"透明执法"五条措施》中规定：在道路上安装固定电子警察进行测速的，一律在前方设立明显的测速告示牌；使用流动电子警察进行测速的，一律使用制式警车公开测速。除危险路段、事故多发路段以外，在限速 60 公里（含）以下道路不测速处罚。因此你所提到的"隐蔽测速"是违反相关法律法规的。

《江苏省道路交通安全条例》第六十四条规定，根据驾驶机动车的超速程度,对驾驶人处以相应的处罚:超过规定时速 10% 以上未达 20% 的,处以 50 元罚款;超过规定时速 20% 以上未达 50% 的,处以 200 元罚款;超过规定时速 50% 以上未达 70% 的,处以 1000 元罚款;超过规定时速 70% 的,处以 2000 元罚款。对超速 50% 以上的,交警可依法扣留机动车驾驶证。《道路交通安全违法行为处理程序规定》对处罚程序作出了详细的规定,具体分为以下几种。

一、交警现场查处超速违法行为的,应设置警示标志,测速点与查处点之间的距离不少于两公里,且不得影响其他车辆正常通行。交警在测速点通过测速仪发现超速违法行为,应当及时通知查处点交警做好拦车准备。对超速低于 50% 的,依照简易程序处罚;超过 50% 的,采取扣留驾驶证强制措施,制作行政强制措施凭证,但应当在扣留后 24 小时内将所扣留驾驶证交所属公安机关交通管理部门,扣留机动车驾驶证至作出处罚决定之日。处以暂扣机动车驾驶证的,应当自违法行为人接受处理之日起三日内作出处罚决定;处罚决定生效前先予扣留机动车驾驶证的,扣留一日折抵暂扣期限一日。如果只对违法行为人作出罚款处罚的,缴纳罚款完毕后,应当立即发还机动车驾驶证。

在日常生活中,现场查处的情况比较少见,超速行为一般都是采用交通技术监控设备进行记录,对此当事人应当及时到公安机关交通管理部门接受处理。

二、对驾驶人处以 200 元以下罚款的,可以适用简易程序,由一名交警作出。但执法交警仍应口头告知违法行为人违法行为的基本事实、拟作出的行政处罚、依据及其依法享有的权利,听取违法行为人的陈述和申辩,违法行为人提出的事实、理由或者证据成立的,应当采纳。执法交警制作简易程序处罚决定书,由被处罚人签名,执法交警签名或者盖章,并加盖公安机关交通管理部门印章,当场交付给被处罚人。

三、对驾驶人处以 200 元以上罚款的,应当由两名以上执法交警适用一般程序作出。执法交警应对违法事实进行调查,询问当事人并制作笔录;采用书面形式或者笔录形式告知当事人拟作出的行政处罚的事实、理由及依据,并告知其依法享有的权利,对当事人陈述、申辩进行复核,复核结果也应在笔录中注明,作出处罚决定书后依法送达。处罚决定书应当载明被处罚人的基本情况、车辆牌号、车辆类型、违法事实、处罚的依据、处罚的内容、履行方式、期限、处罚机关名称及被处罚人依法享有的行政复议、行政诉讼权利等内容。按照一般程序作出的处罚决定书还应当载明相关的证据。对违法行为事实清楚,需要按照一般程序处以罚款的,应当自违法行为人接受处理之时起二十四小时内作出处罚决定。

正如你所提到的,并不是所有的超速处罚都符合法律及行政法规的规定,在面对公安机关交通管理部门作出的处罚决定时我们可采取哪些措施维护自己的权利呢?首先,在处罚决定书作出前,充分行使自己的陈述、申辩的权利,并要求处罚机关出示相关证据。其次,在处罚机关作出处罚决定书后不服的,仍有两条救济途径:一是在收到决定书后 60 日内向该处罚机关所属公安机关或地方政府提起行政复议;二是在三个月内向人民法院提起行政诉讼。在行政复议及行政诉讼中为保护行政相对人的利益,举证责任由处罚机关承担的。

"十次事故九次快",超速驾驶是道路安全的最大杀手,因此不管处罚是行政执法手段还是被有些部门作为行政滥权的变项提款机,超速本身是应当受到否定评价的。广大车友在驾驶时应按照限速指示,将安全放在首位,谨慎驾驶。

(本文刊于 2012 年 2 月 20 日《宜兴日报》)

环保问题之法律体现

　　环保是与每一个人休戚与共、息息相关的大事。近年来,"雾霾""pm2.5""重金属排放"等词汇不断出现在新闻报道、坊间谈论中。2015 年 2 月 27 日,原中央电视台新闻调查记者柴静以个人名义制作的公益作品《穹顶之下》更是将由雾霾引发的问题暴露在民众面前,公众对环保问题的关注也达到前所未有的高度。时值十二届全国人大三次会议期间,环保理所当然地成为最受广大百姓关心的议题。那么,在法律层面上环保又有哪些体现呢?

　　我国现行法律法规以《中华人民共和国宪法》第二条第三款规定:"人民依照法律规定,通过各种途径和形式管理国家事务,管理经济和文化事务,管理社会事务。"为环境立法奠定了基础。我国以《中华人民共和国环境保护法》为主体,《大气污染防治法》《水污染防治法》《环境噪声污染防治法》《固体废弃物污染环境防治法》《水土保持法》《海洋环境保护法》《自然保护区条例》等法律法规为配套构建起了一套完整的环境保护法律体系。

　　《中华人民共和国环境保护法》明确规定:"公民、法人和其他组织依法享有获取环境信息、参与和监督环境保护的权利。"为公民参与环境保护活动提供了法律保护。

　　公民、法人和其他组织发现任何单位和个人有污染环境和破坏生态行为的,有权向环境保护主管部门或者其他负有环境保护监督管理职责的部门举报。公民、法人和其他组织发现地方各级人民政府、县级以上人民政府环境保护主管部门和其他负有环境保护监督管理职责的部门不依法履行职责的,有权向其上级机关或者监察机关举报。上述法律规定保证了公民检举、举报的权利。

对污染环境、破坏生态,损害社会公共利益的行为,符合条件的社会组织可以向人民法院提起诉讼。

因污染环境造成损害的,除法律明确规定的不承担责任的情形外,都属环境污染侵权行为,行为人应当对受害人承担赔偿损失等民事责任。这对于保护公民的合法权益和生态环境不受环境污染的损害具有重要意义。环保法律法规以"有损害就要赔偿"为原则,只要行为人造成了损害就应当承担赔偿责任,而不论是否达到排污标准。

在因环境污染发生纠纷时,相关法律做出了举证责任倒置的举证责任分配,以给予受害人充分的救济。污染者应当就法律规定的不承担责任或者减轻责任的情形及其行为与损害之间不存在因果关系承担举证责任。

十二届全国人大三次会议举行新闻发布会时,大会发言人在回答中外记者提问时表示,一系列与环境相关的法律都要"动大手术"。对于我国目前尚欠立法规制的污染类型都将完善立法,例如土壤污染等。

(本文刊于 2015 年 4 月 20 日《宜兴日报》)

二审终审后可否向检察院申请抗诉

宜城街道钱先生问：杨律师，你好！我是本地的一名个体经营者，从事建材行业。前不久，由于我生意上的纠纷和另一家企业打了一场官司，明明是该企业拖欠了我的货款，我认为证据确凿充分，结果法院判我输了。对此，我不服，于是我上诉至无锡中院，中院维持了一审法院的判决。但是，我还是觉得不公平，想申请再审，但是中院的法官告诉我二审终审，我已经不能再上诉了，且二审的判决已经发生效力了，因此我想咨询一下杨律师，听说检察院可以抗诉，我是不是可以找检察院呢？接下去如何继续维护我的权利呢？

杨玲君律师答：

钱先生，您好！对于您询问的案件情况，我基本上有所了解了。中院的法官讲的是对的，我国实行二审终审制，您的案件经过一审、二审，最后由二审法院维持原判，该判决已经发生了法律效力，您想要再上诉，在程序上是不行的。

但是，我国《民事诉讼法》规定了再审制度（又称审判监督程序），即对于像您这样的情况，如案件符合我国新《民事诉讼法》第十六章中对于再审规定的条件，可以依照《民事诉讼法》第一百九十九条的规定向二审人民法院的上一级法院申请再审。另外，我需要提醒您的是，再审不是随意可以提起的，必须符合《民事诉讼法》第二百条规定的条件。

至于您询问的关于检察院抗诉的问题，我国《民事诉讼法》第二百条和第二百零八条有明确规定，即凡符合法律规定的十三种情形，检察院应当提出抗诉。

另外，倘若您找到再审的理由，向上级法院申请再审，但是上级法院驳回了您的再审申请，或者未按时给您裁定答复的，您也可以依据《民事诉讼法》第二百零九条的规定，向人民检察院申请检察建议或者抗诉，这是我国新修订的《民事诉讼法》增加的一条规定。当然在本案中，您的判决出自二审中院，按照法律规定应当向上一级人民检察院，即省人民检察院提出抗诉请求或者申请检察建议。

需要提醒您的是，提出抗诉要慎重，必须是符合法定情形的。因为倘若您未做好相关准备，贸然向检察院申请检查建议或者抗诉，一旦由检察院作出不予提出检查建议或者抗诉的，您就不能再次提出申请了，这是《民事诉讼法》第二百零九条第二款明文规定的。

其他的具体规定，我建议您详细参阅新修订的《民事诉讼法》，对国家法律加深了解有助于您更好地维护自己的合法权利！

（本文刊于 2013 年 5 月 2 日《宜兴日报》）

判决生效后，还可以再审吗？

宜城街道邵先生问：储云南律师您好，2009年上半年，我作为被告和别人打了一场官司，因为一重要证据没能提供，一审二审都是败诉，并且在2010年6月我的房子被法院强制执行拍卖。我心里特别委屈，现在这个重要证据原件终于找到，不知道我还能不能要回房子？

储云南律师答：实事求是，有错必纠是司法公正的理念和原则。人民法院是我国的审判机关，其作出的生效裁判具有终结性和强制性。但是判决生效后甚至执行完毕后，仍有可能存在着错误的地方。为此，我国刑事诉讼法和民事诉讼法均规定了申诉和申请再审的程序，目的就是为了纠正已经发生法律效力的错误裁判。所以你仍然有希望在原来的案子中反败为胜。

我国民事诉讼法规定的再审条件是：（一）有新的证据足以推翻原判决、裁定的；（二）原判决、裁定认定的基本事实，缺乏证据证明的；（三）原判决、裁定认定事实的主要证据是伪造的；（四）原判决、裁定认定事实的主要证据未经质证的；（五）对审理案件需要的证据，当事人因客观原因不能自行收集，书面申请人民法院调查收集，人民法院未调查收集的；（六）原判决、裁定适用法律确有错误的；（七）其违反法律规定管辖错误的；（八）审判组织的组成不合法或者依法应当回避的审判人员没有回避的；（九）无诉讼行为能力的人未经法定代理人代为诉讼或者应当参加诉讼的当事人，因不能归责于本人或者其诉讼代理人的事由，未参加诉讼的；（十）违反法律规定剥夺当事人辩论权利的；（十一）未经传票传唤，缺席判决的；（十二）原判决裁定、遗漏或者超出诉讼请求的；（十三）据以作出原判决、裁定的法律文书被撤销或者变更的。

对违反法定程序可能影响案件正确判决裁定的情形，或者审判员在审理该案件时有贪污受贿，徇私舞弊，枉法裁判行为的，人民法院应当再审。

根据《民事诉讼法》的有关规定，民事再审程序的启动有四种方式。

（一）人民法院启动再审程序

各级人民法院院长发现本案已经发生法律效力的判决、裁定有错误需要再审，交审判委员会讨论决定，上级人民法院发现下级人民法院已经发生法律效力的判定、裁定确有错误，指令下级人民法院再审或提审。

（二）当事人对生效的裁判和调解申请再审

当事人对已发生效力的判决、裁定，只要认为有错误，就可以向上一级人民法院申请再审。并且我国在《民事诉讼法》第一百八十三条作出规定，当事人对已经发生法律效力的调解书，提出证据证明调解违反自愿原则或者调解协议的内容违反法律的，可以申请再审。因此，当事人不仅可以对已经生效的裁判提起再审，对已经发生法律效力的调解书也可以提起再审。

（三）案外人申请再审

在司法实践中经常会有法院生效裁判、调解书，涉及当事人以外的第三人的利益，而第三人往往对此事全然不知。对此最高人民法院关于适用《中华人民共和国民事诉讼法》审判监督程序若干问题的解释第五条规定，案外人对生效判决、裁定调解书确定的执行标的物主张权利，且无法提起新的诉讼、解决争议的，可以向作出原判决裁定调解书的人民法院的上一级人民法院申请再审。

（四）检察院启动再审

人民检察院是我国的法律监督机关,其职责的一个重要方面是开展民事审判和行政诉讼的法律监督工作。根据我国《民事诉讼法》有关规定,最高人民检察院对各级人民法院已经发生法律效力的判决裁定,上级人民检察院对下级人民法院已经发生法律效力的判决、裁定,发现符合上述抗诉条件情形之一的,应当提起抗诉。因此,当事人如果认为判决调解或裁定有错误,也可以向检察院提出,要求抗诉。人民法院再审时,应当通知人民检察院派员出席法庭。当事人、第三人和检察院应当在判决裁定发生法律效力后两年内提出,发现审判人员在审理该案件时有贪污受贿,徇私舞弊,枉法裁判行为的不受两年限制。自知道或者应当知道之日起三个月内提起,法院启动再审程序,不受此时间限制。

邵先生提供的证据属于新的证据,可以向检察院机关民行科申请向人民法院提起再审,也可以直接向人民法院提起申请再审。只要你的新证据是有效的,胜诉的希望还是很大的。不过你的房子已经执行完毕,是否能拿回房子还要根据实际情况而定,如果是公正拍卖,拿回的希望就没有了,只能要求原申请人返还和赔偿损失。

（本文刊于 2011 年 1 月 7 日《宜兴日报》）

发黄色骚扰短信可处拘留

宜城街道蒋女士问：我与前男友于半年前分手，可是这三四个月来，他不断给我发不堪入目的黄色短信，有的甚至在深更半夜都发过来。这几个月来我身心疲惫、精神恍惚。常常在夜深人静时还难以入睡，白天也不能完全集中精力工作，他的黄色骚扰短信给我的生活带来很大的负面影响，请问我该怎么办？

储云南律师答：你前男友的行为已构成用短信方式骚扰他人，并且短信的内容含有性的成分，就是平常人们俗称的"性骚扰"。它是一种以侵犯他人人格尊严为特征的民事侵权行为，它以不受欢迎的与性有关的行为、语言、信息、环境等方式侵犯他人的人格权。

蒋女士的前男友无视女性尊严，违背其意愿，以发送淫秽手机短信的方式引起蒋女士的不快和反感，侵犯了其生活安宁和保持自己与性有关的精神状态愉悦的权利，故前男友的行为构成性骚扰。你可以向公安机关报案或者向人民法院起诉。你前男友因其行为有可能承担以下责任。

第一，刑事责任。《刑法》第三百六十四条及相关司法解释规定：利用互联网或者移动通信终端传播淫秽电子短信400件以上的，即为情节严重，按照传播淫秽物品罪定罪，处2年以下有期徒刑、拘役或管制。如果蒋女士的前男友符合此构成要件，可以构成传播淫秽物品罪。

第二，行政责任。《治安管理处罚法》第四十二条第五款规定：多次发送淫秽、侮辱、恐吓或者其他信息，干扰他人正常生活的，处5日以下拘留或者500元以下罚款；情节严重的处5日以上10日以下拘留，可以并处 500 元以下罚款。蒋女士的前男友连续三四个月向其发送不堪入目的黄色短信，干扰其正常生活。依据《治安管理处罚法》第四十二条第五款，可以对其前男友拘留或者并处罚款。

第三，民事责任。《民法通则》第一百零一条、第一百零六条规定：公民、法人享有名誉权，公民的人格尊严受到法律保护，公民的人格权受到侵害时，有权要求停止侵害，消除影响，赔礼道歉，并可以要求赔偿损失。《最高人民法院关于确定民事侵权精神损害赔偿责任若干问题的解释》第一条第二款："违反社会公共利益、社会公德，侵害他人隐私或者其他人格利益，受害人以侵权为由向人民法院起诉请求赔偿精神损害的，人民法院应当依法予以受理。"其中的其他人格利益包括人格尊严权，前男友向蒋女士发送黄色短信，侵害了其人格尊严权，对其身心产生严重影响，可以请求精神损害赔偿。2004 年 3 月 11 日"北京首例短信性骚扰"宣判：因给同事的妻子闫某发了九条黄色短信，引起家庭的误会，出租车司机齐某被判成性骚扰，赔偿闫某一千元精神抚慰金。

综上所述，蒋女士可以到当地派出所报案，要求对前男友追究刑事责任或行政责任，公安机关会根据查明的事实决定追究行为人的刑事或行政责任。同时也可以采取包括诉讼索赔精神损害抚慰金等手段维护自身的合法权益。同时需要注意的是：在收到黄色短信后，应当保留到手机上或到公证机关公证，以保全证据。

（本文刊于 2010 年 8 月 26 日《宜兴日报》）

发生医疗事故后，如何维权

张渚镇的史先生：我的朋友 2008 年 3 月因胸口痛在 XX 医院做检查，医院诊断我朋友左肺片有肿瘤，需要立刻做切除左肺片手术。手术后，切片经化验根本不是肿瘤，这完全是医生的误诊。请问储云南律师，我朋友的情况属于医疗事故吗？我们可以通过哪些途径维护自己的合法权益？

储云南律师答：医疗事故是指医疗机构及其医务人员在医疗活动中，违反医疗卫生管理法律、行政法规、部门规章和诊疗护理规范、医护常规操作，过失造成患者人身损害的事故。在我国，确定是否为医疗事故，目前需要医疗事故委员会鉴定才能认定。

如果患者认为医疗机构在诊疗过程中有可能发生医疗事故或者虽然不构成医疗事故，但是其诊疗过程中有过错造成人身损害的，患者可以采取以下方法。

一、保存和收集证据

医疗纠纷的证据主要有两大类，一是病历资料，二是实物。病历反映了患者从就诊到发生医疗纠纷之日的整个治疗过程，所以病历是医疗事故争议的关键。对于患者自己保存的门（急）诊病例，患者要注意保存。对于住院病历，由于不是由患者保存，根据《医疗事故处理条例》第十条规定："患者有权复印或者复制其门诊病历、住院志、体温单、医嘱单、化验单（检验报告）、医学影像检查资料、特殊检查同意书、手术同意书、手术及麻醉记录单、病理资料、护理记录以及国务院卫生行政部门规定的其他病历资料。患者依照前款规定要求复印或者复制病历资料的,医疗机构应当提供复印或者复制服务并在复印或者复制的病历资料上加盖证明印记。复印或者复制病历资料时,应当有患者在场。"实物包括封存保留的输液、注射用物品和血液、药物等食物以及尸体。患者死亡的,医患双方当事人不能确定死因或者对死因有异议的,应当在患者死亡后 48 小时内进行尸检,具备尸体冻存条件的,可以延长至 7 日。尸检应当经死者近亲属同意并签字。有的患者家属因为患者的死亡产生过激行为,认为医疗机构治死了人,如果不给赔偿,就不给患者下葬,以此来给医疗机构施加压力。其实这种做法不仅对于事故的处理于事无补,而且还触犯了法律,应采取正确的方法和途径。

二、双方协商

患者与医院发生医疗事故争议,可以依据平等自愿原则,自行协商解决。在当前建立和谐社会,各地建立了社会矛盾调解中心,对各种民事纠纷都可以通过中心进行调节,以达到节省诉讼成本,快速高效地解决纠纷。因此,通过双方和解或调解的方式来解决纠纷不失为最好的方法之一。

三、要求卫生行政部门处理

当医患纠纷双方发生医疗事故争议后,任何一方均可要求卫生行政部门处理。根据《医疗事故处理条例》第三十七条、三十八条的规定,当事人自知道或者应当知道其身体健康受到损害之日起 1 年内,可以向医疗机构所在地的县级人民政府卫生行政部门提出医疗事故争议处理申请。卫生行政部门接到医疗事故争议当事人要求处理医疗事故争议的申请后,对需要进行医疗事故技术鉴定的,应当交由负责医疗事故技术鉴定工作的医学会组织鉴定;患者根据鉴定结果再作进一步处理。

四、提起请求民事赔偿诉讼

患者在诊疗过程中,只要认为医疗机构有过错或者违反双方的约定,无论是否构成医疗事故均可向人民法院起诉。原《医疗事故处理条例》中的赔偿标准已经《侵权责任法》替代。也就是赔偿标准不再区分医疗事故与非医疗事故,统一适用《侵权责任法》关于赔偿的范围和标准。

(本文刊于 2010 年 12 月 1 日《宜兴日报》)

共同饮酒要谨慎　发生事故需担责

案情:2011 年 4 月 6 日下午 7 点左右,王某邀请陈某等 6 人外出吃饭。席间王某称自己有病,医生不让喝酒,只喝了不到一两白酒、三碗啤酒。当晚王某回到家后猝死。王某的妻子诉至法院,要求陈某等 6 人承担民事责任,请求判令 6 被告赔偿抚养费、赡养费、丧葬费、精神抚慰金。法院根据各方的过错程度、行为造成的后果等,判令被告承担抚养费、赡养费、丧葬费等各项损失的 30%,并酌情赔偿精神抚慰金。

储云南律师分析:这是河南省新野县法院作出的一个判决,对之后的司法实践有一定的借鉴意义。我国是一个有着几千年悠久历史的文明古国,自古就有设酒待客的传统。近年来,随着人们交往的日益频繁和中国饮酒习俗的蔓延,因共同饮酒行为而引发的人身损害赔偿纠纷案件不断增多。

共饮人之间的民事纠纷、争议一般主要围绕在共饮人饮酒过程中是否存在劝诫、照顾等注意义务,以及是否尽到了前述义务。虽然共饮中的受害者是完全民事行为能力人,但是在一个人醉酒的情况下,即便是完全民事行为能力人也会在醉酒后处于意识模糊或无意识状态,非但不能保护自己,还可能对自己或他人造成损害。此时,其他共饮者对共饮醉酒者的劝诫、照顾等责任是义不容辞的。朋友之间在共饮过程中虽不像一般的民事合同那样要求有具体的权利义务的约定,但实质上相互间已对饮酒活动达成了共识,虽然这种共识本身没有明确的书面确认,但是饮酒过程中产生的附随义务即对共饮人的劝阻、提醒等照顾义务和注意义务是必然存在的。因此在不履行这种照顾义务时,其他共饮人对所产生的损害后果也需承担相应的责任。在以下几种情况下，共同饮酒人也应当承担相应的责任，但是原告必须举证说明存在以下这几种情况。

一、强迫性劝酒

作为共饮人，如果在饮酒过程中有明显的强迫性劝酒行为，如故意灌酒、用话要挟、刺激对方，不喝就不依不饶等，只要主观上存在过错，对于损害后果的发生，共饮人就应当承担相应的赔偿责任。

二、明知醉酒人不能喝酒

如果明知对方患有疾病不能喝酒仍劝其喝酒，导致心脏病、心肌梗死等疾病的发作，引起伤残、死亡等损害后果的，共饮人应承担过错责任。如果共饮人不知道，在喝了少量酒的情况下，对方诱发疾病，此时共饮人无须承担过错责任。但依据民法通则中的公平责任原则，共饮人也应承担一部分赔偿责任，如果在不知道的情况下劝了大量的酒，应认定该共饮人有过错，承担赔偿责任。本案中王某称自己有病医生不让喝酒，因此认定共饮人明知王某不能喝酒，应承担过错责任。

三、酒后驾车、洗澡或剧烈运动未加以劝阻

我国法律并没有规定共饮人对醉酒人酒后驾车、洗澡、剧烈运动等行为的劝阻义务，但正是因为共饮人行为往往比较私密，外人往往难以介入，共饮的地点五花八门，醉酒者有时难以得到共饮人以外的单位或者个人的及时救助，因此不能完全排除共饮者或者共饮在场人对供应醉酒者的救助、救护义务。如果未履行此义务，造成醉酒人人身损害的，根据侵权责任法有关规定，应承担相应的责任。如果已尽到劝阻义务，而醉酒人不听劝阻，共饮人是可以免责的。

四、未将醉酒者安全送达

共饮人未将醉酒人送回安全且有人照顾的地方，共饮人是否要承担责任呢？对此，应结合饮酒者当时的神志状况来加以判定。如果饮

酒者已经失去或即将失去对自己的控制能力,神志不清,无法支配自己的行为,此时共饮人负有一定的监护义务,若出现意外,共饮人对此有过错,根据侵权责任法的有关规定,应承担相应的赔偿责任。

因此,这个案例给了我们周围亲朋好友间的劝酒行为一个很好的警示:亲朋好友之间喝酒一定要适量,绝不可强行劝酒,如果最后导致损害结果产生,后悔都来不及。

（本文刊于 2011 年 8 月 30 日《宜兴日报》）

物业服务不到位时，
业主可否拒交物业管理费

宜城街道某小区业主张先生问：我们所在小区的物业服务很不到位，小区内垃圾随处可见，垃圾箱两三天才处理一次，异味四处飘散；小区内路灯有几个坏了很久了，我们也提醒过他们很多次，就是没人来修。**物业管理如此之差，业主能否拒交物业管理费**？

储云南律师：张先生，你好，如果您是因为物业服务不到位而想拒交物业管理费的话，是不可以的。

首先，物业管理是指业主通过选聘物业管理企业，由业主和物业管理企业按照物业服务合同约定，对房屋及配套的设施设备和相关场地进行维修、养护、管理，维护相关区域内的环境卫生和秩序的活动。物业管理费的交纳主要是根据业主和物业公司双方约定的合同来定的，合同对双方是有约束性的，除非合同无效（比如说合同主体虚假或合同内容违法），您可以不交纳，否则您不交纳就要承担相应的责任；除了补上未交的物业管理费外，还需要交纳滞纳金。《无锡市物业管理办法》第五十二条规定：业主、物业使用人未按照物业管理服务合同约定缴纳物业管理服务费的，经物业管理企业催交仍不交的，物业管理企业可以按每日万分之五加收滞纳金；业主委员会应当督促其限期交纳，逾期仍不交纳的，物业管理企业可以向人民法院提起诉讼或者申请仲裁。所以，关于物业服务费，您还是要正常缴纳的。

反过来说，你们签订的合同对物业管理企业不能提供合格服务也同样做了约定，也就是说，如果物业管理企业服务不到位，应当根据实际情况给予业主一定的补偿，补偿可以是多种形式的，具体方式业主和物业管理公司双方是可以约定的。因为我国的《物业管理条例》第三十六条有这样的规定：物业服务企业应当按照物业服务合同的约定，提供相应的服务。物业服务企业未能履行物业服务合同的约定，导致业主人身、财产安全受到损害的，应当依法承担相应的法律责任。

另外，根据《无锡市物业管理办法》第四十六条的规定：业主、业主委员会和物业管理企业应当对其负有维护责任的物业定期维修、养护。

所以，如果物业公司服务不到位对你有一定影响，可以搜集证据要求物业公司对你进行赔偿，同时可以请求业主委员会或者业主大会对物业管理企业提出监督整改。至于业主的维权途径有很多种，你可以向县级以上地方人民政府房地产行政主管部门投诉，或者在全额缴纳完物业管理费之后起诉物业公司，起诉其不能提供合格服务，并要求物业公司赔偿因不能提供合格服务而导致你遭受的损失，或者直接通过业主委员会解除《物业服务合同》并更换物业公司。

（本文刊于 2010 年 4 月 14 日《宜兴日报》）

买到假酒可以拿到十倍的赔偿金吗？

官林镇钱先生问：快过年了，在朋友的介绍下，我到商场买了一箱五粮液，价值 4500 元。在一次宴请中，大家发现味道不对，于是我拿着酒到质检部门去鉴定，结果发现是假酒。商场态度好得不得了，要我把假酒拿过去进行调换。听说新的《食品安全法》可以假一赔十，请问储云南律师像我这种情况可以赔到吗？

储云南律师答：食品安全问题，在我国一直是久治不愈的问题，也是民众强烈关注的问题。我国是个人口众多的农业大国，环境保护意识差，种植业、养殖业、畜牧业源头的污染对食品安全的威胁越来越严重，农药、兽药滥用，造成食物中的农药、兽药残留问题突出。食品中添加不符合食品卫生要求的物质而引起的食品中毒等事件屡有发生。包括卷土重来的"三聚氰胺"，阴魂不散的"地沟油"，而毒豇豆、植物奶油、漂白蘑菇等事件，也折射出食品领域问题花样不断翻新。这些食品问题深深地刺痛了民众的心，我也是深恶痛绝。因此，在遇到有问题的食品时，我们每个人都有责任，有义务较真，食品安全的问题才会越来越好，我国人大这次又将食品监管写入刑法，从更高的层次重视食品安全。

首先，你要收集证据，购酒票据要保存好。假酒也不要轻易交给商场，因为你一旦把假酒交给他们，离开你的视线范围就有被调换的可能，有关质检部门的鉴定结果也要保存好。

其次，先不要惊动商家。为了收集对你有利的证据，你到工商局或质检局举报，必要时和执法人员到现场查处，要求执法人员查封或扣押现场尚未销售完毕的物品。

第三，要求商家退还你所购假酒的钱款，并要求赔偿由此造成的损失。另外可以要求商场支付不低于假酒价值十倍的赔偿金，就是 45000 元。

根据《中华人民共和国食品安全法》第九十六条第二款：生产不符合食品安全标准的食品或者销售明知是不符合食品安全标准的食品，消费者除要求赔偿损失外，还可以向生产者或者销售商要求支付价款十倍的赔偿金。当然并不是因为假酒才赔偿十倍的赔偿金，而是生产不符合食品安全标准的食品或者销售明知是不符合食品安全标准的食品，消费者均可以获得赔偿，另外还可以要求生产者向销售者支付价款十倍的赔偿金。生产者和销售者除了赔偿损失外，还要承担行政责任，构成犯罪的还要被追究刑事责任。

经营腐败变质、油脂酸败、霉变生虫，污秽不洁、混有异物、掺假掺杂或者感官性状异常的食品，按照《中华人民共和国食品安全法》第五十八条规定，没收违法所得、违法生产经营的食品和用于违法生产经营的工具、设备、原料等物品；违法生产经营的食品货值金额不足一万元的，并处二千元以上五万元以下罚款；货值金额一万元以上的，并处货值金额五倍以上十倍以下罚款；情节严重的吊销许可证，销售者售假金额达到一定的数额，则触犯我国刑法，生产者、销售者应当按下列规定承担刑事责任。

《中华人民共和国刑法》第一百四十四条规定，在生产、销售的食品中掺入有毒、有害的非食品原料的，或者销售明知掺有有毒、有害的非食品原料的食品的，处五年以下有期徒刑，并处罚金；对人体健康造成严重危害或者有其他严重情节的，处五年以上十年以下有期徒刑，并处罚金；致人死亡或者有其他特别严重情节的，依照本法第一百四十一条的规定处罚，处十年以上有期徒刑、无期徒刑或者死刑。

（本文刊于 2010 年 12 月 28 日《宜兴日报》）

网上购物，如何维权？

环科园的李小姐问：储云南律师您好，前几天我在网上买了一个品牌空气净化器，我打开包裹后发现，净化器上有明显的划痕和灰尘，是已经用过的东西。我和卖家联系，卖家不是不接电话，就是不回信息。好不容易联系上了，只说宝贝是全新的，从没有用过，不帮我换货。请问储云南律师，我该如何用法律武器维护我的权益？

储云南律师答：网上购物已经是消费者进行消费活动的一种重要形式。一台电脑，一根网线，就可以在家实现全国逛街，随时逛街，随时购物，网络市场的出现极大地改变了人们的生产生活方式，代表着未来市场交易发展的方向，适合现代人的生活节奏，越来越受到人们的偏爱。但是随着网络购物的火爆，销售额的快速攀升，目前网络消费纠纷也日趋增多。修理、换货、退货成为众多消费者经常遇到的问题，由于商品质量问题造成的人身、财产损害，消费者经常是索赔无门。据有关部门统计，70％的消费者投诉遭遇失败，为此，国家工商行政管理总局特别制定了《网络商品交易及有关服务行为管理暂行办法》。

那么消费者应当如何预防和维护自己的权益，我们只能从现行的法律法规上寻求最佳保护自己权利的途径。

第一，选择可靠的店铺进行网上消费。实体消费尚存在欺诈，网上购物更是给了一些不法商贩钻空子的机会。消费者应当从源头上、根本上解决出现难以维权的问题，消费者在网购时应当选择正规的网店，如淘宝网、京东等正规网站。然后选择签订过《消费者保障协议》的卖家、店铺网站。首页最下面有电信业务增值许可证的店铺，有实体店的店铺,提供真实发票的店铺的商家,这些店铺相对来说信用程度高,出现维权困难的可能性较小,即使出现纠纷等问题时,一般情况下,消费者也能通过正当途径保障自己的权益。

第二,保全证据。网购的一大特点是,网购不发生实体店的买卖合同,消费者和卖家一旦发生纠纷,经常会出现无证可取的情况。这样无论是行政执法部门还是司法部门都难以受理,因此保留网络交易的证据就显得非常重要了。首先,在交易过程中,消费者应当注意运用网络快照、截屏等方式,保留货物信息描述、交易对通话记录等证据,其次,在网购过程中一定要向卖方索要正规发票,以此明确责任主体。根据《消费者权益保护法》第二十一条的规定,经营者提供商品或者服务,应当按照国家有关规定或者商业惯例向消费者出具购货凭证或者服务单据;消费者索要购货凭证或者服务单据的,经营者必须出具。网上经营也必须遵守该法规定。

第三,网购维权。网上购物是消费者消费的一种方式,受我国《消费者权益保护法》及《网络商品交易及有关服务行为管理暂行办法》等相关法律法规的规范及保护。根据我国《消费者权益保护法》第四十六条的规定,经营者以邮购方式提供商品的,应当按照约定提供。未按照约定提供的,应当按照消费者的要求履行约定或者退回货款,并应当承担消费者必须支付的合理费用。

同时根据《消费者权益保护法》第二十二条、第二十三条、第十八条的规定,经营者以广告、产品说明、其他方式表明商品或者服务的质量状况的,应当保证其提供的商品或者服务的实际质量与表明的质量状况相符。经营者提供商品或者服务,按照国家规定或者与消费者的约定,承担包修、包换、包退或者其他责任的,应当按照国家规定或者约定履行,不得故意拖延或者无理拒绝。经营者应当保证其提供的商品或者服务符合保障人身、财产安全的要求。

在网购过程中,出现付款后没有收到货物、货物与描述不符、服务质量有问题等情况时,应当立即与卖家联系,争取协商解决。在该途径无法解决问题后,对于签订《消费者保障服务协议》的店铺,消费者可以通过淘宝网维护权益。同时,消费者应当立即向当地消费者协会、产品质量监督部门、工商行政管理部门等部门寻求帮助,在其他途径都无法解决的情况下,消费者也可以选择提起诉讼。在这之前尽可能用其他方法来解决,毕竟诉讼还是需要成本的。

因此如果你与购买空气清洁器的商铺签订了《消费者保障服务协议》的话,可以通过淘宝网,申请退款后在"已买到的宝贝"页面中申请维权,淘宝网会保障您的利益。也可以按照上面的方式收集证据,向消费者协会投诉。通过上述途径仍然无法解决的话,可以依法向法院提起诉讼。

(本文刊于 2011 年 3 月 17 日《宜兴日报》)

网上消费被欺诈如何维权

新街街道许先生问：胡律师，您好！我这个月初花了 1000 元在网上买了两盒高档茶叶准备送人。买的时候明确谈好是 500 元一盒的档次！但是我收到的货却是次货，大多是碎屑和杆子，几十块钱一盒都不到。我和卖家联系，要求退款，可卖家却说就是这样的，没有任何问题，请问胡律师，我该怎么办？

胡丹律师：在如今的网络时代，消费者消费的方式不仅仅局限于传统的面对面接触的方式，以邮购的方式在网上购买商品已是现代社会商品销售的重要手段。电子商务的迅猛发展给人们带来了极大便利的同时，也隐含着巨大的交易风险。由于网上交易的无形性，买卖双方并不能直接见面，买卖的标的物也只能看到图片，消费者不能通过网络查知货品真实情况，也无力调查卖方的资信情况。往往是消费者支付货款后却没有买到满意的商品，常常使其在网购交易中处于劣势地位。但是我国的《消费者权益保护法》赋予了消费者保护自己的权利，鼓励消费者勇敢与欺诈行为做斗争。

《消费者权益保护法》第四十六条规定：经营者以邮购方式提供商品的，应当按照约定提供。未按照约定提供的，应当按照消费者的要求履行约定或者退回预付款，并应当承担预付款的利息，消费者必须支付的合理费用。第四十九条规定：经营者提供商品或者服务有欺诈行为的，应当按照消费者的要求增加赔偿其受到的损失，增加赔偿的金额为消费者购买商品的价格或者接受服务的费用的一倍。

经营者在提供商品或者服务中，采取虚假或者其他不正当手段欺骗、误导消费者，使消费者的合法权益受到损害的行为，均构成欺诈。按我国《欺诈消费者行为处罚办法》规定，如：销售掺杂、掺假，以假充真，以次充好的商品的；采取虚假或者其他不正当手段使销售的商品分量不足的；销售"处理品""残次品""等外品"等商品而谎称是正品的；以虚假的"清仓价""甩卖价""最低价""优惠价"或者其他欺骗性价格表示销售商品的；以虚假的商品说明、商品标准、实物样品等方式销售商品的；不以自己的真实名称和标记销售商品的；采取雇佣他人等方式进行欺骗性的销售诱导的；作虚假的现场演示和说明的；利用广播、电视、电影、报刊等大众传播媒介对商品做虚假宣传的；利用邮购销售骗取价款而不提供或者不按照约定条件提供商品的；以虚假"有奖销售""还本销售"等方式销售商品的等，均属以虚假或者不正当手段欺诈消费者的行为。

许先生网上消费所碰到的情况就是典型的以次充好的欺诈行为，应及时采取法律手段维护自己的合法权益。具体可向中国消费者协会投诉，向工商部门反应情况，也可向人民法院提起诉讼，若事态严重更可向公安机关进行报案。消费者们在日常生活当中一定要加强自己的法律意识，懂得运用法律武器来切实维护自身的合法权益。应注意保留购买时网上银行的支付提醒短信、银行转账发票等证据。

（本文刊于 2013 年 3 月 14 日《宜兴日报》）

录音取证的注意事项

一、录音证据取证的司法解释

原最高人民法院《关于未经对方当事人同意私自录音取得的资料能否作为证据使用问题的批复》曾规定：未经对方当事人同意私自录音取得的资料不能作为证据使用，以违法证据排除规则排除使用。而最高人民法院新的民事诉讼证据规则重新规定了非法证据的确切含义，即《关于民事诉讼证据的若干规定》第六十八条规定：以侵害他人合法权益或者违反法律禁止性规定的方法取得的证据，不能作为认定案件事实的根据。对录音证据而言，如果录音证据的持有者采用了侵犯他人隐私或者违反法律禁止性的规定，比如录有他人隐私或在其工作或住所窃听取得的录音资料，仍然会被排除使用。

但是，《最高人民法院关于民事诉讼证据的若干规定》第七十条："有其他证据佐证并以合法手段取得的、无疑点的视听资料或者与视听资料核对无误的复制件"是有证明力的。要使该录音证据成为判决依据，必须符合两个条件：

其一，录音证据的取得必须符合法律的规定，录音双方当事人的谈话当时没有受到限制，是自觉自由的意思表示，是善意和必要的，是为了保护当事人合法权益和查明案件真实情况的；

其二，该录音证据录音技术条件好，谈话人身份明确，内容清晰，具有客观真实和连贯性，未被剪接或者伪造，内容未被改变，无疑点，有其他证据佐证。

二、如何进行电话录音才有效呢？

实践中，电话录音一般应符合下列做法。

1. 录音的对象必须是债务人或者承担义务的一方

只有债务人（欠款方）的讲话才能对他本人有约束力。实践中有人不承认被录音人是他本人，这时您应申请进行司法鉴定，但鉴定费需要您先预交（费用很贵，一般按照分钟收费），最后鉴定费用承担问题由法院判决（一般由败诉方承担）。当然拨打的电话最好是被录音者在电信或者移动等通信公司实名登记的号码。

2. 电话录音内容必须完整反映债权债务的内容或者其他民事义务内容

例如：是欠款，那么录音应让债务人完整说出欠钱的具体金额和理由，金额最好是准确的数字，而不是约数。

3. 电话录音应当真实完整

录音证据应当未被剪接、剪辑或者伪造，前后连接紧密，内容未被篡改，具有客观真实性和连贯性。有些时候录音者会故意引导对方作出某些回答，之后进行技术剪辑，得出一份对自己有利的证据，在这种情况下即使真实，也是无效的。

4. 电话录音内容必须反映被录音人真实意思表示

被录音者必须不是在被逼的情况下录音的，任何通过非法限制人身自由、绑架、威胁等手段取得的证据都是无效的，因此在录音时应注意讲究方式和方法，谈话时态度、语气一定要和善。

5. 电话录音取得的方式应当合法

《最高人民法院关于民事诉讼证据的若干规定》规定，以侵害他人合法权益或者违反法律禁止性规定的方法取得的证据，不能作为认定案件事实的依据。例如不能凭同意结婚的录音要求法院判决结婚（因为《婚姻法》规定婚姻是自由的），私自在他人住宅窃听的录音一般会被认定因侵犯公民的住宅权而无效。

6. 电话录音应留下原始载体

通过录音笔或者手机录音后,在拷贝到电脑后,存在录音笔或者手机中的录音资料不要删除。根据《最高人民法院关于民事诉讼证据的若干规定》,录音证据如果对方有异议时,法院或者鉴定机构会要求您出示原始录音材料,否则录音证明力将有问题。另外录音完毕后要整理成书面材料,并刻制成光盘(如法院需要)。

三、录音证据的取证技巧

2002 年 4 月 1 日起施行的《最高人民法院关于民事诉讼证据的若干规定》规定,以合法手段取得的录音可以作为证据提交法庭。但在现实中当事人往往缺乏取证技巧,导致获得的录音证明力不足。在此,探讨一下有关录音证据的取证技巧问题。

1. 录音时间和地点的选择

从有利诉讼的角度来说,录音应尽早进行。越早进行,取证对象越无防备,特别是在初次交涉时,一般不会歪曲事实,这个时候的谈话录音价值最大。而在几经交涉后,对方往往会从有利自身的角度进行叙述,或者持防备态度。

地点的选择,也非常重要,应该尽量寻找比较安静和不受干扰的地方,能够获得较好的录音效果。

2. 录音器材

尽量选择体积小、易隐藏、录音时间长、音质高的设备。采访机、录音笔或带录音功能的 MP3 都可以,最好是可以进行复制的。另外,电话录音一般不如现场录音效果好,在谈话出现分歧时,取证对象如果不想继续的话,可能会把电话挂断,而在当面谈话时,即使出现一些争论也能够继续。

3. 取证前的准备工作

准备好取证的事项和希望对方承认的事实。对谈话内容做好准备,包括事先考虑好所提示的问题和对方可能的态度,应该如何诱导对方表态等。至于是否要事先约见,则应根据情况而定,径直上门容易获得"攻其不备"的效果,但也有可能遇到意外情况,如被对方拒绝或者因其他原因使得谈话被中断。

4. 谈话方式

既然是私录,当然最重要的就是不能让取证对象察觉你是在录音,所以神态、语气都要自然,如果是认识的人,更要注意。

(1)谈话过程中交代一下时间、地点,明确各方谈话者的身份和与谈论事实的关系,在交谈时尽量用全名称呼,以增强录音的关联性和可信度。

(2)注意与其他证据的内容相互印证,因为有其他证据佐证是录音证据被采信的条件。

(3)谈话内容不要涉及与案情无关的个人隐私或商业秘密,也不要采用要挟口吻,否则可能会被认定为不合法而不予采信。

(4)着眼于事实的叙述、承认或否认,不要纠缠于法律责任的争论。

(5)注意控制谈话时间,能问到希望对方承认的事实,说到要点即可。

5. 必要时可以请公证机关公证录音过程

在开展证据公证的地方,必要时可以请公证机关公证录音过程,确保录音证据的合法性。

在公证员面前拨打电话并录音,公证处会出具证据保全公证书。《最高人民法院关于民事诉讼证据的若干规定》规定,经过公证的证据证明力高于一般的证据。公证的录音可以被法院认定没有经过剪接,另外公证费用也不高。

(本文刊于 2016 年 10 月 8 日《宜兴日报》)

录音资料如何成为证据？

宜兴两岸咖啡的辅菁芳经理问：去年 5 月我从某商场买了一款空调并进行安装。因为空调主机经常停止运转且运转过程中噪音较大，为此，我与商场营业员交涉多次要求调换，营业员也答应帮我解决。可是，就在协商之际，我的发票因为经常拿出拿进遗失了，怎么也找不到。但是，我每次与营业员谈话都用 MP3 进行了秘密录音，录音中营业员也承认出售给了我这台运转失常的空调是他们商场的。请问储云南律师，一旦我与商场发生诉讼，这些录音能不能作为证据使用？

储云南律师：私自录音成为有效证据，必须具备三个条件。

第一，当事人提供的录音资料内容未被篡改，具有真实性和客观性，录音资料未被剪接、剪辑或者伪造，前后连接紧密。

第二，录音资料的取得必须不违反法律禁止性规定。如果录音者在录音过程中采用了侵犯他人隐私或者违反法律禁止性的规定，比如在其住所地依靠窃听方式取得录音资料，就属于违反法律禁止性规定取得的证据，不能作为诉讼证据使用。

第三，对方未提出异议或异议理由不成立。法庭在把录音证据作为判案依据时，还要对录音证据进行全面审查。如果录音资料有虚假性，或者录音资料违反法律禁止性规定，那么该录音证据便失去证明效力。你所描述的情况，如果录音资料未被剪辑，应该是有法律效力的。

储云南律师提示：

1. 在没有直接证据或现有材料为复印件的情况下，可以考虑电话录音或现场录音。

2. 录音之前,要表现自然,不要打草惊蛇让对方怀疑你是在录音。

3. 录音之前,一定要整理材料,挑选出需要录音的关键内容,不要遗漏所有证明的内容。对方一般不可能给你第二次机会。

4. 准备好录音设备,不要录了半天却录制失败。录音之前要进行多次实验。操作熟练了,方可进行。

5. 录音过程中,谈话时要态度、语气一定要和善,不要让对方怀疑。

6. 录音完毕后要整理成书面材料,并刻制成光盘(如法院需要)。

7. 要保留原始录音,如在录音笔中,不要删掉,因为可能要涉及录音鉴定。

8. 为正义之事,合法录音。

法条链接:

《最高人民法院关于民事诉讼证据的若干规定》

第六十八条 以侵害他人合法权益或者违反法律禁止性规定的方法取得的证据,不能作为认定案件事实的依据。

第七十条 一方当事人提出的下列证据,对方当事人提出异议但没有足以反驳的相反证据的,人民法院应当确认其证明力:……(三)有其他证据佐证并以合法手段取得的、无疑点的视听资料或者与视听资料核对无误的复制件……

(本文刊于 2010 年 3 月 16 日《宜兴日报》)

如何看待微信证据的效力

　　随着互联网应用的普及,网上交易越来越多,电子邮件、电子提单、微信和 QQ 聊天记录等,在人们的日常生活和商业往来中发挥着越来越重要的作用。很多交易中人们不再签订书面合同,只是进行网上确认,或以电子邮件来确认交易,而后付款交货。电子交易确实给人们带来巨大便利,但同时也给人们带来很多困扰,比如发生争议时如何举证以及如何看待其效力等问题。

　　《民事诉讼法司法解释》明确短信、微博、网聊记录等可作证据,此次《民事诉讼法司法解释》明确,通过电子邮件、电子数据交换、网上聊天记录、博客、微博客、手机短信、电子签名、域名等形成或者存储在电子介质中的信息,也可以作为民事案件的证据。

　　微信作为一种新兴的网络传媒工具,它整合了电子邮件、网上聊天、博客、QQ 聊天工具、网上购物、网络支付平台等功能,由于其便捷性,我国使用的人数已达 5 亿多,稳坐新型信息交流平台的头把交椅。微信平台上的信息以电子数据的形式存在,显然属于民事诉讼法规定的证据范畴,由于使用的普及性,目前在诉讼中作为证据出现的频率也越来越高。

　　但微信证据要成为认定案件事实的依据并不容易,暂且不论微信证据内容与案件事实之间的关联度,微信证据要得到采信,须满足两个前提条件。

　　一是微信使用人就是当事人双方。因微信不是实名制,若不能证明微信使用人系当事人,则微信证据在法律上与案件无法产生关联性。

微信使用人的身份确认问题,目前的司法实践主要有四个途径:对方当事人自认;微信头像或微信相册照片的辨认;网络实名、电子数据发出人认证材料或机主的身份认证;第三方机构即软件供应商腾讯公司的协助调查。前两种方式明显带有偶然性,不能作为常态化的确认方式,后两种方式都涉及软件供应商公司的第三方技术协助,但尚未形成良性运转的流程,自然也不可能像大家想象的由自己提交一段微信记录那么简单。

二是微信证据的完整性。此条件关涉微信证据的真实性及关联性,因微信证据为生活化的片段式记录,如不完整可能断章取义,也不能反映当事人的完整的真实意思表示。

由于缺乏明确的认证规则和专门的电子证据鉴定机构,部分公证、鉴定存在瑕疵缺漏,这些都增加了法院采信电子证据的难度。

因此,建立专门的电子数据证据鉴定机构并明确其认证规则,是目前微信证据发展的必然要求。

(本文刊于 2016 年 3 月 30 日《宜兴日报》)

借贷常见的执行措施有哪些？

宜城街道史先生问：李某曾向我借贷 300 万元，借期期满后李某仍不归还欠款。后诉至法院并获得了法院的支持，但是由于诉前没有申请财产保全，判决生效后李某仍不执行法院的判决。请问储云南律师，在向法院申请执行时，有哪些方法可以维护我的合法权益？

储云南律师答：在判决书、裁定书、调解书、仲裁裁决书、仲裁调解书、法院支付令等法律文书生效之后，义务人不履行法律文书确定的义务的，权利人可以向人民法院申请强制执行。但是一直以来，"被执行人难找、被执行财产难查"都是制约执行工作开展的一大难题。被执行人规避执行的手段层出不穷：转移财产、虚假负债、虚假离婚等。应对这些问题，法院也采取了一系列行之有效的办法。

1. 被执行人的财产报告制度

对于被执行人未按执行通知履行法律文书确定的义务的，执行法院可要求被执行人限期如实报告自己的财产，并告知拒绝报告或者虚假报告的法律后果。对于被执行人暂时无财产可供执行的，可以要求被执行人定期报告。被执行人既不履行义务又拒绝报告财产或者进行虚假报告，给申请执行人造成损失的，相关责任人将会受到罚款、拘留等处罚。

2. 扣留、提取被执行人的收入

被执行人拒不履行法律文书确定的义务的，对于有工作收入的被执行人，在保留被执行人及其所扶养家属的生活必需费用后，执行法院可以对被执行人的收入采取扣留、提取等措施。被执行人的单位和金融机构在执行法院发出协助执行通知书后,必须配合执行法院对被执行人收入采取执行措施。

3. 搜查、查封、冻结、扣押

近年来,法院逐步完善了与金融、房地产管理、国土资源、车辆管理、工商管理等各有关单位的财产查控网络。被执行人未按执行通知履行法律文书确定的义务的,执行法院可以向有关单位查询被执行人的财产情况。被执行人隐匿财产的,执行法院也可以对被执行人及其住所或者财产隐匿地进行搜查。法院可以裁定对存款采取冻结、划拨等措施,督促或强制被执行人履行义务。对于其他财产,可以采取查封、扣押等措施。

4. 拍卖、变卖

在法院裁定对被执行人财产采取查封、扣押等措施后,法院将会指定一个期间,让被执行人履行义务。如果在指定期间被执行人仍不履行的,法院可以对被执行人的财产进行拍卖或变卖。

5. 司法拘留、刑事制裁

被执行人有能力履行法律文书确定的义务而拒不履行,并且隐匿财产、虚构债务或者以其他方法隐藏、转移、处分可供执行的财产,拒不交出或者隐匿、销毁、制作虚假财务会计凭证或资产负债表等相关资料,以虚假诉讼或者仲裁手段转移财产、虚构优先债权或者申请参与分配,损害申请执行人或其他债权人利益,人民法院将会根据情节轻重予以罚款、拘留;构成拒不履行判决、裁定罪或其他犯罪的,还将会被追究刑事责任。

6. 列入失信被执行人名单

7. 被执行人为单位的,可以申请被执行人破产

被执行人未按执行通知履行法律文书确定的义务的,法院可以对其采取限制出境,在征信系统中记录、通过媒体公布不履行义务信息;如果查出被执行人享有对第三人的债权的,申请人可向法院申请执行到期的债权,或者保全未到期的债权。被执行人对申请执行人享有债权的,申请执行人还可以向法院主张抵销。申请执行人还可向法院申请限制被执行人的高消费行为。当然,各种事后的补救手段,其效果都远不如事前预防。在起诉之前就申请对被申请人的财产进行保全,可以有效避免被申请人转移财产等规避执行的行为。

(本文刊于 2012 年 9 月 27 日《宜兴日报》)

强制执行有关"唯一住房"问题解答

读者李某问：随着时代进步，老百姓越来越频繁地使用诉讼方式维护自己的合法权益，也清楚法院的裁判是具有强制执行力的，当对方在法定期限内拒绝履行判决或裁定时，当事人有权申请法院强制执行对方财产，使判决或裁定得到执行，令自己的权益得以实现。但随着保障被执行人的基本生存权逐渐成为世界各国立法的基本原则，为促进社会稳定，我国相关法律规定法院有权查封被执行人占有的不动产；对于被执行人及其所扶养家属生活所必需的居住房屋，人民法院可以查封，但不得拍卖、变卖或者抵债。使得被执行人往往以唯一住房为生活所必需而拒绝搬出。法院陷入执行困境，被执行人拒不搬出且一直拖延执行，最终的不利后果多由债权人承担。针对这种情况，请问储云南律师，何为"生活所必需"住房？

储云南律师答："生活所必需"是一个不确定的概念，法律没有明确界定何为"最低生活标准所必需的居住房屋"，因此执行法官在判断"生活所必需"时有自由裁量权，但也正因为没有明确标准，导致现实中有部分当事人或部分执行法官认可"债务人的唯一住房不得强制执行"。从理论上讲，被执行人的所有财产均是所负债务的担保，均可采取强制措施，但现实并非如此。此时，界定此房屋是否为"生活所必需"则显得尤为重要，应从被执行房屋面积、地段、价值等基本情况，被执行人是否享有其他租赁房屋，唯一房屋的实际居住情况，被执行人之现实生存能力等几个方面来考量。

（一）被执行房屋面积、地段、价值等基本情况

对于房屋面积，如明显超过所在地最低安置面积、居民住房最低标准及人均住房面积等，则可认定为不属"生活所必需"；对于地段，对照当地房屋市场平均价格，如果位于市中心或价值较高地段，则也可认为不属"生活所必需"；对于价值，如评估变现后即使安置被执行人及其家属后仍有足额变价款以实现债权，则也可认定不属"生活所必需"。

（二）被执行人是否享有其他租赁房屋

执行中常出现被执行人名下虽只有一套房产，但因从事生产经营或户籍所在地不在房屋所在地，长期固定租赁第三人房屋，或在农村集体土地上从事畜牧养殖或经济作物种植，在承包土地上建造有房屋，只要被执行人有稳定的居住权，则可认定其名下唯一住房不为"生活所必需"。

（三）唯一房屋的实际居住情况

被执行人及其家属必须实际居住在该房屋中，若房屋闲置或出租，即可推定被执行人有能力在该房屋之外解决居住问题，即使是唯一住房也可强制执行。另外，如果被执行人共同居住的家庭成员名下有其他房产，且被执行人长期居住在家庭成员名下房产中，自己名下房屋用于出租，则也可认定名下唯一住房不为"生活所必需"。

（四）被执行人之现实生存能力

应考虑被执行人年龄、职业背景、收入、学历等情况，如果被执行人年富力强，则可推定即使强制执行唯一住房，其也能够自行解决住房问题。相反，如果被执行人年老体弱，无固定收入或生病住院，则不能强制执行唯一住房。

记者问：那对于"生活所必需"的唯一住房，是否可以执行呢？

储云南律师答：应当明确的是法律赋予了法院强制执行被执行人唯一住房的权利。但是基于对被执行人基本生存权的考量，若要执行生活所必需唯一住房，应首先穷尽其他执行手段，如果除强制执行唯一住房外有其他途径实现,则不得强制执行。必须强制执行唯一住房时,从社会效果和法律效果来考量,法院应做好被执行人心理疏导工作,要借助社会力量参与并且要保障被执行人居住问题,需要做到下面几个方面:

(一)做好被执行人心理疏导工作

强制执行唯一住房往往对抗激烈,执行风险大,对于必须强制执行唯一住房者,执行法官也应首先做好说服教育工作,详尽告知被执行人有关强制执行房产的相关法律规定,讲明强制执行其唯一住房的必要性,具有法律依据,让被执行人对法院即将采取的强制措施有心理准备。执行中重点做好说服教育工作并贯穿始终,方能有效化解矛盾。对于部分抵触情绪极其严重的被执行人,适时采取拘留等强制措施,让其消除抗拒执行的试探心理,纠正社会上流行的抗拒执行可以获得法外利益的错误观念,但对被执行人提出的合理要求应尽量满足。

(二)借助社会力量参与

唯一房屋事关被执行人基本生存权,法院仅依靠自身力量难以充分、快速做通被执行人工作,社会力量的参与可以有效帮助法院,应当积极、主动、充分地借助各种社会力量参与,拓宽纠纷解决机制。地方党委、政府相关部门的理解和支持,可使法院的执行工作更为畅通;必要时加强与仲裁机构、村委会、居委会等基层组织的协作,在他们的配合下有的放矢地分析成因,对症下药,多管齐下;可邀请人大代表、政协委员参与案件调解、执行,让更多群众了解法院执行原则和程序规则,帮助做好当事人的协调工作;同时,也可借助新闻媒体的力量,宣传相关的法律规定和法院做出的努力,让群众了解、支持法院工作,引导人民群众正确对待此种纠纷,构建和谐的法治环境。

(三)保障被执行人居住问题

在拍卖或要求被执行人腾房前为其提供临时周转房,并给予其合理的腾房时间,腾房时间如何确定,可参照最高院《关于人民法院执行设定抵押的房屋的规定》第二条:"人民法院对已经设定抵押的被执行人及其所扶养的家属居住的房屋,在裁定拍卖、变卖或者抵债后,应当给予被执行人6个月的宽限期。在此期限内,被执行人应当主动腾空房屋,人民法院不得强制被执行人及其所扶养的家属迁出该房屋。"另外,在法院强制拍卖房产后,可让申请人承担辅助保障责任,且应向被执行人返还满足生活需要的必要房产价值。在目前的状况下,法院在部分个案中可加强与政府相关部门的沟通,与社会保障体系充分对接,为无其他居所的被执行人提供安置房、经适房等临时住所,免除其后顾之忧。

(本文刊于 2014 年 9 月 25 日《宜兴日报》)

餐馆就餐被打　店主也需担责

　　案例：2013 年 3 月 12 日 12 点，张强带着儿子到王志开的小餐馆就餐。在就餐过程中，邻桌客人突然发生斗殴，由于餐馆地方狭小，当时人又多，根本没有地方安全地向外走，张强忙着保护儿子，结果张强头部意外被打伤，由于情况发生突然，张强也不知自己受伤是由谁造成的。邻桌打架双方在众人的劝阻下匆匆离开。王志忙着为张强包扎伤口，也没有报警，等王志找打架双方时，已经不见了踪影。2013 年 5 月，张强在找不到打架双方，又与王志协商赔偿事宜无果的情况下，将王志告上法院，要求王志赔偿相应损失。法院经审理认为：王志开的餐馆作为经营场所，除了提供正常的餐饮服务外，其经营者对顾客还负有法定的安全保障义务。而且，王志在张强受伤后，没有及时报警，导致无法查清实际侵权人。因此，对顾客张强所遭受的相应损失由餐馆的店主赔偿。最终经法官调解被告同意赔偿原告医疗费等各项损失 2000 元。

　　储云南律师分析：本案中张强在王志所有并管理的经营场所被打受伤，作为所有者和管理者，其应在合理限度范围内为张强提供安全的用餐环境，对张强承担相应的人身及财产安全保障义务。但王志经营的餐馆地方狭小，客人发生打架时，导致他人无地方躲避，这也是造成张强受伤的原因之一。同时，王志在客人发生打架时，应积极阻止，并立即报警，但王志却消极地不作为，导致最终无法确定伤人者身份。根据《最高人民法院关于审理人身损害赔偿案件适用法律若干问题的解释》第六条第一款规定，公民享有生命健康权，从事住宿、餐饮、娱乐等经营活动或者其他社会活动的自然人、法人、其他组织，未尽合理限度范围内安全保障义务，致使他人遭受人身损害，赔偿权利人请求其承担相应赔偿责任的，人民法院应予支持。

在本案中，**首先，王志没有尽到对张强的人身安全保障义务**。张强在餐馆用餐，王志已经接纳，意味着彼此之间形成了消费合同关系。而《消费者权益保护法》第十八条规定："经营者应当保证其提供的商品或者服务符合保障人身、财产安全的要求。"即顾客基于消费合同享有人身安全不受侵犯的权利，店主则承担安全保障义务。但店主却在他人打架的整个过程中，既没有及时制止、调处、化解矛盾，避免纠纷升级，也没有报警，从而导致张强受到伤害。在张强受到他人伤害后，店主也没能尽到合理的注意义务以确定伤人者身份而令张强无法获得赔偿，明显违反了自身的法定义务。

其次，王志必须赔偿张强的损失。《消费者权益保护法》第四十九条规定："经营者提供商品或者服务，造成消费者或者其他受害人人身伤害的，应当赔偿医疗费、护理费、交通费等为治疗和康复支出的合理费用，以及因误工减少的收入。造成残疾的，还应当赔偿残疾生活辅助具费和残疾赔偿金。造成死亡的，还应当赔偿丧葬费和死亡赔偿金。"《最高人民法院关于审理人身损害赔偿案件适用法律若干问题的解释》第六条也规定："从事住宿、餐饮、娱乐等经营活动或者其他社会活动的自然人、法人、其他组织，未尽合理限度范围内的安全保障义务致使他人遭受人身损害，赔偿权利人请求其承担相应赔偿责任的，人民法院应予支持。因第三人侵权导致损害结果发生的，由实施侵权行为的第三人承担赔偿责任。安全保障义务人有过错的，应当在其能够防止或者制止损害的范围内承担相应的补充赔偿责任。"正因为店主未尽到法定的安全保障义务，决定了张强的受伤虽然是由于他人所致，但店主同样难辞其咎，即在无法确定侵权人的情况下，只能由店主全额赔偿。

在日常生活中，有一些公共场所的经营者或管理者的服务意识还不是很强，认为赚钱才是他们的唯一目的，而其他的所有社会利益，包括消费者利益、职工利益、当地社区利益、环境利益等，却考虑甚少。经营者作为社会的重要组成部分，应承担对应的企业社会责任（Corporate Social Responsibility，CSR），为社会公共利益做出自己应有的贡献。

听众一：我想问一下，什么是安全保障义务，哪些场所对我们负有安全保障义务呢？

储云南律师答：安全保障义务通常是在当事人之间没有书面合同约定的情形下产生的，一种要求一方为了另一方的人身安全和财产安全而积极作为的义务。因义务人违反安全保障义务而产生的责任是不作为责任。安全保障义务可以称为安全注意义务、安全关照义务、安全保护义务或公共安全保障义务等，虽然名称各异，但其核心内容都是围绕经营场所内的人的人身和财产安全而展开的。主要是指从事住宿、餐饮、娱乐等经营活动或其他群众性活动的自然人、法人、其他组织，应尽的合理限度范围内的使经营场所内的人员免受人身及财产损害的义务。我国《侵权责任法》第三十七条规定，宾馆、商场、银行、车站、娱乐场所等公共场所的管理人或者群众性活动的组织者，未尽到安全保障义务，造成他人损害的，应当承担侵权责任。因第三人的行为造成他人损害的，由第三人承担侵权责任；管理人或者组织者未尽到安全保障义务的，承担相应的补充责任。

听众二：如果我不是去消费的，仅是去小餐馆借用个厕所或者正好路过，正巧被餐馆里推搡打架的人误伤了，后来无法找到第三人，我能向餐馆经营者要求赔偿吗？

储云南律师答：可以要求赔偿。因为安全保障义务的保护对象，不仅包括经营活动中的消费者、潜在消费者，社会活动的参与者，还包括合乎情理地进入安全保障义务人具有事实上控制力的"特定场所"的任何人。

听众三：我想请问一下，去年我和朋友去餐馆吃饭，因为餐馆地板很油，滑了一跤受伤了，这个是不是违反了法律上的安全保障义务，是否会获得赔偿？

储云南律师答：的确是违反了安全保障义务，可以主张赔偿。经营者应当对各种可能出现的伤害和意外情况等做出明显的警示，比如刚刚做过清洁的地板较滑，应当明确警示"地板未干，小心滑倒"字样的警示。经营者的上述不作为，对消费者造成了潜在的人身危险。应当予以赔偿。

听众四：我就是一位餐馆经营者，我想问一下在何种情况下算是尽到了安全保障义务？

储云南律师答：你说的就是法律上的免责事由，其中包括了警示义务，应尽的合理限度范围内的使他人免受人身及财产损害的注意义务。同时，受害人过错也是一种免责事由。但其适用需要一个前提：经营者在合理限度内尽到了安全保障义务或相对于受害人的过错，经营者的过错对损害结果的发生十分轻微。受害人不听劝阻或者无视警示，或者故意、重大过失违反安全要求，往往是造成损害的直接原因，都可以成为免责事由。

（本文刊于 2014 年 4 月 30 日《宜兴日报》）

图书在版编目(CIP)数据

让天平指向公正:企业家涉法实战录 / 储云南著.
—南京:南京大学出版社,2020.4
ISBN 978-7-305-22895-7

Ⅰ.①让… Ⅱ.①储… Ⅲ.①法律-中国-问题解答
Ⅳ.①D920.5

中国版本图书馆 CIP 数据核字(2020)第 004385 号

出版发行　南京大学出版社
社　　址　南京市汉口路 22 号　　　　　邮　编　210093
出 版 人　金鑫荣
书　　名　让天平指向公正——企业家涉法实战录
著　　者　储云南
出版统筹　宗健波
责任编辑　黄隽翀　　　　　　　　　编辑热线　025-83592409
照　　排　南京紫藤制版印务中心
印　　刷　盐城市华光印刷厂
开　　本　787×960　1/16　印张 19.5　字数 376 千
版　　次　2020 年 4 月第 1 版　2020 年 4 月第 1 次印刷
ISBN 978-7-305-22895-7
定　　价　88.00 元

网址:http://www.njupco.com
官方微博:http://weibo.com/njupco
官方微信号:njupress
销售咨询热线:(025)83594756